国家自然科学基金资助项目（项目批准号：51578124）
江苏省自然科学基金资助项目（项目批准号：BK20151414）

在 地 性 营 造
LOCAL CONSTRUCTION

苏南乡村聚落空间形态类型及其演化研究

王彦辉　著

东南大学出版社
SOUTHEAST UNIVERSITY PRESS
南京·2019

内容提要

乡村振兴是 21 世纪上半叶我国重要的国家战略之一。本书选取苏南地区农村为研究对象，融合多学科理论和量化分析手段，提炼出基于不同自然地理环境的苏南乡村聚落空间形态类型及其结构模式，阐释基于社会经济变革的苏南乡村聚落空间形态的历时性演化规律，进而探究乡村聚落空间环境营造的内在驱动机制。为我国当前及以后较长时期内持续大量的乡村空间环境建设提供科学的理论认知与实践指导。

本书适合城乡规划与管理、建筑设计及相关领域的专业人员，以及对乡村聚落空间感兴趣的人士阅读。

图书在版编目（CIP）数据

在地性营造：苏南乡村聚落空间形态类型及其演化研究 / 王彦辉著 . —南京：东南大学出版社，2019.12
　　ISBN 978-7-5641-8613-5

Ⅰ . ①在… Ⅱ . ①王… Ⅲ . ①乡村－聚落地理－研究－江苏 Ⅳ . ① K928.5

中国版本图书馆 CIP 数据核字（2019）第 249821 号

书　　　名：在地性营造：苏南乡村聚落空间形态类型及其演化研究
Zaidixing Yingzao: Sunan Xiangcun Juluo Kongjian Xingtai Leixing Jiqi Yanhua Yanjiu
著　者：王彦辉
责任编辑：戴　丽　杨　凡
文字编辑：唐红慈
责任印制：周荣虎
出版发行：东南大学出版社
社　　址：南京市四牌楼 2 号　邮编：210096
网　　址：http://www.seupress.com
出 版 人：江建中
印　　刷：南京新世纪联盟印务有限公司
排　　版：南京布克文化有限公司
开　　本：787mm×1092mm　1/16　印张：16.75　字数：361 千字
版　　次：2019 年 12 月第 1 版
印　　次：2019 年 12 月第 1 次印刷
书　　号：ISBN 978-7-5641-8613-5
定　　价：78.00 元
经　　销：全国各地新华书店
发行热线：025-83790519　83791830

* 版权所有，侵权必究
* 本社图书若有印装质量问题，请直接与营销部联系。电话：025-83791830

序

  党的十九大提出实施乡村振兴战略，是以习近平同志为核心的党中央着眼党和国家事业全局，深刻把握现代化建设规律和城乡关系变化特征，顺应人民对美好生活的向往，对城乡建设发展作出的又一重大决策部署。近年来，江苏省结合自身特点，积极探索乡村振兴战略的有效途径，先后实施了村庄环境整治、美丽乡村建设和特色田园乡村建设等系列举措，取得了显著成就。

  同时，我们必须认识到，当前的乡村振兴是一个持久、复杂的历史进程，需要持续推进、砥砺探索。这不仅由于我国当前处于深刻的社会经济变革中，而且地区差异明显，即使在同一地区，不同村落所存在的问题及其建设发展的路径都各不相同。这需要我们走进乡村，深入调研，科学分析，审慎决策。

  王彦辉同志所著的《在地性营造：苏南乡村聚落空间形态类型及其演化研究》一书是依托其所主持的国家自然科学基金和省自然科学基金项目形成的研究成果。本书从系统论视角、多个层面探究苏南乡村的空间形态特征与规律，其研究具有以下特点：首先是从现实出发、深入调研。作者紧密结合当前乡村空间环境建设中存在的问题和现实背景，对苏南五市二十多个乡村样本进行了深入、系统的调研分析，使得研究有理有据；其次，作者力图从复杂系统论视角、运用多学科理论和量化分析技术对苏南乡村空间形态类型进行综合、动态的研究；不仅对苏南不同地理环境类型下的乡村空间形态特征进行系统梳理，而且将乡村空间形态的变迁与社会经济变革的历史进程紧密结合，探究其内在规律和机制，从而总结出对当前的新农村建设具有参考借鉴意义的结论；更值得赞赏的是，作者理论研究与实践探索相结合，在课题研究期间参与了江苏省特色田园乡村建设首批示范村的设计工作，项目建成后得到社会高度认可。

  乡村建设的核心是"以民为本，留住根（生态环境），延续魂（传统文化）"。本书作者深入农村、踏实求是的作风和取得的阶段性研究成果值得肯定。当然本书内容仍存在不足，恳请相关领域专家学者批评指正，也希望有更多的人关注农村建设发展。

2019.10.15

目录

一、绪论

1.1　选题背景　　002
1.2　研究对象范围　　004
　　1.2.1　乡村　　004
　　1.2.2　苏南地区　　005
1.3　研究目标意义　　009
　　1.3.1　研究目标　　009
　　1.3.2　研究意义　　009
1.4　理论方法基础　　010
　　1.4.1　复杂系统理论　　010
　　1.4.2　形态类型学方法　　011
　　1.4.3　量化与质性分析结合的研究手段　　014
　　1.4.4　案例选择与调研组织　　015
1.5　研究内容与技术路线　　017

二、系统——苏南乡村聚落空间形态的影响因素

2.1　聚落形态的影响因素　　020
　　2.1.1　自然地理环境　　020
　　2.1.2　社会历史文化　　023
　　2.1.3　经济技术发展　　025
2.2　苏南乡村的地理与自然环境特征　　026
2.3　苏南乡村的地方历史文化背景　　029

	2.3.1 金陵文化区	029
	2.3.2 吴文化区	030

三、进程——基于社会经济变革的苏南乡村聚落空间发展

3.1	传统时期	034
	3.1.1 社会经济发展	034
	3.1.2 经济模式与村落形态	036
	3.1.3 传统居住文化的烙印	039
	3.1.4 形态特征	045
3.2	近代时期	048
	3.2.1 社会经济变迁	048
	3.2.2 形态空间特征	051
3.3	新中国成立初期	051
	3.3.1 政治经济文化改造	052
	3.3.2 形态空间特征	055
3.4	改革开放后	058
	3.4.1 社会经济变迁	058
	3.4.2 镇村空间格局变迁	062
	3.4.3 形态变迁	066
3.5	小结	067

四、形态——基于自然地理环境的苏南农村聚落空间形态类型解析

4.1	基于自然地理环境特征的苏南村落类型	070

	4.1.1　划分依据	070
	4.1.2　主要特点	076
4.2	村落分布及形态特征	076
	4.2.1　研究样本选取	076
	4.2.2　分布特征的量化分析方法	077
	4.2.3　分布形态特征分析	079
	4.2.4　自然地理环境对村落分布形态的影响机制	089
4.3	街巷、组团及边界	095
	4.3.1　街巷结构	095
	4.3.2　组团肌理	104
	4.3.3　边界形态	111
4.4	公共空间及宅院	117
	4.4.1　公共空间	117
	4.4.2　建筑及宅院	132

五、演化——苏南乡村聚落空间形态类型的历时性分析

5.1	村落空间分布形态的演化	140
	5.1.1　各类型村落空间分布的演化类型	141
	5.1.2　典型村落空间分布的演化规律	160
	5.1.3　村落空间分布演化的影响机制	166
5.2	乡村空间结构形态变迁	169
	5.2.1　自然演替型	170
	5.2.2　特色保护型	174

   5.2.3 撤并安置型 178
 5.3 公共空间系统演变 181
   5.3.1 功能变迁 182
   5.3.2 公共空间的演变规律 185
 5.4 建筑及其空间功能类型演变 186
   5.4.1 建筑及其营造模式变迁 186
   5.4.2 建筑空间功能类型的历时性比较 198

六、机制——苏南乡村聚落空间形态演变的动力机制

 6.1 社会经济发展与乡村空间形态变迁之间关系的量化分析 204
   6.1.1 变量选取与分类 204
   6.1.2 分析结果及公式推导 206
   6.1.3 分析结果解读 211
 6.2 苏南乡村聚落空间形态演变的影响因素与营造机制 216
   6.2.1 苏南乡村聚落空间形态演变的影响因素及其作用方式 216
   6.2.2 乡村聚落空间形态演变及其营造的动力机制 217

结语 221

参考文献 223

附录 228

致谢 259

第一章 绪论

1.1　选题背景

自 2005 年年底我国正式提出"社会主义新农村建设",以国家意志对新时期我国的农村建设做出重大战略部署以来,全国各地纷纷制定了社会主义新农村建设目标和行动方案,并开展起规模宏大、影响深远的建设实践行动。2017 年党的十九大进一步提出在全国深入实施乡村振兴战略,进而在 2018 年 5 月 31 日,中共中央政治局审议批准了《乡村振兴战略规划(2018—2022 年)》。这说明,乡村振兴作为国家战略已经并将在今后较长一段时期内作为国家建设发展进程的重中之重!

仅以江苏省为例,在国家总战略及结合自身情况制定的"乡村风情浓郁、镇村结构合理、功能配套完善、交通便捷畅达、生产生活便利"原则指导下,江苏省自 2006 年起率先开展了镇村规划布局大调整和新农村规划建设试点,并确立了在"十一五"期间内总计完成 10 000 个社会主义新农村建设的目标[①]。至 2013 年年底,在全省 14 658 个行政村和 139 143 个自然村中,已编制村庄规划的分别达到 12 830 个和 46 256 个,占各自总数的 87.53% 和 33.24%。其中已实施村庄整治/新农村建设的行政村个数达到 12 044,占其总数的 82.17%[②]。

然而,我国当前的这一"世界上最大规模的村庄规划建设"进程是在极其复杂的社会及时代背景下展开的。这不仅表现在当前我国的新农村建设量大面广[③],而且农村发展的区域差别明显、人地矛盾突出、基础设施落后、管理体制复杂、城乡差距过大等。更为重要的是,我国农村的社会经济正处于急剧转型的历史洪流中——农业产业发

---

① http://www.cenews.com.cn/historynews/06_07/200712/t20071229_23011.htm.
② 江苏省住房和城乡建设厅.江苏省2013年度城乡建设统计年报(村镇建设篇).2014,内部资料。
③ 据第六次人口普查结果显示,居住在乡村的人口为674 149 546 人,占50.32%。虽然农村呈逐渐减少之势,但到2012年年底,我国仍有乡13 281个,村民委员会588 407个。2012年内农村农户施工房屋建筑面积105 516万m^2,竣工房屋建筑面积94 188万m^2,其中竣工住宅建筑面积达87 776万m^2。

展模式、农民的生活方式与价值观念、农村社会结构及其治理方式等均处于深刻变革之中。这种变革直接导致农村功能作用的转变，主要表现在：①由传统农业生产基地向生产、生活功能并重并相对分离转变；②由城市生产生活资源的供应者向城市的协作者转变；③由环境缓冲区向环境保障区转变；④由小农经济聚集区向现代产业综合体转变等[①]。而农村聚落"社会—空间统一体"的本质特征，决定了伴随乡村社会经济的转型，以农民居住空间为核心的物质空间环境系统的重构成为历史必然。

  回顾过去几年我国新农村居住空间环境的规划建设实践就会发现，在取得明显成效和宝贵经验的同时，也产生了诸多问题甚至蕴含着深刻的危机，可以扼要概括为：①思想认识层面——将新农村建设等同于农村城镇化，粗浅地认为新农村建设就是拆房、并村或村容整治，形式主义严重，将新农村建设当作新的圈地运动，进行短时间内的急剧扩张建设等。②规划建设层面——整体规划、长远规划缺乏；空间规划与农村社会、产业发展实际相脱离，与农民生活活动及多层次需求相脱节；大拆大建、贪大求洋、急功近利现象普遍；在一些优秀的传统村落遭到不可恢复性破坏的同时，新村庄的规划建设则是"千村一面"、传统与地域特色丧失；在空间环境形象层面，"去农村化"现象盛行、"赶都市化"时髦不减，公共空间及其配套服务设施不完善；缺乏从农村的主体——农民的角度考虑问题，更缺乏对农民心理、精神及文化需求的关照和匹配，使新的居住文化和心理归属感很难在新农村中建立起来，导致"传统文化受到遗弃或破坏，新文化没能形成或不被认同"的失落局面等。③政策与机制层面——政策制度不系统、不完善，"重建设轻规划""重安置轻发展"，存在"运动式""快餐化""突击式"的操作，规划建设过程被严重"简化"，政府角色错位、农民主体性地位及其基本利益诉求被忽视或沟通无效现象普遍等[②]。

---

① 乔家君.中国乡村社区空间论[M].北京：科学出版社，2011.
② 仇保兴.我国农村村庄整治的意义、误区与对策[J].城市发展研究，2006(1)：1-6，17.

面对社会经济领域深刻变革的背景下大量的新农村居住空间集中建设这一时代命题，建筑学科目前基本处在被动应对的局面，大多局限于对某一具体行政区域或村镇个案的规划设计，或对乡村规划一般技术性问题进行常规探讨，有针对性、系统深入的相关研究匮乏。长期以来，建筑规划学科的主要视角集中于城市，其相应的学科理论体系建设和技术研究基本以城市模型为主。近几年来，尽管对乡村规划建设的研究日益增多，但大多仍然套用城市空间理念与方法，缺少对农村的深入调研，缺少针对普通、大量的农村自身实际状况、居民现实生活需求及新发展趋势的规划设计方法研究，更缺少对过去几年相关实践探索的及时深刻反思与分析总结。

1.2 研究对象范围

新农村居住空间的规划建设问题，不仅是我国社会主义新农村建设的核心领域之一，也是乡村振兴战略实施的重要一环。同时，其进行的环境背景、运作机制等均与城市空间以及西方发达国家的相关情况明显不同。因此，我们亟须探索与社会经济转型发展及农民居住生活需求相适应的农村聚落空间模式及其重构机制，为当前及以后相当长时期内的建设实践提供依据。

但是，我国幅员辽阔、区域发展不平衡，不同地区的乡村空间环境模式、发展演变的动力机制及其进程都差异明显。因此当前农村的规划建设及相应研究也必须区别对待、因地制宜，没有单一模式可循。我们将研究对象选定在"苏南地区"这一特定地域范围的乡村。首先，有必要对相关概念进行界定和辨析。

1.2.1 乡村

在《现代汉语词典》中，"乡村"被定义为与"城"相对，主要从事农业、人口分布较城镇分散的地方；"农村"则被定义为以从事农业生产为主的人聚居的地方[①]。在传统认知中，乡村是指人口稀少、比较隔绝、以农业生产为主要经济产业基础、人们生活基本相似、与社会其他部分尤其是城市明显不同的地方。

道萨迪亚斯在"人类聚居学"中总结"乡村型聚居"的特征，有如下几个方面：（1）居民通常从事种植、养殖或采伐业，生产与生活依赖于自然界；（2）聚居以内

---

① 中国社会科学院语言研究所词典编辑室.现代汉语词典[M].北京：商务印书馆，2012.

向为主，规模较小；(3)一般都未通过规划，形成自然生长与发展状态；(4)大多数时候该类聚居就是一个最简单、最基本的社区[1]。从道萨迪亚斯的论述可以了解到，依托自然资源是乡村聚落的最重要特征，而资源的利用方式决定了聚居场所的规模与形态，"自下而上"的自然演替是乡村的普遍发展方式。

国内学者通常用三种方式定义乡村：第一，从社会生产方式的角度，将乡村聚落定义为"以农业生产为主要生产方式的居民聚居点"；第二，从行政区划的层次出发，将乡村定义为"在行政区划层次中，县级以下（不包括县级）的人口聚居点"；第三，从聚居的不同性质出发，通过乡村生态、农业生产与农民生活的程度来界定乡村聚落。这种定义便于综合利用和选择社会学、经济学、文化人类学、建筑学等多学科领域的研究成果，从而从更深层次来分析乡村聚落形态[2]。

然而，今天的乡村已经不这么简单易辨。随着社会经济发展阶段和所处地理区位的不同，各地的乡村呈现出多样化特征[3]。尤其是伴随着城市化水平的快速提高，传统农村特征逐渐转化，原先以农业为主的社会活动、产业结构和经济格局被打破，不同类型的空间形态之间本身也存在着模糊性。在江苏省住房和城乡建设厅组织专家学者历时三年对江苏13个地级市的乡村调查研究基础上编著的《2012江苏乡村调查》显示，当前的江苏乡村已呈现产业发展多元化、农民收入与就业非农化、农业劳动力兼业化以及城乡关系变化（图1-1）等新趋势和特点[4]。

具体到当前的苏南地区，从行政建制角度，伴随着这些越来越显著的非农化特征的，是苏南地区已经基本没有乡、县等乡村性行政区划类型，局部地区的村委会也已经改为居委会或者农村居民社区建制，如果按照狭义的乡村建制和纯粹的农业型空间界定，则苏南已经不存在纯粹意义的乡村地区。因此，本书所探讨的乡村，是针对中国当前社会体制和经济发展背景、相对于城市化地区而言的"乡村性地域"，并且以一般性的、自然形成的村落为主，包括自然村和行政村。

1.2.2 苏南地区

苏南是江苏省南部地区的简称，地处中国东南沿海长江三角洲中心，东靠上海，

---

[1] Constantinos A Doxiadis.EKISTICS: An Introduction to the Science of Human Settlements [M].London: Oxford University Press, 1968:15.
[2] 李捷.社会结构因素影响下乡村聚落形态初探——以改革开放后的苏南地区为例[D].天津:天津大学,2008:11.
[3] 叶齐茂.发达国家乡村建设考察与政策研究[M].北京:中国建筑工业出版社,2008:130.
[4] 周岚,刘大威,等.2012江苏乡村调查[M].北京:商务印书馆,2015:72.

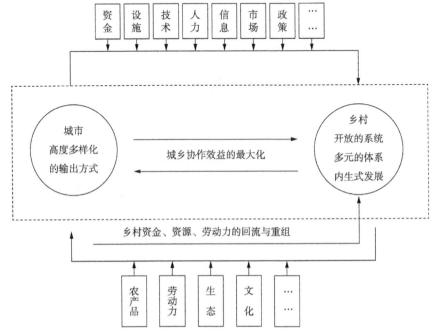

图 1-1 城乡联结的新模式
资料来源:江苏省住房和城乡建设厅.江苏乡村调查[M].北京:商务印书馆,2015:77

西连安徽,南接浙江,北依长江。行政区划上的苏南地区包括南京、镇江、苏州、无锡、常州 5 个地级市,是中国经济最发达、现代化程度最高的区域之一(图 1-2)。拥有广袤的平原,水网密集,长江东西横贯区域内。到 2017 年年底,该地区内常住人口 3 347.5 万人,土地总面积 28 085 km^2,占江苏省土地总面积的 26.21%。2017 年地区生产总值高达 5.018 万亿元,人均地区生产总值突破 15 万元,接近发达国家水平,城镇化率达 76.4%,居民人均可支配收入 4.66 万元,农村常住居民人均可支配收入也达到 2.68 万元,农村人居住房面积则高达 61.7 m^2[①]。

2013 年 5 月,国家发改委正式颁布了《苏南现代化建设示范区规划》。规划明确,围绕到 2020 年建成全国现代化建设示范区,到 2030 年全面实现区域现代化、经济发展和社会事业达到主要发达国家水平的目标,重点推进经济现代化、城乡现代化、

---

① 江苏省统计局.2018江苏统计年鉴[M].北京:中国统计出版社,2018.

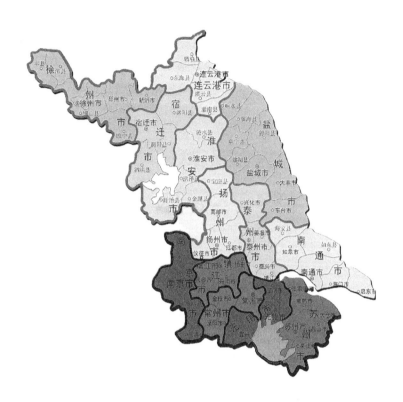

图1-2 苏南地区在江苏省的区位图
资料来源:中国自然资源部网站标准地图服务模块,审图号:GS(2019)3333号。

社会现代化和生态文明、政治文明建设,促进人的全面发展,将苏南地区建成自主创新先导区、现代产业集聚区、城乡发展一体化先行区、开放合作引领区、富裕文明宜居区。

之所以选择苏南乡村为研究对象,主要基于以下几点:

(1)社会经济发展的先导性。苏南地区不仅是江苏及全国经济最发达、现代化程度最高的区域之一,还开创形成了中国当代乡村经济社会发展三种典型模式之一的"苏南模式"及以后的"新苏南模式"。而且,国家发展和改革委员会发布的《苏南现代化建设示范区规划》标志着苏南地区率先成为全国现代化建设示范区。其中明确提出的"建设江南特色乡村"的相关要求,更加强化了苏南地区在全国农村规划建设中的开拓性与先导性地位。

(2)地域空间环境特色的鲜明性。苏南地区在地理环境、气候以及历史文化上均具有鲜明的自身特色。自古以来就是名闻天下的"鱼米之乡""人间天堂",是吴文化的重要发祥地。在此环境背景下形成的乡村空间环境格局和建筑形象不仅历史悠久、脉络清晰,而且具有鲜明的地域特色,从而成为众多国内外学者关注研究的重要类型和范本。相对于政策制度、经济产业模式、交通等设施条件、生活方式等的不断变迁,一个地区的地理环境和地方文化传统则相对稳定,这使我们可以将其作为背景、定量因素,在分析总结出基于特定自然地理条件和地方文化传统背景下的该地区居住空间结构特征及其类型模式后,进行基于社会经济因素变革而导致的居住空间形态发展演变及其驱动机制的研究。这一思路也被相关学者的研究证明具有现实合理性和可操作性。

(3) 农村规划建设发展的典型性。苏南地区农村的几次社会经济转型均直接导致了乡村空间形态的显著变化[①]。同样,在近年来一直走在全国前列的新农村建设中,苏南地区率先尝试农村居住集中、统一规划农民新村,将分布零散的自然村落逐步集中布局,"力图把传统分散衰败的自然村庄集中建设成为资源土地集约、基础设施配套适宜、乡村风情浓郁的新农村住区",从而导致了苏南地区农村居住空间形态的重构[②]。尤其自2011年以来,江苏省开创性地实施了从乡村调查到村庄环境整治,再到特色田园乡村建设的一系列实践探索,其中苏南地区成效显著。

由此可见,苏南地区农村是江苏及全国农村最具前沿性和代表性的区域。及时总结分析其建设发展的经验教训对当前及以后的新农村规划建设发展均具有借鉴价值,从而也具有独特而显著的学术研究标本性意义。而在当前农村"三集中"[③]政策背景下,将农村居住空间作为独立对象进行研究的紧迫性和必要性更加凸显。

因此,本研究选取苏南地区农村为研究对象,在深入调查分析当前新农村规划建设中的问题基础上,采用新理论和量化分析等新手段,深入系统地分析该地区农村居住空间的系统结构模式及其地域传统特质,探究在社会经济转型发展进程中农村居住空间形态演化的规律及其驱动机制,寻求新时代背景下农村居住空间形态研究的突破口,并为江苏及全国的新农村规划建设实践提供适用性的理论与模式借鉴。

---

① 王兴平,胡畔.苏南地区被撤并乡镇驻地再利用研究——以南京市六合区为例[J].城市发展研究,2011(10):25-31.
② 仇保兴.我国农村村庄整治的意义、误区与对策[J].城市发展研究,2006(1):1-6,17.
③ "三集中"是指在当前的新农村集中建设中,通过资源整合,实行节约用地、集约用地的重大措施,即农民居住向新型社区集中,工业企业向园区集中,农业用地向规模经营集中。

1.3 研究目标意义

1.3.1 研究目标

本研究直接面对当前新农村居住空间规划建设中的突出矛盾与问题，紧扣"社会经济变革"与"农村居住空间重构"之间的相互作用关系，通过深入苏南地区掌握一手资料，以独到视角探究农村居住空间形态建构及其演化的内在规律机制，为当前及以后较长时期内持续大量的农村居住空间规划建设提供科学有效的理论依据与策略参照。具体目标如下：

（1）分析提炼出基于不同自然地理环境的苏南乡村聚落空间的形态类型及其结构模型；

（2）探究并阐释基于社会经济变迁的苏南乡村聚落空间形态的历时性演化脉络、规律及其内在驱动机制，为相关设计实践提供借鉴；

（3）探索建立侧重中微观尺度的乡村聚落空间形态类型研究的量化分析方法体系。

1.3.2 研究意义

近十年来，我国已有大量"社会主义新农村"新建或改造完成。同时，我国还有数量、规模巨大的农村正在和即将持续地进行新农村建设进程[①]，它们急需新理论与实践方法的指导。这决定了本项目研究具有极大的紧迫性和现实意义。而立足于建筑规划学科领域，并紧密结合社会学、地理学、制度经济学、生态学等跨学科研究的思路，以及多维、系统的量化分析方法，将赋予本研究多重价值。

农村空间环境规划建设方面：本研究立足于农村居住空间形态特征及其演化规律与驱动机制的探究，并试图建立顺应新时期社会经济转型的新农村居住空间系统模型。这不仅对我国当前的新农村规划建设实践具有直接的指导意义，而且有助于弥补建筑学科对农村居住空间研究的缺憾。同时，克服传统理论方法的局限，立足本学科领域并广泛结合相关学科理论及方法的最新成果，尤其运用多维度、系统化的量化分析软件与技术手段，弥补传统乡村聚落空间研究定性描述性研究多、量化及类型化研究少的缺陷，推动农村居住空间规划设计理论与方法的发展。

农村社会文化生活方面：居住空间问题不仅是农村社会发展的核心问题之一，

---

① 据预测，到21世纪二三十年代的中国乡村仍将是多达6.3亿居民的休养生息之地（其中包括主动从城市回归农村居住生活的人群），中国乡村住区空间环境的建设任重道远。[李慧莲.中国城市化故事如何演绎？[N].中国经济时报，2011-09-14（01）]

也是我国社会文化传统延续与发展的重要方面。本研究直接锁定适应新的社会经济和农民生活需求发展的新居住空间环境系统的建构，力图重构日益衰败的农村居住空间环境系统，激发农村公共生活的活力，传承优秀并具有地域特色的居住空间文化，增强乡村空间环境的归属感与认同感。这将有助于扭转当前农村可居住品质下降的局面，促进农民的居住生活及农村社会环境品质的提升，更是当前新农村建设以民为本、构建和谐社会所不可或缺的必要环节之一。

公共政策与制度方面：当前农村居住空间存在一系列问题，除了村庄主体（农民）及规划建设等原因外，还存在着政策和体制上的关键性因素，而这些因素的影响往往是深层次和根本性的。本研究希望能广泛结合相关领域知识与地方实践，深入探究乡村空间环境发展、营造的内在规律与制约因素，分析政策制度、法规规范、参与模式等与乡村空间环境发展的相互关系与作用机制，为有利于乡村空间环境健康可持续发展的政策机制的建立提供科学依据。

1.4 理论方法基础

当前新农村建设中的居住空间营造问题受到多方面社会背景、体制及经济等深层次因素制约。但居住空间的"社会—空间统一体"特征决定了其他层面因素必然通过空间实体得以反映，且物质空间环境对社会、经济等亦有反作用[1]。因此，立足于规划建筑学科领域的研究虽并不处在最根本地位，但却是必须和重要的，尤其对我国当前集中大量的以"居住集中"为重要特征的新农村规划建设有切实指导意义。基于此，本研究充分吸收借鉴地理学、社会学、经济学等相关学科研究思路与成果，并与相关管理部门、设计实践单位紧密合作，在深入系统调研的基础上探究空间实体演化与社会经济变革之间的内在关联与重构机制。这不仅有助于打破学科壁垒和现有研究局限，更有利于确保研究成果的现实针对性和可操作性。

1.4.1 复杂系统理论

人类聚落空间的多样性、动态性和复杂性，决定了简单的"还原论"和纯粹的"感性体验"均不足以透彻地了解其全貌[2]。须将其作为一个开放的复杂系统进行研究。

---

[1] 王彦辉. 城镇宜居住区整体营造理论与方法[M]. 南京：东南大学出版社，2013.
[2] 于一凡. 城市居住形态[M]. 南京：东南大学出版社，2010：14.

系统学理论的核心思想是把研究对象当作一个系统，研究要素、系统和环境三者的相互关系以及相互作用的规律，分析系统结构和功能，并以动态优化的观点看待问题。而复杂系统理论（system complexity）则是系统科学中的一个前沿方向，它是复杂性科学的主要研究任务。Melanie Mitchell 在《复杂》一书中将复杂系统定义为："由大量组分组成的网络，不存在中央控制，通过简单运作规则产生出复杂的集体行为和复杂信息的处理，并通过学习和进化产生适应性。"复杂性科学被称为 21 世纪的科学，它的主要目的是揭示复杂系统的一些难以用现有科学方法解释的动力学行为。与传统的还原论方法不同，复杂系统理论强调用整体论和还原论相结合的方法去分析系统。目前，复杂系统理论还处于萌芽阶段，并形成不同流派，如复杂适应系统、开放的复杂巨系统、系统动力学流派等。它被认为孕育着一场新的系统学乃至整个传统科学方法的革命。

目前复杂系统理论逐渐被广泛应用到物理学、生物学、社会学、政治学、城乡规划学等不同领域。在这些学科领域中，复杂系统的价值与其说是一种新理论，不如说是提供了一种新的研究视角。

近年来，复杂系统理论在城乡规划领域得到重视。尤其伴随以元胞自动机（CA）、遗传算法（GA）以及复杂适应系统（CAS）为代表的复杂性人工生命研究方法的进一步发展，其在城乡空间系统研究领域得到越来越多的探索性应用，并成为该领域研究的前沿。但总体而言，目前对城市的相关研究明显多于乡村。我们认为，乡村空间系统相对于环境具有鲜明的自组织、自适应、自稳定的复杂系统特征，其下而上的、对地域社会文化及自然地理环境的敏感性和适应性特征，更有利于我们研究其内部与外部环境相互作用的机制。乡村空间作为较小地域范围内社会、经济、文化系统的空间表征，相较于城市，其原型意义更为突出，也更容易取得相应成果。

本研究尝试从复杂系统的视角对乡村空间环境进行探究。将乡村作为一个综合、动态的复杂系统，在特定的自然地理环境范围及相应的社会、经济、文化发展变化情境中剖析乡村空间形态的演化，这将有助于我们认识乡村空间系统发展的内在规律及其动力机制，从而为新社会经济背景下的乡村营造提供科学依据。

1.4.2 形态类型学方法

形态学：西方形态学起源于 19 世纪末的德国地理学科。自 20 世纪 80 年代后，形态学蓬勃发展，影响波及全球，英国 Conzen 学派、意大利 Muratori-Caniggia 学派、法国Versailles学派构成了该领域的三个重要学派。城镇平面分析和建筑类型分析构成了城市形态学本体研究的两个基本对象。其中，英国学者Conzen的研究相对影响更为广泛。他通过对英国小城镇空间肌理发展演变的研究，形成了一系列分析方法和术语，认为形态分析单元应该包含三个基本对象：总平面（town plan）、建筑形态（building form）和土地利用（land utilization）；且城镇复杂而多元的形态由三类基本空间单元（spatial unit）所构成，即中心区、居住区、边缘带。最终，城镇形态会形成由种种同质或异质的单元像马赛克拼贴在一起的结果，而且这些形态单元一般有等级层次之分[1]。

类型学：学术界较为认同的关于类型的定义是由昆西（Quincy）1825年给出的，即类型是建筑抽象的本质（essence）和结构原则（principle），它不同于模型，不能被复制或者简单模仿。1950年代以后，意大利学者Muratori和他的助手Caniggia建立的意大利类型学派影响日盛。该学派认为，历史和人的自发意识对建筑和城镇形态的发展至关重要。Caniggia指出，各种建造活动都是"自发意识"（spontaneous consciousness）和"批判意识"（critical consciousness）共同作用的结果。类型是一种先验性（priori）的存在，对于建造者（主体）而言，是一种自发意识。当建设条件（基地状况、经济、文化和社会背景）相似时，房屋就会被建设成类似的形式。这些现存的房屋集合会"暗示"建造者：当面对类似的条件时，"复制"这种形式将可以成功完成建造物（客体）。这种形式的抽象化和概念化就是类型，因而，类型带有强烈的历史性和先验性。但是每次建造活动都是独一无二的，建设条件、建造者自身条件与经济实力都使建造者在设计与建造过程当中不断调整初衷。这时，批判意识就开始左右建造物的最终形式，产生类型的建造特例。很明显，类型先于实体而存在，而针对房屋的类型学分析会表现出"滞后"的状态。同时，他们针对城市的演变和发展提出了一系列重要的概念，如类型过程（typological process）、城市肌理（urban tissue）、类型在时间上的变异体（synchronic variant）等[2]。对比相关的乡村聚落研究成果，我们发现，类型学能较好地解释乡村聚落建筑空间传承、演化的内在机制。

形态类型学：在1990年代以前，形态学和类型学处于各自独立发展之中。形态学派利用历史地图、规划图和建筑图，通过概念化地分析传统城镇中的形态单元、形态周期、形态框架、城镇边缘带和形态区域等，来重新认识城镇整体与局部的结

---

[1] 陈飞.一个新的研究框架：城市形态类型学在中国的应用[J].建筑学报,2010(4)：85.
[2] 陈锦堂,等.形态类型学理论以及本土化的探明[J].国际城市规划,2017(7)：59.

构关系及各部分的历史演变序列。而意大利类型学派则强调表达历史文化与精神内涵的建筑类型以及城镇肌理类型在实践上的连贯性和重要性。通过对基本建筑类型、城镇肌理类型和类型过程的确认和分析,建立起联系微观建筑单体与宏观城镇肌理分析的桥梁,从而为各个尺度的设计提供依据。

二者在理论基础和表述方法上有相似之处,如:它们都注重地理环境、社会经济、民俗文化的制约和变化引起形态形成与变化的内在逻辑;它们的共同目的是解读和分析城镇的物质空间等。同时,二者的分析目的和分析对象等方面又各有侧重和不同:总体而言,城市形态学侧重从结构(structure)与构成(composition)角度分析城镇空间景观的形态生成,而类型学主要从过程(process)与文脉(context)角度进行分析;形态学关注分析和解答城镇是如何建造并为什么这样建造,类型学则侧重于提炼现有的形态特征来创造新的形式。二者的共通性与互补性提供了融合形成新的形态类型学的可能和基础[1]。正是在此背景下,在1990年代末,综合的形态类型学(typomorphology)被西方学者Anne Vernez Moudon提出。形态类型学结合了形态学和类型学理论的特点和长处,尝试建立一个容纳共时和历时结构的、以城镇形态为对象的体系,作为一种观念和方法,已经成为分析理解城镇形态演变发展的重要工具。

形态类型学分析法,是以城市形态学的分析性和概念性认知框架来理解形态的结构与特征(物理性质),配合类型学中演进的观点来审视这些形态形成与变化的逻辑关系(人文性质)。因而,分析过程应当维持在三维空间与时间维度组合而成的四维范畴之内[2]。Moudon提出了形态类型学的核心研究内容:①研究对象为体现传统人居习俗的民居;②从房屋到聚落等不同尺度之间的关联;③建成环境在时间上的延续。认为形态类型学的研究要素应覆盖各种空间层次,从建筑平面布局,到建筑与院落的关系、地块组成的街廓形式、街道系统,再到街区、城镇和区域[3]。

形态类型学研究不仅对现存物质空间具有很强的描述性(descriptive),而且最终还能形成各种形态构成要素的抽象性、概念性的"资料库"。从这个"资料库"中,各种参与城乡规划与建设的专业人士都可以"查阅"出各种建造实践的"处方"(prescription),而这些"处方"可以用来应对需要不断回应各种周遭形态的建设

---

① 陈飞,谷凯.西方建筑类型学和城市形态学:整合与应用[J].建筑师,2009(4):56.
② 陈锦堂,等.形态类型学理论以及本土化的探明[J].国际城市规划,2017(7):63.
③ Moudon A V. Getting to Know the Built Landscape: Typomorphology[M] //Franck K A, Schneekloth L H. Ordering Space: Types in Architecture and Design. New York: Van Nostrand Reinhold, 1994: 289-311.

问题①。

　　形态类型学研究对于城乡规划而言具有三方面应用潜力：第一，认知各种历史进程在建成空间环境留下的痕迹；第二，所划定的空间单元，可以为实施城乡空间形态管理提供一种空间载体；第三，通过对各种形态类型的生成过程的内部结构特征与历史演变规律的分析，可以为城乡规划建设提供一套空间组织及房屋建造引导的"索引"或"基因库"。

　　形态类型学作为一种新的理论，其产生是以欧洲发达国家的城市建设发展背景与研究传统为基础的，而且目前的应用大多聚焦在城镇空间。但我们认为，其同样对我国当前的乡村空间研究具有启发性和借鉴价值：从研究视角而言——注重地理环境、社会经济、民俗文化的制约和变化引起空间形态形成与变化的内在逻辑；从研究内容而言——基于自然地理环境适应性与历史文化传承的空间形态类型研究，基于社会经济变革的形态类型过程的研究，以及从村落分布、街巷结构、街区肌理到宅院建筑等"跨尺度、多层次"的形态类型模式和"基因库"的建立等。

1.4.3　量化与质性分析结合的研究手段

　　对人类聚居环境的研究，深入实地的调研、体验必不可少。质性研究不仅是社会科学领域的传统研究范式之一，也是城乡空间环境研究的重要方法。质性研究是指以研究者本人作为研究工具，在自然情境下，采用诸如访谈、观察、实物分析、资料收集等多种方法，对研究现象进行深入的整体性探究，从原始资料中形成结论和理论，通过与研究对象互动，对其行为和意义建构获得解释性理解的一种活动。本项目在基础资料和文献研究基础上，选取了苏南五市不同地域类型及特征的典型样本村落进行系统深入的现场勘查、访谈、问卷调查、测绘等，进而分专题进行资料汇总分析和报告撰写工作。

　　为了提高研究的科学性，克服传统聚落研究的不足，本研究强化新的量化分析方法技术的应用。综合运用地理学的空间信息与社会数据集成，建筑形态类型学分析技术及空间句法的组构分析等相关软件，以及统计学的主成分分析、量化交叉等分析方法，以学科交叉方式实现跨越宏观、中观、微观空间尺度，涵盖实体空间与社会经济因子等多层面要素的定量化研究，从而探索建立一套相对完善的乡村聚落空间形态研究的量化研究方法体系。

---

① 陈锦堂，等.形态类型学理论以及本土化的探明[J].国际城市规划，2017（7）：63.

1.4.4 案例选择与调研组织

苏南地区内自然地理环境类型多样,分属吴文化与金陵文化区,经济产业模式各具特色。为了确保案例的普遍代表性,我们确立了案例选择的多样化、均衡性原则。在最终确立的22个案例村落中,做到行政地域范围分布的相对均衡,每个村落进行干部访谈和不少于30份以上的村民访谈和问卷调查。同时村落类型具有广泛代表性:从地形特征方面,涉及山地、丘陵、平原、湖荡、圩区等不同类型,且其比例与市域地形特征相一致;从区位分布上包含城市近郊、远郊村落;从发展条件方面,兼顾发达地区村落和欠发达地区村落;从产业类型方面,涵盖传统农业村、现代农业村、工业主导村、休闲旅游等不同产业特征类型;从建设模式上,包括特色保护型、自然演替型、迁并安置型等;从文化传承上,包括历史文化名村、传统村落、一般性村落。为了确保历时性分析资料的可获得性,优先选择历史资料相对齐全的村落(表1-1)(图1-3)。

表1-1 各地域类型区研究样本统计表　　　　　　　　　　（图表来源:笔者自绘）

样本村区划、名称		自然地理环境	与城市关系	主导产业	历史风貌	空间建设模式
南京市	湖熟街道杨柳村	岗地型	远郊型	旅游、种植业	中国历史文化名村	特色保护
	谷里街道世凹村	山地型	近郊型	旅游、农业	一般性村落	自然演替
	东山街道佘村	山地型	近郊型	农业、旅游	传统村落	特色保护
	漆桥镇漆桥村	岗地型	近郊型	旅游、建筑业	中国历史文化名村	特色保护
	阳江镇李家村	圩区型	远郊型	水产、建筑业	一般性村落	自然演替
	东屏镇陈家村	岗地型	远郊型	种植、农业	一般性村落	迁并安置（部分）
镇江市	上党镇丰城村	岗地型	远郊型	水稻种植、加工	一般性村落	自然演替
	上党镇五塘村	岗地型	远郊型	种植、工业	一般性村落	自然演替
	丹阳市经济开发区三城巷村	平原型	近郊型	种植、建筑业	一般性村落	自然演替
	油坊镇振华村	圩区型	近郊型	建筑业、工业	一般性村落	自然演替
	大港新区姚桥镇华山村	岗地型	远郊型	农业、文化旅游	中国历史文化名村	特色保护

（续表）

样本村区划、名称		自然地理环境	与城市关系	主导产业	历史风貌	空间建设模式
苏州市	东山镇陆巷村	山地型	远郊型	文化旅游	中国历史文化名村	特色保护
	金庭镇明月湾村	山地型	远郊型	文化旅游	中国历史文化名村	特色保护
	七都镇开弦弓村	湖荡型	远郊型	农业、工业	一般性村落	自然演替
	大新镇日字圩埭村	圩区型	远郊型	工业	一般性村落	自然演替
无锡市	惠山区玉祁街道礼社村	平原型	近郊型	农业、文化旅游	中国历史文化名村	特色保护
	无锡惠山区玉祁街道黄泥坝村	平原型	近郊型	工业	一般性村落	迁并安置（1990年代）
	高塍镇梅家渎村	湖荡型	远郊型	农业、螃蟹养殖、工业	一般性村落	自然演替
	太华镇乾元村	山地型	远郊型	农业、种植、花卉、茶叶	一般性村落	自然演替
常州市	薛埠镇倪巷村	平原型	远郊型	农业、种植、茶叶	一般性村落	自然演替
	魏村镇靴胴圩村	圩区型	远郊型	电子工业产品制造与加工	一般性村落	自然演替
	郑陆镇焦溪村	平原型	近郊型	文化旅游	中国历史文化名村	特色保护

图1-3 选取案例村落区位分布图
资料来源：笔者自绘

调研工作按以下步骤展开：一是搜集相关资料，确立备选案例。在查阅由江苏省住房和城乡建设厅 2015 年组织出版的《2012 江苏乡村调查》系列丛书及其他相关文献资料基础上，初步选择了 30 个备选样本村；二是进行第一轮实地调研，进一步确认、筛选样本村落，最终确立 22 个有效样本村，并完成现场踏勘、测绘、访谈及问卷调查等主要工作；三是进行二次补充调研，进行相关信息、数据及案例的确认、补充、完善，形成确切的调研成果。

在现场调研基础上，课题组继续进行相关资料数据的搜集整理、分析和图件绘制工作：一是对大量的调研成果进行汇总分析，通过专业软件对问卷信息进行统计分析，对访谈录音进行整理、记录，对测绘结果进行电脑图纸绘制等；二是通过多渠道搜集苏南五市及案例村落的社会经济数据，从江苏省测绘局等部门获取研究案例区域不同年代（1966 年、1990 年、2016 年等）的卫星影像图资料。这些工作为研究的有效深入开展起到了重要的基础支撑作用。

1.5　研究内容与技术路线

本研究内容总体包括背景阐释、系统剖析、形态特征、机制建构等四部分，分为六章。具体章节内容如下：

第一章为绪论。分析总结我国乡村聚落空间营造中的多层面矛盾与问题及其产生的综合背景，提出苏南地区乡村空间建设发展的典型意义和研究价值，进而提出本书具体的研究目标、内容、方法及研究框架。

第二章探究作为复杂系统的农村聚落形成和发展的影响因素。相较于社会经济技术等的不断变迁，一个地区的地理环境、地方文化传统相对稳定，这决定了本研究的技术路线：在总结出基于相对稳定条件（自然地理环境和地方文化传统）下的该地区居住空间结构及其类型特征后，进行基于社会经济变革而导致的居住空间形态发展演变及其驱动机制的研究。

第三章对苏南社会经济变迁及相应的空间形态演化脉络进行系统分析。通过对不同历史时段（传统时期、近代时期、新中国成立初期、改革开放后，以及 21 世纪以来）的历时性阐释，总结出历史上苏南乡村聚落空间系统的五次重大变革与转型规律。

第四、五、六章是本研究的核心部分。第四章在基于自然地理环境特征基础上对苏南乡村进行类型划分，从宏观的村落分布特征、规模特征和形态特征，中观的村落结构、组团肌理和边界形态特征,以及微观的街巷系统、公共空间及建筑宅院等不同尺度层面对不同地理环境类型下的村落空间形态特征进行系统分析,建立苏南乡村聚落空间形态类型的"基因库"。

第五章从村落空间分布形态演化、村落空间结构变迁、公共空间类型变迁、建筑及材料技术演变等层面对乡村空间形态的历时性演化进行系统分析,并深入分析空间形态变迁与社会经济变革之间的内在关联。

第六章在借助多元线性回归模型进行量化分析、探究苏南社会经济变革与乡村聚落空间形态变迁之间的内在关系基础上,从系统论角度总结、提出苏南乡村聚落空间形态演变的动力机制。

第二章 系统

——苏南乡村聚落空间形态的影响因素

乡村聚落"社会—空间"统一体的系统特征，决定了其物质空间形态表征是环境、社会、经济及文化等因素综合作用的结果。

2.1 聚落形态的影响因素

2.1.1 自然地理环境

人类是自然之子。聚落的形成是人类在地球上生存的必然结果。在持续与自然接触中，人类审视了解大自然，在适宜处安家，顺应山形地势，建屋垦地、休养生息。长此以往，便探索出如何顺应并充分利用自然及其资源的经验和智慧，进而总结形成与自然和谐相处的方法、思想乃至社会文化。

在地性特征——"自然环境是指影响人类生存和发展的各种天然和经过人工改造的自然因素的总体"，自然环境条件是人类安居之初首先考虑的物质基础。地形地貌、气候水文、物质资源等条件因素直接决定了人类的村落选址、村落形态及建筑格局。

平原、山地丘陵抑或河湖水网等限定了村落的可能位置、范围和形态；历史上，趋利避害、气候变迁是人们停留或迁徙的重要决定因素，不同气候特点也直接导致了不同类型的宅院建筑格局；同时村落必须建在用水方便之处；地方出产的材料和资源特色则为村落及其建筑的营造提供了条件与限制。乡村对自然地理环境及气候条件的依赖程度比城市地区更高，这使得传统乡村聚落形态具有鲜明的"在地性"（locality）特征。

尤其我国地域辽阔，跨越寒冷和温热地带，南北温差大，地形地势及材料资源亦不相同，由此，不同地区形成了各具特色、类型丰富的地方性居住空间形态（图2-1）。

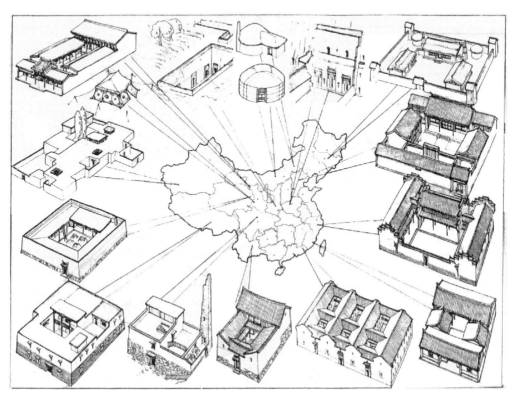

图 2-1　不同气候及地理环境产生不同的居住空间形态类型
资料来源：刘致平.中国居住建筑简史[M].北京：中国建筑工业出版社，1990：120.

同时，地理及气候环境的变迁同样影响着人类聚居场所的变化。从世界范围来看，距今 4000 年前后地球的大降温是世界上许多地区全新世人类演化史上的重要转折点之一，也是导致古埃及、两河流域和印度河流域等地区世界古文明衰落的主要原因[①]。就我国而言，聚落的迁移和兴废也深受自然环境变迁的影响。璀璨的良渚文明之所以在距今 4000 年左右时戛然而止，据研究就是由于这一时期前球星气候变化导致海平面上升，海水淹没了良渚居民的家园而迫使他们远徙他乡而融入华夏民族之中。

环境观念转变——纵观历史，人与自然环境的关系认知及实践大体经历了"敬畏屈从，征服改造，自觉回归"的不同阶段。这在人类居住空间形态营造中有直接体现[②]：

---

① 王武武.全新世气候变化[M].北京：气象出版社，2011.
② 李立.乡村聚落：形态、类型与演变[M].南京：东南大学出版社，2007：11.

早期人类居住空间无不是充分因应自然地理环境而建。如《齐民要术》中指出"顺天时，量地利，则用力少而成功多"。在长期的农业社会里，虽然人类改造自然的能力逐渐增强，但总体而言，人类聚居环境尤其农村聚落与自然环境之间仍然是和谐相处的。从选址、总体格局到材料选取及建造，对环境有着高度的依赖性，谦和地顺应和回应特定的地形、气候和生态要素。与城市相比，乡村聚落及其建筑对自然地理环境有着更为鲜明且多样的敏感性与适应性。正是这一特质，造就了世界各地纷繁灿烂的传统聚落及其建筑文化（图2-2）。

图2-2-1 瑞士乡村雪景
资料来源：笔者自摄

图2-2-2 希腊圣托里尼岛
资料来源：笔者自摄

文艺复兴和启蒙运动以来，人类在意识和行为上逐渐从自然中脱离出来。尤其进入工业社会之后，人类在改造和征服自然中获得了翻天覆地的成就，创造了前所未有的业绩。但同时也给自己的生活及其环境带来诸多破坏性后果，人类开始受到自然的反抗与惩罚。例如我国改革开放时期大力发展乡镇企业，农村工业化在经济较为发达的江浙地区尤为明显，但因早期缺乏科学的布局和企业管理，使得长期处于"城乡二元"结构体制之下的农村，一直处于资源被掠夺的一方，生态资源和空间环境都受到了极大的破坏（图2-3）。

工业化后期，在越来越严峻的形势下，人类不得不重新审视自己与环境的关系，生态可持续发展观念受到重视，人类对自身与环境的关系认知及其实践进入基于环境意识觉醒的"回归"阶段。在这方面，欧美发达国家农村的发展表现尤为突出（图2-4）。

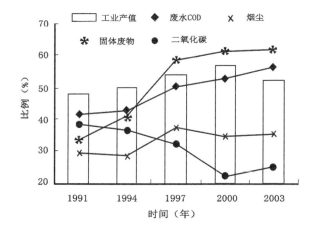

图 2-3 1991—2003 年全国乡镇企业排污负荷变化图

资料来源：苏杨，马宙宙.我国农村现代化进程中的环境污染问题及对策研究[J].中国人口·资源与环境，2006，16(2)：14.

图 2-4 德国乡村太阳能住宅

资料来源：Timo Leukefeld.Solarthermie im energieautarken Häus[J].Heizungs Journal，2013(11).

2.1.2 社会历史文化

社会组织：社会组织的整合和分化是乡村空间互动与分离的根本原因。在中国乡村，绵延数千年的宗法制度形成以血缘为基础的严格的家庭、家族、宗族关系网络，并以此构成基本的聚居组织单位。与此直接相对应的，则是村落内部形成按不同宗族及其下属各支系划分空间领域并组织生活居住空间的模式，以及不同民族地区不同的合院格局。工业化以来，城市化和商品经济的发展使社会关系发生巨大变化，血缘网络逐渐被地缘、业缘乃至虚拟网络所取代，传统社会网络体系及交往模式受到极大挑战。这一变化，从村落公共空间系统的兴衰可以得到直观印证。

文化传统：文化综合而抽象，它存在于政治、经济、生活等各个领域，表现于制度、规范、行为等不同层面和人群,并且通过教育和模仿代代相传。有学者从文化的基本功能入手,将其特质概括为:①文化在聚居群体内部或聚居群体与自然环境之间表现为一种生存性的制约功能;②文化在时间上强调一种基本稳定的存在,同时亦具有可变性;③文化在规则上群体的共约性特征;④文化是被诸个体内化、生态化了的价值观念[1]。

聚落群体的文化传统往往对聚落空间的组织与发展产生深刻影响,并在此基础上形成聚落的文化特色。空间的文化特色主要表现为:一方面,其空间物质形态积淀和延续了历史文化;另一方面,它又随居民整体观念和社会文化的变迁而发展。空间特色形成后,又反过来影响居住生活于其间的居民的行为方式和文化价值观念。

例如中国传统的"天人合一"观念,在村落中从选址、形态格局及建筑空间各层面都体现了人、建筑与环境之间的和谐共生思想。有学者将其在传统民居上的表现概括为四个方面:保土(珍惜土地资源、充分合理利用土地)、理水(乡村聚落无不以水为命脉)、植树(草木繁而气运昌)、节能(聚落选址负阴抱阳、背山面水等)[2]。其具体表现之一则是宅院与田地直接相邻,田地既是生产场所也是自然生态景观,与现有小区住宅与景观绿化布局相比,经济性及土地利用效率更高,是多功能复合的。因此,有学者认为传统村落整体环境风貌的价值要高于单体建筑的价值。

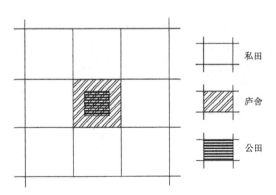

图 2-5 中国古代井田制示意图
资料来源:丁俊清.江南民居[M].上海:上海交通大学出版社,2008.

制度政策:不同民族不同时期的特定制度提供了一个特定的框架,规定着人们的行为,同时也决定了个人和社会的机会。例如,中国古代以土地分配制度作为调整和建立乡村居民点的基本方式,鼓励乡村聚落形成一定的规模。最有代表性的莫过于井田制,它直接约定了当时村落的布局和形态模式(图 2-5)。

作为指导乡村发展的宏观政策和设计法规同样对乡村的形态格局影响重大。宏观政策是政府干预的一种手段,用于指引乡村发展方向,建设法规则是影响空间形

---

[1] 李立.乡村聚落:形态、类型与演变[M].南京:东南大学出版社,2007:22.
[2] 张小林.乡村空间系统及其演变研究:以苏南为例[M].南京:南京师范大学出版社,1999:118.

成的直接因素。当今我国的新农村建设制度及各地制定的相应政策法规,均直接导致了乡村形态格局的显著变化。

2.1.3 经济技术发展

乡村空间环境发展不仅受到自然及社会文化的影响,还必然受到特定时期经济技术水平的影响。其中生产力是主要因素,它的发展水平决定着乡村建设发展的方式及速度。同时,从发展历史中可看出,人类对自然环境的依赖程度往往与生产力发展水平呈负相关。

技术水平——技术水平是生产力的核心要素,也是社会发展的根本动力之一。交通技术、通信技术等对城乡空间形态发展产生直接影响;营建技术更是通过建筑材料与施工技术直接影响着乡村及其建筑空间的尺度、肌理、界面及其构成方式;生产领域和社会生活领域的技术变革则潜移默化地影响着村民的生产与生活方式而产生间接作用。纵观人类历史,农业技术与工业技术革命以及人类当前正在面临的信息技术革命,是使社会生活各个层面发生深刻变革的动力基础。同时,不同地区的营造技术更强化塑造出地方建筑风格:如太湖之滨的"香山帮",擅长复杂精巧的传统建筑技术,风格简洁淡雅,藏而不露,崇尚自然,塑造出江南建筑独有的"精""巧"神韵。

经济发展——经济的发展意味着生产力和生产关系的共同发展,它的具体内容涉及生产方式、产业结构、经济流通等诸多方面,无一不对乡村聚落空间形态产生影响。伴随着经济发展及产业结构变化,商业逐渐成为空间组织的基本原则,这表现在传统农业社会里为严格的伦理等级秩序和管理手段逐渐瓦解,乡村发展的动力转向以经济因素为主[1]。空间形态也往往由封闭走向开放,由等级化走向网络化。苏南乡村流传的一句话"50年代仕草房,70年代翻瓦房,80年代造楼房,90年代楼房改洋房"就是农村经济发展及农民收入增加后导致乡村建筑变迁的生动表现。

伴随着社会经济发展,农业在国民经济中所占比重大大下降,但这并不意味着乡村的必然衰落乃至消亡。恰恰相反,发达国家的经验表明,乡村的属性、所能提供的服务和价值,会反而超越传统农业及其 GDP 贡献,并同时孕育出很多新的服务性行业[2]。从而,根植于农业基础上的"服务业化"的新潜力得到激发,形成了区别于传统乡村的"后生产主义乡村"(post-productive)。其特征为农业就业比重下

---

[1] 李立. 乡村聚落:形态、类型与演变[M]. 南京:东南大学出版社,2007:23.
[2] 罗必良. 现代农业发展理论[M]. 北京:农业出版社,2009.

降,农业多样性的提升和不断增长的高质量食品需求,乡村服务性、制造业和高技术就业的增长,人口开始回流和迁入,差异性特色型乡村功能凸显等。乡村的服务业化是在农业基础上服务城市、参与城市分工、融入城镇化进程的结果,也是未来乡村发展的必然方向。当前国内乡村的发展已经体现出这一趋势:以农业为核心衍生和剥离出来的服务性功能迅速增长,并成为乡村经济新的增长点。以乡村旅游业为例,2014年江苏省乡村旅游营业收入已超过500亿元,接待游客总人数达62亿人次,且涉旅农民年收入高于普通农民25%。又如,以互联网为工具,从事农业商品化和精细化生产、流通、服务的"新农人"规模快速增长,零售平台农产品卖家数量达75万家,相关从业人数突破100万人[①]。

2.2 苏南乡村的地理与自然环境特征

我国幅员辽阔,其中江苏的自然地理及气候环境条件可谓得天独厚:地处中国东部长江三角洲,处于温带向亚热带过渡性气候区,四季分明,雨量充沛。加之土地肥沃、水网密布,极适于高密度的水稻栽培、精耕细作。因此这里自古就是各族先民农耕聚集之地。长江流域是稻作农业区,主要栽培水稻、桑麻和茶。伴随着农耕和灌溉技术的不断发展、成熟,加之水运便利,家庭手工业和商业得以快速发展,使得江苏地区的发展后来居上,光耀华夏,更孕育出地域特色鲜明的人居文化。

江苏地区的山水环境特征大致为:(1)水资源丰富,河湖水网密布。东临大海,国内第一大和第四大河流长江、淮河东流入海,大江巨河裹挟泥沙而来,沉积于此,亿万年后形成了如今的三角洲平原,以及长达650 km的海岸滩涂。同时,陆地上河湖水系众多,水域面积达到1.73万 km²,水面所占面积比例在全国各省中居首位,著名的京杭大运河在江苏境内全长690 km;因此江苏自古有"水乡江苏"之称,人们自古就有依托河湖之利而繁衍生息、栖居耕作的传统智慧。(2)地势低平,平原为主。长江、淮河及北部的沂蒙山余脉云台山脉将江苏分割为数片,形成苏南平原、江淮平原、黄淮平原和东部滨海平原等。江苏的平原面积占全省总面积的68.8%;(3)低山丘陵,遏据西北。江苏总体而言地势低平,绝大部分地区海拔在50 m以下。在江苏的北部和西南部,集中分布有低山丘陵地形,有老山山脉、宁镇山脉、茅山山脉、宜溧山脉、云台山脉等。这些山脉不高,大多在海拔200 m左右。相对不高的山脉

---

① 陈昭.柔性城镇化模式——基于乡村兼业和流动性的猜想[J].城市规划,2016(9):63.

所形成的遮蔽性和内聚性,符合了人们的安全需求,同样是人类理想栖居之地。

根据江苏的地形地貌特征,地理学界学者们将江苏划分为不同的地域类型。如金其铭早在1982年,依据村落所处的自然环境特征及村落的形态、规模、密度、耕作半径等因素,将江苏村落的分布划分为九种类型;马晓冬等学者则通过卫星影像的定量分析,将江苏村落所处的地域划分为八种类型(图2-6);江苏省住房和城乡建设厅组织进行的"2012江苏乡村调查"系列研究,将江苏地域类型归纳为以下六大地形区域:宁镇丘陵区、黄淮平原区、太湖平原区、里下河平原区、沿海垦区和沿江圩区等。而苏南五市农村则主要分布在宁镇丘陵区、太湖平原区和沿江圩区等三大区域内。

图2-6-1 江苏省农村聚落类型分布
资料来源:金其铭.农村聚落地理研究——以江苏省为例[J].地理研究,1982(3):11-20.

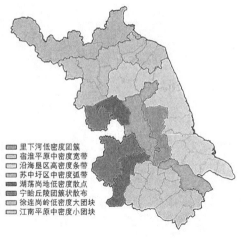

图2-6-2 江苏省乡村聚落地域类型划分
资料来源:马晓冬,李全林,沈一.江苏省乡村聚落的形态分异及地域类型[J].地理学报,2012,67(4):516-525.

宁镇丘陵区:主要指江苏西南部,北以淮河为界,南至宜溧山脉,东与太湖、里下河平原相邻,包括南京的江宁、溧水、高淳各区,镇江的句容、丹徒、金坛,常州的溧阳,无锡宜兴的南部等地区。区内地形复杂多变,低山、丘陵、岗地约占土地总面积的80%,河谷平原、圩区约占20%。宁镇山脉、茅山山脉、宜溧山脉、老山山脉纵横境内,间杂着一些低山丘陵。这些山地海拔高度多在两三百米之间,个别达到四五百米。同时,这片区域里还有着较密集的河网和四大水系(秦淮河、金川河、丹阳湖和滁河水系)。

太湖平原区:位于长江以南、浙江钱塘江以北、天目山以东、东海以西。以太湖为中心，地势平坦，湖荡水网密集。苏州的昆山、吴江，常熟南部，无锡江阴等地均属于太湖平原。长江泥沙淤积使得原先的河床高出水面，周边的水流将地面分割出更多小河。长期的淤积和分割，加上充沛的雨水汇集，在低洼地区形成了沼泽和湖泊。这样的自然变迁和居民农业上的开渠浚河，使得太湖平原区呈现水体密集、湖泊星罗、交织如网的景象。境内数以千计的大小湖泊河流，贯穿而过的京杭大运河，这些丰富的水资源为其社会、经济和文化的发展提供了优越的自然条件，也塑造了独特的乡村空间形态格局，"君到姑苏见，人家尽枕河。古宫闲地少，水港小桥多"。总体而言，该区村落布局密度大，繁如群星，村庄形态则依据河湖形态格局而丰富多彩，素有"鱼米之乡、水乡泽国"之称。

沿江圩区：该区大部分是近两千年内经冲积形成的平原，有的成陆只有几百年的历史。主体呈现自西向东微倾，且两面向江面倾斜。其中沿江为沙洲和滩地，地势比较低洼，两侧为地势稍高的天然堤。位于沿江圩区的苏南村落主要包括长江沿岸的镇江（扬中、丹阳东北部）、苏州（张家港、太仓）、无锡江阴、南京等市的沿江区域。这里的村落多沿河、沿圩堤伸展，形成与河渠及圩堤分布的平行式弧带状，形态格局特色极其鲜明。

为了更准确地阐述苏南乡村地理环境特征，本研究在三大区域类型基础上，进一步划分为山地型、丘陵型、湖荡型、平原型、圩区型等五种地理环境类型（详见第四章）。

与自然环境一样，气候条件同样对农村聚落产生重大影响。宏观而言，气候条件直接决定了各地不同的生产方式和生活方式，进而形成特殊的地方社会结构、相应的空间格局和建筑风貌。如江苏处于温带向亚热带过渡性气候区，光照充足、四季分明、雨量充沛，加之土地肥沃、水网密布，极适于高密度的水稻栽培并进行精耕细作。同时，江苏各地由于地理位置不同，存在气候差异。与苏北徐州一带春秋季短、冬夏季长且夏无酷暑、冬无严寒不同，苏南如太湖平原地区，则气候温和、雨量充沛，由此带来的是两地区不同的作物种植类型。苏北地区的作物以小麦、水稻、棉花、大豆、花生等为主，而苏南地区则盛产油菜、水稻，兼营桑麻、林果、茶叶等经济作物。而且，不同地区的建筑同样由于气候原因而呈现变化，如江南民居的营造以缓解夏日潮湿、闷热为主要考虑方向，从而形成早期的干阑式建筑和后来的楼居宅第、砖砌空斗墙增加热阻，狭而高的天井院落便于保持空气流通和室内外温度控制；而苏北民居则需主要考虑抵御冬季的寒冷，建筑单体大多三面封闭，建筑组群有开阔的庭院以纳阳光。

2.3 苏南乡村的地方历史文化背景

不同的自然地理环境孕育了不同地方建筑风格及建筑文化的差异性。同时，人类创造的建筑空间，也是人类精神文化的实体表现。正如舒尔茨所言："空间存在于图示，图示起源于文化。"空间的文化特色体现在一方面其空间物质形态积淀和延续了地域及民族的历史文化，另一方面它又随居民整体观念和社会文化的变迁而发展。空间结构形成后还会反过来影响生活在其中的居民行为和文化价值观念[①]。"建筑风格的地域性不完全是'地理'造成的，更是一个文化模式和导出这个模式的社会结构的概念。"[②] 全世界地理条件相似的不同民族地区建筑风格相差甚远，以及一种建筑风格也会跳跃式出现在另一个地方等，都是鲜明的例证。

江苏地区乡村建筑风格多样，不仅由于地理环境的差异，还更多地受到地方文化的影响。有学者将江苏地域文化划分为苏锡常吴文化区、宁镇金陵文化区、扬淮泰淮扬文化区、徐宿楚汉文化区、通盐连苏东海洋文化区这五大各具特色的亚文化区域。这五大亚文化区不仅共同构成了丰富多彩的江苏文化，并在历史进程中影响和形成了具有鲜明地域特色的地方建筑形式及相应的建造技术。与经济技术资本快速变迁集聚的城市相比，乡村更好地体现和延续着这些传统地域文化。苏南五市分别属于苏锡常吴文化区和宁镇金陵文化区[③]。

苏南早期文化崇拜龙、鸟图腾，民风素尚勇猛、轻死而易发的吴越文化。后来随着历史上几次大规模的人口南迁，吴越文化与中原文化融合发展、兼容并蓄，从而形成独具特色的苏南文化[④]。具体而言，宁镇金陵文化区与苏锡常吴文化区又有明显差异。

2.3.1 金陵文化区

一方面，由于扼控南北的自然地理位置和水陆通衢的交通区位优势，宁镇地区自古是我国南北、东西文化交汇地区之一。自春秋战国以后，楚文化、越文化、中原文化等已在此交往颇为频繁。因此宁镇地区的文化融汇南北，横贯东西，具有更多

---

① 王彦辉.走向新社区[M].南京：东南大学出版社，2003：37.
② 萧默.建筑艺术论集[M].北京：机械工业出版社，2003.
③ 周岚，刘大威，等.2012江苏乡村调查[M].北京：商务印书馆，2015：221.
④ 历史上大规模的人口南迁使得中原文化与吴越文化融合。第一次南迁，北方人带来先进的耕种技术和灌溉技术，促进苏南农业发展；第二次人口南迁是"安史之乱"之后，文人聚集南方，提升了苏南文化地位；第三次人口南迁是北宋"靖康之难"之后，北方少数民族文化融入南方，全国经济、文化中心南移，苏南成为全国文化最发达的区域之一。

的包容性、过渡性①。另一方面，宁镇山脉将宁镇地区与东面的太湖平原分开，所以宁镇地区的生活习俗、生产方式和江南吴地又有明显差别，其"四水归堂"式的天井、砖石雕刻的华丽门头等反映出其文化和技术上反而和与西部接壤、交通便捷的徽州地区有更多联系；同时，宁镇地区北面有在古代算是难以逾越的天堑——长江，所以民风文化也与淮扬有别。总的来看，宁镇地区基本上是楚文化与吴文化的融会区，并进而形成独具特色的金陵文化区。早在夏商周时期，这里就孕育形成了点将台文化、北阴阳营文化和湖熟文化等。

这一地区的传统乡村民居受徽派建筑和江南吴地建筑的共同影响，既融合了南方建筑的精巧灵动，又多了北方建筑的雄浑大气、内制规整。在空间上，深邃灵活，多设有开敞的天井或庭院。建筑所用木材多采用栗色混油漆，建筑色彩与硬朗简洁的建筑空间交相辉映。

2.3.2 吴文化区

地处太湖平原地理区域的苏、锡、常是吴文化中心区。这里记载了吴文化的发祥与发展，是江苏境内原生的和最早定型的重要文化类型，具有强大的文化影响力②。

不同于中原地区沉厚博大的传统文化，吴地文化呈现得更多的是一种尚德向善、义利兼顾的开放文化，正如山地的厚重与吴地文化的轻盈。吴地文化最具特色的便是开放进取、机智善变。其顺应潮流的灵动性，使苏南地区能够在时代社会风云变幻之际一次次抓住时代机遇。吴文化也是儒商文化，其儒商同道、义利相融的特点，使吴地得以将经济和文化同步推进。因此，改革开放以来，这里得以大力发展乡镇企业，并造就出一批具有鲜明地方和时代特色的乡镇村落。

"一方水土养一方人"，吴文化是水文化。水的洁性带来了文化的智性，水文化的灵性孕育了人们机智巧思、灵活善变、崇文重教、开拓创新、不落窠臼的思想，从而形成了吴文化灵秀、智巧、素雅、精致的特征，也导致了处于亚热带季风气候区的吴地民居体现出尺度宜人、布局自由、形式多样、色彩淡雅、曲折幽深、透漏空灵的特征，同时建筑风格颇受文人审美情趣的影响。工匠更凭借机智巧思的营造技艺，发展形成了闻名于世的"香山帮"群体。

---

① 周大鸣.论宁镇地区古代文化与其他文化的关系[J].南方文物,1992(1):30-35.
② 陈书禄.江苏文化概观[M].南京:南京师范大学出版社,1998:71.

同时，吴文化是开放的文化。与相对封闭聚族而居、宗法观念保守的皖南村落不同，平原广阔的苏南水乡村落不同时期都有移民迁入，本地居民具有对外来移民接纳的大度和善于兼容的精明；佛教、道教、伊斯兰教、基督教等各教派在吴地共存，呈现出宗教的多元化。同时这里沃野千里、物产丰富，再加上尚文、重商、重手工业的风俗，使得该地区社会经济发展迅速。交通便利使得该地区乡村与大城市联系密切，这使本地的建筑文化不仅具有本地的吴文化，而且在此基础上不断移植、吸收、融合、同化了不同异质文化的"开放性"文化。这也是苏南水乡南宋以来文化昌盛、社会经济发展后来居上的重要原因，还是该地区建筑从规划布局、建筑环境到建筑风格上因水制宜，不太受条条框框束缚，受传统风水观念影响不如附近的安徽、浙江等地那么大的原因。

总体而言，开放进取、尚德纳善、天人合一、道法自然的吴地文化，造就了小桥、流水、人家、粉墙、黛瓦的吴地村落风貌。它不仅造就了这里的繁荣和秀丽景象，更成为苏南农村必不可少的文化内涵。

第三章 进程

——基于社会经济变革的苏南乡村聚落空间发展

村落作为一种复杂系统，其空间形态演变是一个错综复杂且持续的进程。如果不对其进行长时段的历时性考察和分析，很难探究其发生、发展的规律及其内在机制，从而达到"通古今之变"。

如果说自然地理环境是村落形成发展的物质基础的话，那么社会和经济条件等则是村落演化变迁的根本动力。不同时期的变迁轨迹，深深埋藏着村落空间形态发展的"DNA"。

本章将结合我国尤其是苏南地区社会经济变革的历史进程，系统梳理苏南乡村聚落空间的历史特征及其总体发展脉络。我们将苏南地区的发展历程划分为如下几个阶段：传统时期（鸦片战争以前）、近代时期（1840—1949）、新中国成立初期（1949—1978），改革开放后（1978—20世纪末），以及21世纪以来的多元化探索时期等。

3.1 传统时期

3.1.1 社会经济发展

原始社会：在人类早期的择居活动中，自然环境条件往往是最重要的制约因素。江苏大地优越的自然环境和良好的气候条件，使之成为先民理想的栖息地之一。据考古研究，大约在原始社会末期，苏南地区已有人类活动，如"南京直立人"、丹徒的"莲花洞人"、溧水的"神仙洞人"等，洞窟和岩穴是他们通常的栖身之所。到新石器时代，苏南地区的人类活动已经从采集、渔猎为主的流动生活，进入了以种植、养殖为主的生产方式，这要求人类转为稳定的定居生活，于是民居、聚落开始大量涌现。这一时期的古文化遗址有太湖中的三山岛、苏州的草鞋山、南京的阴阳营、常州的圩墩村等。从出现古文化遗迹的地点和建筑来看，它们大多选择临水岗地安排居住地，一则便于取水，同时有利于避免水患及野兽的威胁。但由于这里以冲积平原为主，早期水系变迁频繁，仍然易受"河流泛涨、海潮浸灌"之扰，因此这里与中原地区相比，在人类活动的早期并不是富庶之地[①]。

商周之际：周太王之子泰伯、仲雍两人为避难带人来到苏南，并与当地居民融合，建立吴国，同时带来了中原地区先进的耕作技术和文化，促进了苏南地区生产力水平逐渐提高。突出表现为水利工程开始兴建，城镇开始形成并发展，手工业和商业的发展等[②]。

秦汉到五代时期：秦汉时期，苏南还是比较落后的地区，"楚越之地，地广人稀，饭稻羹鱼，或火耕而水耨"（《史记·货殖列传》）。但到东晋末年，这里已变成"天下无事，时和年丰，百姓乐业，谷帛殷阜，几乎家给人足矣"（《晋书·食货志》）。这是由于东汉末年以后，华夏政治经济文化中心的黄河流域开始持续战乱，北方汉族人口大量南迁。南迁的汉族人不仅使苏南劳动力规模扩大，而且带来先进的生产工具、农耕技术，拓展农业生产空间，兴建水利设施，使水运通道网络初步形成，商品交换的集市兴起并发展起来。长江流域的经济有了很大发展，逐渐接近黄河流域未遭破坏时的经济水平。文化的兴盛，更远远地超过当时的北方。到了五代十国，苏南已经成为全国经济文化最为发达的地区，并取代黄河流域的经济中心地位，成为"中国经济史上的枢纽地带"。正如韩愈所谓"当今赋出于天下，而江南居十九"。

宋代至清末：以小农经济为基础的封建社会的长期延续，是我国社会发展的一个重要特征。然而自宋代以来，随着农业生产力迅速提升，农业生产结构随之变动，大量的农副产品（如棉花、布、绸缎、粮食、手工艺品等）流通于市场，以农产品交

[①] 李立.乡村聚落：形态、类型与演变[M].南京：东南大学出版社，2007：29.
[②] 张小林.乡村空间系统及其演变研究：以苏南为例[M].南京：南京师范大学出版社，1999：95.

易为主的地方性集镇发育起来，而以往以军事防御及行政管辖为主要职能的城镇也渐次蜕化为工商业的据点。这逐渐打破了原有的封闭乡村空间体系，开启了中国乡村城市化的历史进程，传统自然经济下自给自足的封闭社会经济模式被逐渐打破，社会开启了商业化进程，跨越都市和乡村的市场网络得以建立并快速发展，并持续发展，直至清末，这导致了历史上苏南乡村经济社会及空间系统的第一次重大改造与转型，国内外很多学者将这一时期的社会经济变革称作中国的"中世纪经济革命"[①]。自此，唐代开始的封闭坊市制度被废除，代之以自由街巷制，商业与贸易可以在城内或四郊各处进行。打破了原先以行政手段控制城镇设置的制度束缚，更多的小城镇开始建立并行使乡村市场中心地的职能，同时也打破了乡村空间原有的封闭格局。

到了资本主义开始萌芽的明清时期，苏南已是我国最为富庶之地，商品经济不断向纵深发展，并延伸到了广大农村，乡村的社会分工随之日益扩大。苏南地区乡村经济的商品化发展突出表现在棉作经济、蚕桑经济、其他经济作物栽培，以及与之相配套的家庭手工业，这改变了唐宋以前以粮食作物为主体的传统农业结构。

与经济同时飞速发展的是当地居民对文化的普遍追求。伴随宋室南渡，大批官员、文人的到来，深刻影响了苏南本地人的文化格调和生活追求，家家崇尚耕读。据文献记载，在明代，当地城镇乃至乡村就常有入夜之后机梭声与读书声交相呼应的景象。正如张岱在其《夜航船》序中所言："后生小子，无不读书，及至二十无成，然后习为手艺。故凡百工贱业，其《性理》《纲鉴》，皆全部烂熟……"

3.1.2 经济模式与村落形态

1. 耕作半径决定村落大小

传统社会的经济是以农为本的自然经济，其早期的生产活动基本上是非商业性的自给自足的农业，不为市场生产，也不依赖于市场的供给。每个村落就是一个自给自足的经济单元，生活所需尽量从内部获得而不依靠外界，形成了以家庭为细胞、村落为核心、耕作为经济活动内容的内向型经济生活模式。

传统农耕经济模式的空间距离以耕作半径作为约束，距离越大，劳动强度越大，那么可耕地量就变少，所以耕作是有一定活动半径限制的，存在一个耕作半径最大值。在相同情况下，机械化水平越高、耕作工具越先进，耕作半径就越大。另外，村落也存在一个最小耕作半径，在技术水平长期停滞的条件下，人均粮食最低需求

---

① 张小林.乡村空间系统及其演变研究：以苏南为例[M].南京：南京师范大学出版社，1999：127.

量、耕地平均单产水平、土地垦殖基本不变,所以人口越多,最小半径就越大。但是一定自然地理条件下的耕地和水源又只能满足一定数量村民的生活,所以通常村落的形态由最大耕作半径来控制[1]。

而苏南地区不同的地理环境决定了耕作条件、作物种类及耕作工具的不同,这也导致可耕作半径的差异,从而导致村落分布密度的不同:在太湖平原和沿江圩区,水网密集、土地肥沃、人多地少,农业生产以水稻种植为主,需工量大,属精耕细作的农业生产方式,因而耕作半径较小,村落的分布密度相对高且单个规模较小;在宁镇山地丘陵及岗地湖荡地区,土地相对贫瘠,人少地多,农业生产较为粗放,作物种类多样,耕作半径较大,有条件形成较大规模的村落,村落的分布密度也相对较低;随着缓坡岗地地形起伏的加剧,且可耕地面积减少,耕作半径也因交通困难而减小,因而单个村落的规模受限而分布密度有所增高;再到山地丘陵环境,村落规模和数量受地形和耕地的限制更大,呈现出低密度小规模的分布特征。

2. 基于市场体系的村落布局

在传统社会里,距离是经济活动最为重要的制约因素。传统自然经济时期,耕作半径决定了村落的规模和密度。到宋代伴随乡村产品商品化程度提高,尤其伴随农业生产集约化、商品化、专业化的发展,便于商品流通的市镇快速兴起。到明清时期,商品经济日益深入地向农业经济渗透,初级市场体系逐步建立起来。这不仅打破了乡村传统自然经济模式下的封闭空间及其自足式的经济圈模式,更使村落更多地融入周围市镇体系之中。而满足商品交换的便捷性与可达性成为乡村和市镇空间分布的重要因素。这导致了由内向型封闭的自然经济圈向初级市场体系的转化,空间组织上由均质化向层级化、结构化的"网状中心地系统"发展[2]。

美籍学者施坚雅(Skinner)认为,中国传统乡村市镇的市场体系包括三个不同层次:一般市镇(相当于基层集市,属于定期市)、中等市场(相当于集镇,属于经常市)和中心市场(一定地域范围,如一个县内的中心城镇)。由于商业竞争、运输效能等因素的制约,各商业市镇之间必然会保持着相对均衡的距离,从而形成了与中心地理论相似的六边形的网状市场结构模式。在此模式中,市场结构与聚落分布的空间结构相吻合(图3-1)。

在现实中,由于地形与交通条件的差异,聚落分布的形态不可能如理论模型般结构及界限清晰。但李立分析发现,苏南乡村聚落与中心地理论模型间仍具有较大

---

[1] 金其铭. 农村聚落地理研究——以江苏省为例[J]. 地理研究,1982(3):11-20.
[2] 张小林. 乡村空间系统及其演变研究:以苏南为例[M]. 南京:南京师范大学出版社,1999:152.

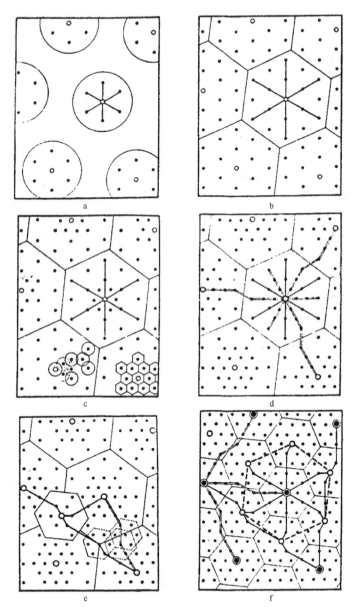

图 3-1　乡村聚落网状空间结构的生成过程

资料来源：李立. 乡村聚落：形态、类型与演变[M]. 南京：东南大学出版社，2007.
a 每个离散的市场周围有一环村落
b 空白上填满了村落，每个市场周围有两环村落
c 围绕着每个市场的村落形成一个内环（小圆圈指村落选点方式，小六边形代表稳定后的村落范围）
d 新增村落的建立和市场间道路的修筑
e 村落分布更为密集，新的市场开始建立
f 村落完全填满空白，新的基层市场在所有可能的地点建立，原有市场升级为中间市场

的一致性：如一般的乡村市镇周边总是环绕着一定数量的依附性村落；而在乡村市镇之上，有一般的府县城邑市场；更高级别的则是地区性经济中心的区域性市场如明初的南京及明末的苏州。更具有苏南地方特点的是，在人口密集、居住分散、水运为主的条件下，这一市场网络呈现出高度密集的状态。如以苏州为中心，一两天的船程可以抵达苏南大部分市镇。一般市场的服务半径则不超过 5 km，水路往返仅需要半天时间；而基层市场的"乡脚"范围还要更小，便于农户赶集[①]。

3.1.3 传统居住文化的烙印

1. 和谐与自然的环境意识

1) 山水格局与村落选址　儒家的"天人合一"、道家的"道法自然"思想，都以人与自然之间的和谐理念作为哲学基础。数千年来，对中国古代的营建活动产生广泛影响的风水学，就是这一极具东方特色哲学思想的体现。苏南地区山水相依，山多但不险峻，水多且分散，有非常多的环山抱水地形符合风水学中的理想居住环境。因此，风水观念在苏南地区影响深远。从流传下来的诸多苏南古村、古宅中，都能看到风水学的广泛影响。正如一道风水口诀所吟：阳宅须教择地形，背山面水称人心。山有来龙昂秀发，水须围抱作环形。明堂宽大斯为福，水口收藏积成金。关煞二方无障碍，光明正大旺门庭（清代，姚廷銮，《阳宅集成》卷一）。古人又将堪舆风水理论总结为"地理五诀"："觅龙"（山脉形式）、"察砂"（负阴抱阳）、"观水"（水抱得气）、"点穴"（坐得方正）、"立向"（五方四象）。村落的选址为聚气之穴场，居住区后方为山形平实的主山，刚好挡住冬日北来寒流和背后山谷的风。村落面水，在夏季南来凉风可顺畅袭来，又方便取水。左右两侧的小山在风水学中称左右护砂，和主山一起成屏障般环抱居住区，既可挡来风，又可保温；另一方面，因其较低矮而高低错落，所以透气通风，让空气保持清新（图3-2）。

风水作为古人在实践中总结出的一种朴素自然观，作为乡土文化的重要组成部分在乡村的自组织结构中发挥着积极作用，"它的普遍运用为乡村聚落空间的产生和发展罩上了一层整体性的外衣，聚落内部的空间组合亦随之被赋予了某种潜在的结构性和秩序感"[②]。

2) 村落里的"气"与"孔"　《易经》是中华民族的基本哲学智慧成果之一，

---

① 李立.乡村聚落：形态、类型与演变[M].南京：东南大学出版社,2007：41.
② 李立.乡村聚落：形态、类型与演变[M].南京：东南大学出版社,2007：54.

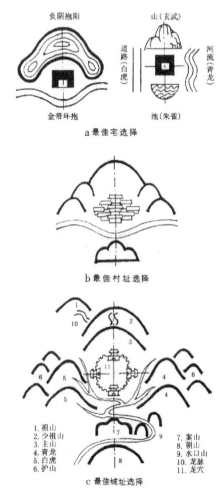

图 3-2 风水观念下的聚落最佳选址图示
资料来源：王其亨.风水理论研究[M].天津：天津大学出版社，1992.

里面的宇宙观就是"阴阳二气化生万物"，万物皆禀天地之气以生，一切物体可以说是一种"气积"（庄子：天，积气也）①。"暧暧远人村，依依墟里烟②"。村庄就像一个巨大的生命体，与大自然进行着交换和呼吸。《易经》中《离卦》里有与建筑相关的虚实相生、内外通透的美学思想，"离也者，明也"。人与外面的自然有隔有通，而这个通对应的是虚实当中的虚，是画面中的可居可游的留白，是让"气"能在物质中出入反复的"孔穴"，是村落的入口、广场和水面，建筑中的庭院、户牖乃至通风口（图3-3）。对建筑来说，孔是采光的地方，也是物质交换和精神游憩的场所，所以院落意义非凡。郑板桥写过这样一个院落："十笏茅斋，一方天井，修竹树竿，石笋数尺，其地无多，其费亦无多也。而风中雨中有声，日中月中有影，诗中酒中有情，闲中闷中有伴。非唯我爱竹石，即竹石亦爱我也。……对此画，构此境，何难敛之则退藏于密，亦复放之可弥六合也③。"建筑中的院落所形成的虚空之处，是居者心灵收放和自然生气与节奏的聚集之所。

2. 恋土与恋乡

1）向土而生的束缚与归宿

《荀子·致士》中有"无土则人不安居，无人则土不守。……故土之与人也，道之与法也者，国家之本作也。"费孝通在《乡土中国》中指出："乡土社会是安土重迁的，生于斯、长于斯、死于斯的社会。"生不离土，死不离土。"人属于土地，而不是土地属于人，人是土地的孩子，永远也离不开土地。不管人口如何增长，人

---

① 宗白华.美学散步[M].上海：上海人民出版社，1981：131.
② 陶渊明.陶渊明集[M].北京：线装书局，2003.
③ 郑板桥.郑板桥书画集[M].北京：中国民族摄影艺术出版社，2003.

图3-3 村落里的"气"与"孔"
资料来源：笔者自摄

们依然紧守着脚下的那片故土，依靠勤劳从贫瘠的自然中攫取生命。""土地"是一个兼有在土地上耕作和收获的整体，这种农业社会的生存状态在诗人臧克家的诗作《三代》中有生动表达："孩子在土里洗澡，爸爸在土里流汗，爷爷在土里埋葬。"

和西方建筑高高向上相反，中国传统居住建筑都是贴着地面发展的，表现出人们对土地的眷恋和依赖。这样一种高密度的土地利用方式，保证了人跟自然最接近、跟大地最接近的一种生活状态。传统住宅大多一或两层，很少有三层的。先秦文献中，少见到楼宇。出土的汉代画像砖、陶屋外观多数为单层，少部分为两层，《说文》中称"重屋"。据清人段玉裁的研究，重屋指的是复屋，不是用来住人的，而是满足通风、采光、望远等要求。再把视野扩大到整个四合院甚至整个村庄，向地性更明显。总是贴着地面向水平发展，宁可纵、横生出些许庭院或天井，也不向上升腾发展。鸟瞰村落，山坡般大面积的屋顶，用横向的体积强调着和大地的联系。而长屋作为我国古代住宅的另一种形制，也很清晰地显示出对大地的依恋。以一字形平面横向发展，是充分利用地形的最好形式。它除了有节约耕地的意义外，房屋可以开敞通透，适应闷热的天气，就像藤本植物一样，贴着地面生长[①]。

2）恋乡的诗学空间

中国几千年的农耕生活形成了一种"乡土情结"的"集体无意识"，这种恋土和恋家相重合的"原始意象"成了中国人人格结构中一个最为主要的原型[②]。在古代知识分子的观念里，无论身处庙堂之高还是江湖之远，"乡村"都是那个山水田园的

---

① 丁俊清. 江南民居[M]. 上海：上海交通大学出版社，2008：118.
② 徐剑艺. 中国人的乡土情结[M]. 上海：上海文艺出版社，1993：35.

"乌托邦",而他们从文化心态上就认为自己是"有文化的农民",所以在诗学之"乡"的诗、散文、辞赋、词、曲、小说叙事上,要么是"悯农"的心灵"赎罪"之作,要么是"田园怡乐"、仕途失意之际隐居乡间的"乌托邦"……①

余秋雨说:"翻阅整部中国古典诗词,我们所能接触到的基本意象几乎无一例外地来自农村,诸如竹篱、茅舍、落日等等。尽管这些意象的创造者们本身有许多就生活在城市中,但他们几乎没有提供关于城市的文化信号,甚至以一种'客居'的心态对待城市生活,颇有'都市里的村庄'的寂寥。"中国古代士大夫的寓所几乎全在城市里,但他们的住所则更均匀地散布在相对说来属于城市体系或相对说来属于农村体系的聚落之间。虽然有时在城市里居住长达几十年,但逐其根本仍是乡里的籍贯和庞大族谱里的一个人名。从农村来最终落叶归根回农村去,是古人最理想的生活模式。

中国知识分子身份的前身——"士",与乡村还有着长期生活上的紧密联系。一方面,"半耕半读"、"朝为田舍郎,暮登天子堂"是当时一种真实的社会现象。钱穆先生指出,"在中国读与耕之两事,士与农之两种人,其间气脉浑然,相通而不相隔"。与自然相结合的思想创造了优美的文学传统,也塑造出有着恬淡生活意境的耕读人家的"文人"生活方式②。另一方面,在传统农耕社会里,"农耕之家"为"良家",士大夫们则以此出身而骄傲③。

3. 礼制与宗族

1) 礼制与住宅格局

与现代人们普遍将建筑和住宅看作是生产、生活场所或者是一种生产资料、生活消费品不同,我国古代赋予建筑更多的内涵,是国家体制、社会礼仪、习俗的物化表现。这里的礼仪既不是一般的礼节,也不是单纯的等级制度,它近似于现代观念中的准则、政策法令、规章制度和行为模式。这从政治上是维护社会秩序的需要,是构建稳定的社会结构的重要措施,从思想上则可以追溯到古人"以象制器"的造物原则和方法④。

古代的礼仪制度在建筑上有直接体现。一般认为建筑的等级制度起始于黄帝时期。如当时的"明堂"建筑,以高为贵,"天子之堂九尺,诸侯七尺,大夫五尺,士三尺"

---

① 许心宏.文学地图上的城市与乡村[D].杭州:浙江大学,2010:21.
② 赵新良.诗意栖居——中国传统民居的文化解读:第二卷[M].北京:中国建筑工业出版社,2007:275.
③ 许心宏.文学地图上的城市与乡村[D].杭州:浙江大学,2010:166.
④ 丁俊清.江南民居[M].上海:上海交通大学出版社,2008:109.

(《礼记·礼器》)。从先秦开始，就对住宅的间数、高度、建筑材料、装饰纹样乃至色彩等方面，都依据等级制度有了明文规定，违者按律论处。唐代的封建典制更为完备，《唐会要·舆服上》对居民建筑等级做出了明确规定，"王公以下屋舍，不得施重拱藻井；三品以上堂舍，不得过五间九架；五品以上堂舍，不得过五间七架；六品、七品堂舍，不得过三间五架；庶人房舍，不得过三间四架，不得辄施装饰"。到了明代，有关建筑等级的限制则更加严格，不仅对不同阶层、等级人员住房间架规模有详尽规定，对建筑的装饰纹样和色彩都有具体规定。如《明会典》规定，只有五品以上官员所建的房屋梁柱间允许施青碧彩绘，屋脊许用瓦兽，而民舍则只能用黑、灰。江南地区作为自宋代以后的政治文化中心，尤其作为朱子理学的中心之地，礼仪制度在这里得到更为严格的执行。有人描写江南村巷形象、氛围为"深巷重门人不见，道旁犹自说程朱"。

传统宅院的平面布局也体现出中国古代宗法制度下父尊子卑、长幼有序、男女有别等伦理纲常观念。普通宅第之中，正中一间为堂，堂后或两旁则为室。《释名》上这样描述："堂犹堂堂，高显貌也。""古者为堂，自半以前虚之为堂，自半以后实之为室。堂者当也，谓当正向阳之屋①。"堂内摆放祖先牌位以供祭祀，同时有接待客人、议事之用，另外表现家庭身份、功名、志向的字匾也挂在厅堂。所以堂相当于一座纪念堂、一个教室、一个接待厅、一部家族史、一篇告示、一个法庭和一个家庭的议事厅，一切社会文化活动都在堂里进行。厅堂的耳房住长辈，晚辈则住在左右厢房。对于大户来说，住宅里会有内外院之别，厨房、佣人房、辅助用房，大多沿纵轴线靠后布置，放在正屋两侧②。

从宏观尺度而言，中国是一个家国同构的空间形态格局。家、村、城、国虽大小不同，但其构成图示或者精神内涵是同构的。堂（祖宗、血缘）是家的核心，宗祠是村的核心，太庙、社稷坛是城的核心，而居天下之中者为中国（图3-4）。

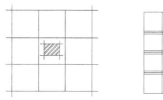  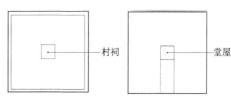

a 中国：天下八十一分居其一图示　　b 古代国家（城市）图示　　c 古代村邑图示　　d 古代居室图示

图3-4　中国古代家国同构示意图
资料来源：丁俊清.江南民居.[M].上海：上海交通大学出版社，2008.

---

① 刘熙.释名疏证补[M].北京：中华书局，2008.
② 丁俊清.江南民居[M].上海：上海交通大学出版社，2008：113.

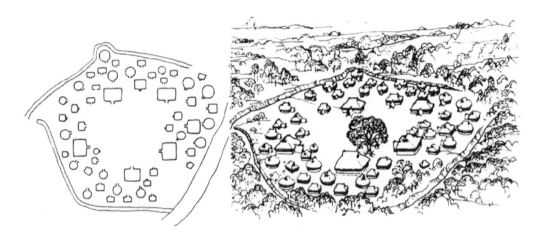

图 3-5 临潼姜寨仰韶文化村落遗址
资料来源：王彦辉.走向新社区：城市居住社区整体营造与理论方法.南京：东南大学出版社，2003.

2）宗族与血缘的空间投影

宗族是村落空间集聚或分异的重要因子。总的来说，一般因同宗共族而向着宗族源头（类似祖堂、宗祠）的空间核心集聚，形成以此为中心的居住空间形态；又因更为紧密的血缘关系在下一层级的类似房族的周围凝聚，而与别的房族在空间上隔离。这种宗族结构自古传承，原始氏族社会时期，就是一种以血缘关系为纽带聚族而居的村落雏形。例如临潼姜寨仰韶文化村落遗址，居住区住房共分五组，每组都以一栋大房子为核心，其他较小的房屋环绕中间空地与大房子作环形布置（图3-5）。

在宗族结构比较完整的传统村落中，存在着三种基本的聚落模式：单姓村、多姓村和杂姓村，顾名思义，具体见表 3-1。

单姓村落——如诸家村，它的空间组织结构是通过祭祀建筑的分布来建构的，各处祭祀建筑作为核心将家族凝聚在一起，家族内的住宅亦呈组团式布局。诸家村祭祀建筑分为"祖墓/宗祠—小祠堂"两级体系。相传诸继寿公共生有七个儿子，每个儿子及其后代独立成为一个"旁"，在古村中各自集中分布。村中心有一处祖墓，七个"旁"各自有小祠堂一所[①]。

多姓村落——一个村落当中，如果同时有几个强势姓氏，则该村落会形成以几大姓氏分片居住的宗族组团结构模式。几大姓氏将分别占据村落的不同区块，组团界线非常明确。如南京江宁区佘村，从最初的佘氏家族到明清入住的潘氏家族再到民国迁入的李氏、王氏和孙氏，他们形成彼此独立的组团，潘氏家族位于佘氏家族

---

① 尹然,阎海,范小妮.村落空间的生长与自我修复——基于溧水诸家村的调查与思考[J].乡村规划建设,2015(3):108-117.

西面,其他家族则分布在佘村周边。类似还有南京江宁区的杨柳村、苏州的明月湾等。

表 3-1 村落宗族关系基本模式

村落类型	单姓村	多姓村	杂姓村
姓氏构成	一姓主大	两个或多姓主大	杂姓共居,无大姓
空间结构	中心边缘结构	组团分区结构	混合拼贴结构
案例举证	诸家村	佘村、杨柳村、明月湾村	华山村
家族分布模式	一房、二房、三房、四房、五房、宗祠	甲家区域、乙家区域、丙家区域	甲姓、乙姓、丙姓、丁姓、戊姓、己姓、庚姓
空间结构模式	中心、边界	甲家组团、乙家组团、丙家组团	(棋盘格混合拼贴)

杂姓村落——有些村落在发展过程中,逐渐形成不同姓氏混杂分布,不存在明显主导的大姓的局面。比如镇江的华山村,多个家族、多个姓氏共同长期生活繁衍,整个村落包含冷、杨、李、张四个较大的姓氏和谢、王、解等一些杂姓。这里最早的居民是荆蛮族,其他居民则是随着西晋末年、唐朝末年和北宋末年三次汉族人口大规模的南迁移居来的。目前村中仍保留有冷氏、杨氏、李氏宗祠[①]。

3.1.4 形态特征

1. 村落格局

古代村落基本上没有经过事先规划,但基于对环境认知的风水理念和礼俗制度成为村民们自觉遵守的规定,并约定俗成地形成一些世代沿袭的规律。从风水理念的角度,则主要是"顺天时、量地利",顺应自然、因地制宜,主要表现在村落的选址、理水、理景等三个方面[②]。

选址——按风水理论,村落的理想基址一般须"背山面水"。背山可"藏风聚气",面水可使气"界水而止",为聚落环境孕育生机。在风水理论指导下,苏南地区不同

---

① 东南大学城市规划设计研究院.镇江市华山历史文化名村(保护)规划(2014—2030).
② 李立.乡村聚落:形态、类型与演变[M].南京:东南大学出版社,2007:54.

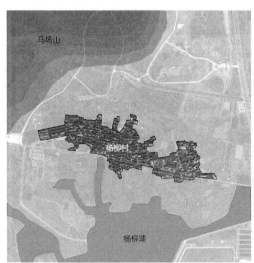

图 3-6　杨柳村北丘陵南湖塘空间格局
资料来源：笔者自绘

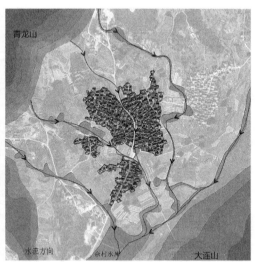

图 3-7　佘村水文与村落形态格局
资料来源：笔者自绘

地域类型下村落的选址有明显规律。在山地丘陵地区，村落多位于局部的岗地或山谷阶地；在江南平原地区，村落沿水单侧或两侧分布；在水网圩区，村落沿圩堤和河塘连续分布。如江宁区的世凹村，三面环山（牛首山、桃花山和云台山），周边小块水域镶嵌；杨柳村则是北丘陵（马场山为主的丘陵）南湖塘（杨柳湖）（图 3-6）。

理水——水是乡村生活生产的命脉。为了满足农田灌溉、生活、消防以及防涝等需要，村落一般都要进行适当的水系利用及改造。如佘村的村落空间格局完全顺应地表水纹的流向（图 3-7），开弦弓村的水利设施建设则是村落中重要的集体活动等。

理景——先民们在村落布局中还非常注重与风景元素的紧密关系。他们将自然风景纳入村落的空间系统中，使得村落空间被赋予独特的人文色彩。如南京溧水区的桑园蒲村，至今流传着关于周围笔架山的优美传说；同里镇的明初期的"长山岚翠"等前八景和明中期的"东溪望月"等后八景（图 3-8）。

图 3-8　同里古镇"东溪望月"景象
资料来源：https://www.baidu.com

2. 宅与院

"有宅必有院"的空间格局是中国古代住宅的重要特点之一。宅院以方形平面为主，且宅与院并存，源远流长，形成了一个东方"庭院文化"圈。

在古代，房屋仅仅是家的居住部分，称作家室。住房之外必有院子。有学者将中国传统住宅中的院子分为三种[①]：一种是以四合院为代表的院，也称院落或庭院，小的叫天井。它是中国古代典型宅第之院，多布置在宅院的空间轴线上。二是园林式住宅，发源于汉，唐宋时主要分布在北方，南宋、元明以来，江南盛行，叫南方私家园林，如今在江苏、浙江一带多有遗存。第三种就是农家小院。三种院子的生成原因也各有不同。四合院被认为是从明堂、宫室、王公贵戚的宅邸形制延伸而来，主要功能是祭天祀祖，当然也有辅助生产、休闲养性功能。园林式住宅的产生原因则要追溯到"士"，是士人文化活动的结晶。士人园林从哲学上，可以被认为是国人天人合一、整体思维的物化反映。当然，每种院子的实际产生原因及其实际功能并不是单一的，各有侧重。

农家小院是农业生产生活范式辐射的结果。在以犁锄为主要生产工具的传统小农农业范式下，家庭是最有效的农业生产规模单位。作为内向型经济空间的基本组成部分，家庭的经济活动表现为原始的综合化，承担着生产、生育、交换和消费职能，耕织结合是其最突出的特点。而农家小院就是重要的生产生活场所之一（图3-9）。这个小院，是家和农业联系的纽带，是家庭基本生产资料的延伸，院子的生产活动包括晒衣晒谷、堆放杂物、放养家畜或种植花木等，也是田野农作物进屋的过渡场所。这些与农业联系的活动是古代家庭的重要组成部

图3-9 农家宅院景象
资料来源：https://www.quanjing.com/

[①] 丁俊清. 江南民居[M]. 上海：上海交通大学出版社，2008：124.

分，许多古人的治家格言都说明了这点，如曾国藩的家教是养鱼、喂猪、种竹、种菜为家政四要。"茅檐低小，溪上青青草。醉里吴音相媚好，白发谁家翁媪？大儿锄豆溪东，中儿正织鸡笼。最喜小儿亡赖，溪头卧剥莲蓬。"《清平乐•村居》这首词生动反映了苏南传统农业模式下家庭成员的生产生活场景。

3.2 近代时期

如果说两宋至明清的乡村空间变革动力是"自下而上"的过程①，那么鸦片战争以来的近代乡村空间演化的主导动力则是"自上而下"的。首先，是由于鸦片战争后，帝国主义列强的入侵，迫使中国向西方敞开了贸易大门，中国的乡村经济被迫逐步纳入世界经济体系之中，使得有千年农业文明历史的国家开始了向工业文明缓慢转变的历程。在外部市场扩大的背景下，苏南农村乡村经济的商品化程度进一步提高。其次，国内城市的近代化演变也对苏南包括乡村在内的城乡空间系统的转型产生很大影响。

3.2.1 社会经济变迁

1) 苏南城镇的近代工业化进程

费正清等人在论述中国近代史时指出，中国在18到19世纪时期出现巨大变革的因素中不同于以往的两个：一是中国人口的增长达到了空前水平，由宋代大观四年（1110年）时的1.12亿增长到1850年的4.2亿左右；二是西方列强用坚船利炮打开中国大门，迫使清政府开埠通商，同时西方的先进工业技术和资本主义经济的侵入，提供了中国变革的空前强大的外在力量。"仅仅这两个因素，就意味着变化会超越循环模式。"② 正是在此背景下，中国绵延千年的自然经济为主体的社会经济模式开始解体和变革。这一过程被我国学者分为三个时期：①通商口岸开放与国际贸易影响期（1840—1894）；②近代工业发展及城市带的初步发育期（1895—1936）；

---

① 这一时期空间变革的动力主要是内生型，几乎没有发生任何技术革命以及促使经济真正腾飞发展的制度。因此明清的农产品商品化繁荣是一种生产量的增长和种植业内部结构的改造。原始的工业化还停留在农业的"副业"范畴，经济的增长方式主要源自人口的增加，且以农业发展为基础。参见张小林.乡村空间系统及其演变研究：以苏南为例[M].南京：南京师范大学出版社，1999：166.

② 李立.乡村聚落：形态、类型与演变[M].南京：东南大学出版社，2007：63.

③近代工业城市的衰败与再恢复（1937—1949）[①]。

两次鸦片战争的失败，导致我国多个沿海、沿江口岸相继开埠，成为西方势力进入中国的门户和垄断市场、掠夺资源、倾销商品的据点。直接影响到苏南地区的就有上海、南京、镇江等三个港口城市。尤其是上海，取代广州成为全国外贸重心。西方列强利用不平等条约赋予的外贸特权，使中国很快形成了有利于他们工业品输入和中国原材料输出的外贸结构。

这些变化首先导致苏南地区从外贸结构到乡村腹地专业经营内容的相应调整。这表现在19世纪末以前，苏南乡村以外贸为目的的商品如丝、茶、棉等生产的迅速增长；其次，为苏南地区带来了新的工业技术和交通运输方式。尤其从甲午战争结束（1895年）后的第二个时期开始，各帝国主义国家对中国的侵略方式由原先的侧重资源和商品输出为主，转变为向中国销售商品和进行投资，开设工厂、修筑铁路，在中国大力发展近代工业。在这种背景下，民族工业也得到相应发展，并通过上海、南京等大城市向周边扩展，先后出现了一批具有较大规模和相当实力的工业城镇，如以棉花纺织、面粉、丝绸工业为主体的无锡，以丝绸工业为特色的苏州，以棉纺织工业为主的常州、常熟、江阴等，它们一起共同组成了以上海为中心、以轻纺工业为主体的长江三角洲工业城市群。这一阶段是苏南近代经济产生并大发展的时期，也是沪宁沿线城市带和中小城镇近代化的启动阶段。

第三个时期，由于持续战争和动乱，苏南工业遭到重创，只是在战争间歇得到一定的恢复和发展。

苏南城市近代化、工业化的发展受到国际国内政治经济因素影响，总体而言经历百年沧桑逐渐发展壮大，在全国居领先水平，而且带动了广大乡村地区社会经济的深刻变革，对区域空间结构及乡村空间系统产生重大影响。

这些变革，不仅反映在苏南经济在全国的先行地位，而且还反映在文化上具有先导性。口岸城市及新工业技术的发展，使得外来先进技术和思想方式得到传导，这不仅表现在口岸城市率先兴建文化、教育、卫生等各项社会事业设施，也包括相关技术思想向内地广大乡村的缓慢扩散。

2）乡村社会经济变迁

鸦片战争之后，伴随社会政治经济制度的变革及城镇体系的发展，苏南乡村社会经济也不同程度地卷入了世界经济体系之中。这主要表现在：①乡村农产品商品化的进一步发展——在实现商品化的农村产品的数量、品种越来越多，流通的地域

---

① 张小林.乡村空间系统及其演变研究：以苏南为例[M].南京：南京师范大学出版社，1999：172.

范围越来越大的同时,广大农民在生产生活中对市场的依赖也日益加深;②乡村工业的演变——包括农村传统家庭手工业逐渐被机器工业所取代而走向瓦解(如家庭手工棉纺织被机器织布厂、纱厂所取代)以及近代乡村工业(棉纺业、机制食品、砖瓦业、五金业等)的兴起;③乡村社会结构的变动——主要表现在乡村就业结构多样化,非农就业比例上升,兼业户也日渐增多,农民收入的重心逐渐转向非农产业,以及基于商品与基础设施等物质文明输入及西方思想观念影响下的近现代生活方式的输入与接纳等;④乡村人口向城市的转移——包含出于逃离封建奴役和苛捐杂税寻求生存而到城市求生的普通农民,以及被城市现代生活和工商业所吸引而移居城市的士绅阶层。这导致开始出现了传统宗族和血缘、地缘关系弱化的苗头,加上后期由于战乱而导致乡村经济萧条,苏南乡村传统中相对稳定的社会经济结构开始出现了松动。

总体而言,虽然苏南农村的经济结构有了较大变动,社会分工也有了一定发展,城乡互动得到加强,但就社会结构变革而言,传统社会关系仍占据主导地位,近代乡村工业尚处于资本主义生产方式的过渡阶段,手工业生产仍占据绝对优势。其主要原因则在于小农社会体制的顽固性。

3)民国时期的乡村建设运动

晚清以后的中国传统农业社会在工业化冲击之下陷入空前动荡危机,农村凋敝衰败,农民日益贫苦。20世纪初的战乱更是雪上加霜。当时的政府和社会各界知识精英试图扭转危局,发起了一场声势浩大的"乡村建设运动"。所谓乡村建设运动,就是在一定范围的乡村内,依照理想的预定计划,用最完善的技术方法训练农民,促使农民生活的改进[①]。这一运动在1930年代中期达到高潮,当时参加的学术团体和教育机构达到600多个,各种试验区达1 000余处。这些试验区的侧重点并不相同,主要内容大致分为兴办教育、改良农业、流通金融、提倡合作、探索地方自治、建立公共卫生保健制度以及移风易俗等等。例如,晏阳初在河北定县开展的"平民教育",以"人"的改造为核心,倡导知识分子下乡,以推广与发展现代教育的方式来唤醒和教育村民,希望通过人的改变来改造整个社会,以学术的立场改变政治。梁漱溟则在山东邹平实施"乡村文化复兴"策略,更加注重乡土文化对乡民的塑造,在儒家传统文化的基础上提出"新儒学"的主张,主张儒家传统与现代科学的结合。他组织设计乡村建设方案,培育乡村精英骨干,建立乡农学校作为"政教合一"的组织,力图重构传统与现代并存的乡村新秩序。卢作孚则在吸收西方文化与现代科学

---

① 郑大华.民国乡村建设运动[M].北京:社会科学文献出版社,2000:71.

的基础上，推行实业与文化相结合的现代化建设，试图创建"现代集团化"的生活。他创办民生公司，"以经济建设为重点，交通建设先行，乡村城镇化带动，文化教育支撑"，力图将嘉陵江三峡建设成"生产的区域、文化的区域、游览的区域"[①]。

民国的乡村建设运动在当时取得了一定的积极成果，对当今的中国乡村建设也具有一定的启发意义。但由于当时社会整体环境的限制以及其自身社会改良运动的本质，无法解决西方农产品大量倾销、土地分配不均以及农民负担过重这三个根本问题，其最终目的未能实现。通过对民国乡村建设运动的反思，有学者认为，对待乡村问题需要有整体性的认识。一个在小农经济基础上成长起来的乡村系统，是人类社会与自然环境相互作用的结果，单纯地把技术、人口等因素从这一系统中孤立出来，就是忽视了社会、政治、经济和环境间的相互依存关系。那样的话，任何改造乡村的尝试都只能是昙花一现[②]。这一认识，对我们当今的新农村建设同样具有重要警示作用。

3.2.2 形态空间特征

近代时期的乡村，一方面乡村整体空间环境延续着传统时期的村落空间特征，呈现传承性与稳定性。同时，由于社会经济变迁，乡村空间形态变化显著。伴随经济发展，跃升发展成为市镇的村落数量很多，原因主要有以下三个：一是苏南受战乱影响（太平天国农民战争），人口向无战乱的村庄流动聚集；二是近代交通运输模式的变革，引发运河沿线市镇衰落，铁路沿线市镇大批兴起；三是新兴商业贸易和工业促进发展，如无锡的市镇从18世纪的7个增加到1906年的60余个，到1928年则多达110个。村落内部空间也发生了变迁。以集镇为中心的经济圈仍然是苏南农村的基本经济单位，在农村经济生活中占有重要地位。但同时，自给自足的自然经济模式开始受到商品经济的冲击，村落自身已经成为一个初级的农产品市场和劳动力市场，较大的村庄内部已经有了小商店甚至连续的沿街店铺。

3.3 新中国成立初期

成立之初的新中国，面临的是内外交困的复杂局面。一方面，经历长期战乱与

---

① 王景新.民国乡村建设思想研究[M].北京:中国社会科学出版社,2013.
② 李立.乡村聚落:形态、类型与演变[M].南京:东南大学出版社,2007:78.

动荡，中华大地百废待兴；另一方面，虽然西方资本主义世界终止了近代以来对中国的长期盘剥和压榨，但开始了对中国的全面围堵和孤立。在此背景下，中国集中力量重整河山、快速建设发展显得尤为迫切，从而开启了新的社会、政治、经济变革，国家意志开始全面深入到从城市到乡村的每一个角落。而这一变革同样在乡村社会空间环境中留下了鲜明的时代烙印。

3.3.1 政治经济文化改造

1. 政治经济变革

新的国家政权通过"社会主义改造"重组乡村社会经济，使旧的以分散、自立的小农经济为基础的政治经济体制被巨大的、以集体化和计划经济为基础的国家体制所取代。这一举措分为三个步骤：土地改革、"粮食三定"和生产集体化。

土地改革：新中国成立后，全国广大农村开展轰轰烈烈的土地改革运动，把被地主富农阶层没收、征收的土地分给了无地少地的贫雇农和部分中农阶层，彻底消灭了盛行两千多年的封建土地所有制。农民有了土地，加上税收远低于旧社会，农民负担减轻，生产积极性空前高涨，极大促进了农业生产的恢复和发展。

"粮食三定"：伴随城市和工业人口快速增长，国家为了缓解农业生产尤其是粮食生产落后与工业化建设需求之间的矛盾，制定了粮食的计划收购和计划供应政策、由国家严格控制粮食市场的政策、中央对粮食实行统一管理的政策（简称为"粮食三定"），以及对食油、棉花、蚕茧等主要农产品的统购统销制度。从实际效果看，"三定政策"成为国家工业化初期"社会主义原始积累的转换器"。同时，也使得小农生产者失去自由抉择的余地，乡村经济的支柱被完全地纳入国家政权的控制之下。

生产集体化：生产力的发展由于土地改革而得到很大解放，但同时还受到以家庭为经营单元的小农经济模式的制约。土地由家庭承包单干变为合作经营势在必行。国家由此开始启动了从"互助组"到以"一大二公""政社合一"为基本特征的人民公社制度的集体化进程。人民公社是一种高度集中和高度平均主义的经济体制，实行生产资料公有、集体劳动、统一分配，公社内部通过组织的军事化、行动的战斗化和生活的集体化直接介入农民生产生活的全过程。

2. 城乡结构体制

组织结构——社会组织体制的变革是社会经济变革的重要保证。为了便于把广大人民群众有效地组织起来，1950年政务院颁布了《乡（行政村）人民政府组织通则》，开始在全国建立乡、村两级的基层组织机构。尤其是人民公社体制的建立，使得乡村组织化程度不断提高。最大的变革之一在于将村落纳入国家正式的组织网络之中，实现了国家权力在乡村基层的横向扩展，国家行政权力一直向下延伸到了乡村社会中的家庭层面，彻底改变了传统乡村的自组织系统特征，被高度整合到社会主义国家机器系统之中。

城乡二元——1958年1月全国人大常委会通过的《中华人民共和国户口登记条例》中规定，"公民由农村迁往城市，必须持有城市劳动部门的录用证明、学校的录取证明或者城市户口登记机关的准予迁入证明，向常住户口登记机关申请办理迁出手续"。新户籍制度的建立，使得乡村人口向城镇的自由迁移中断，农村人口也失去了向城市进行投资开业的权利。户籍制度在城乡之间筑起一道闸门，使得中国城市化与工业化开始脱节，形成了我国独有的"没有城市化的工业化道路"。与户籍制度相配套的，还有粮食供给制度、住宅制度、生产资料供给制度、教育制度、就业制度、医疗及养老保险制度等等一系列强化城乡分割的具体制度，把公民划分为两大身份不同、待遇不同的经济利益集团，农业人口与非农业人口、农民与居民两大类别。城市居民享受各种福利待遇，而农民不仅无缘享受，而且被长期禁锢在严重超载的土地上，不能自由流动，固化了"城市工业、农村农业"的产业格局，使得我国城乡二元结构日益强化。

村镇系统——新中国成立初期，苏南集镇发展基本维持了以前的格局，从职能上看，集镇仍然是农民进行农副产品集市贸易的场所，商业是推动集镇发展的动力所在。伴随人民公社制度及城乡二元结构的确立，苏南地区之间横向联系、分工协作的传统发展模式不复存在，村镇系统的演化发展由市场、交通调控的原则从此让位于行政区划。这主要表现在村镇因行政设置而发生变异——公社作为国家最低一级行政单元，在县域内的规模彼此大致相当，从而导致公社集镇作为农村中心在地域分布上比较均衡。一些自然集镇和自然村变为公社所在地而快速发展壮大，而有的集镇未成为公社所在地而走向衰落。如江宁的上峰、横岭等地原非集镇，因为是公社所在地而逐渐发展为集镇，而历史上原先是集镇的解溪、索墅等地因不是公社驻地或远离公社驻地而日渐冷落。

行政设置的分化导致不同以往的村镇系统——县城作为县域政治、经济、文化中心，集中了大部分县属企业、行政机构、商业管理、文化教育等单位并影响全县；公社所在地不仅是全公社的政治中心，同时也是经济、文化中心，建有与之相对应的管理机构；一般小集镇成为公社下属的大队所在地，只有基层政权组织而没有相应的行政机构；村落往往是一个或几个生产大队所在地，是农民居住、从事农业生产的场所，一般没有公共设施。由此，形成了与行政级别及其配置相吻合的县城镇——一般县属镇—公社集镇—自然集镇—村落的聚落等级系统的分化。

在功能上：集镇不再作为近代以来以商业、服务业职能为主的地区经济中心而存在。公社化后商业逐步纳入国营，个体和集体商业被看成资本主义尾巴而被限制打击。集镇的商品集散中心职能大大削弱，而仅仅作为行政管理中心存在，经济活力减弱、发展缓慢；人民公社则成为相对封闭的社会、经济实体空间。政社合一的人民公社对管辖范围内的政治、经济、文化、军事全面掌控，使农民个人对公社全面依附且丧失了自主性、主动性。同时，经济活动是相对独立的，广大农村被分割成以公社为范围的"庄园经济"，是一个个封闭的自然经济实体，商品生产薄弱，社办工业限定于"三就地"（就地取材、就地生产、就地销售）原则，农民需求也被限定在极低的水平上。

3. 乡村社会文化

1) 社会关系的转变

土地改革在经济制度层面废除了封建土地所有制，在社会结构上消灭了统治阶级。这一系列变革改变、瓦解了传统士绅、地主主导的乡村传统文化根基，使他们丧失了宗族血缘领袖地位，代之而起的新乡村干部往往是长期处于社会底层受压迫的赤贫农民。人民公社是农村的经济合作组织，其组织形式是政社合一、以政代社。农村的社会关系是由政治塑造的社会关系，依靠行政纽带维持。这使得以往家庭血缘群体承担的农业生产、分配以及救济贫寡等社会职能丧失。而且，农业互助组、合作社、农村供销合作社形成了一种集中在生产领域的合作关系，他们都是传统农村经济合作组织。此时在农村，传统的血缘关系被打破，人与人之间以生产资料的互助合作为媒介，在组织结构和生产空间上形成的"社队"、地缘关系开始处于主导地位。人民公社在政府领导的社会整合中发挥了核心作用。

"在人民公社办公共食堂，吃饭不要钱，消灭家庭，实现军事化，男人女人分开集体居住，拆毁农民的房屋，以便集中居住。"那时的集体生活，有一种强制亲密的意味。

2) 文化传统的断裂

新中国成立后的土地改革和人民公社等一系列举措，改变了苏南传统乡村文化赖以维系的经济基础和社会结构，改变了传统士绅、地主在乡村社会文化中的主导地位。同时，新政府为了强化宣传新的社会意识形态，组织了"新文化下乡""破旧立新"等一系列运动，使得与国家主导意识文化形态相抵触的传统观念失去生存空间，宗教也被纳入严格的官方管理体系。人民公社的建立，使原有的乡村传统文化活动被公社内部集体联欢、文艺汇演、电影放映等所取代，乡村文化、娱乐被自上而下的官方系统所掌控。乡村原有的家族祭祀、宗教活动等在多重打压下逐渐退出村民的公共生活，苏南乡村如同全国其他乡村一样，被高度整合到社会主义意识形态及文化体系之中。后来的"文化大革命"又让整个社会陷入一片混乱，对于文化界的打击尤为惨烈，使得中国古代传统文化濒临瓦解、断裂，表现在乡村建设层面，不仅很多优秀的传统建筑被破坏，而且很多建筑技艺和匠人手艺也在社会的跌宕起伏中消失殆尽。

3.3.2 形态空间特征

1. 村落分布格局的变迁

经济及人口的制约与促发——新中国成立以后的较长时期内，农村生产以及农民收入一直处于低水平增长阶段，在这种背景下，农民的住房需求被长期抑制，村落规模鲜有大规模拓展，人口增多的农户也大多只能通过住宅内部改建和少量扩建来解决住房问题。自1962年开始，苏南农村经济状况开始出现好转，一方面由于三年困难时期后国家采取了一系列有助于恢复农业生产的措施，另一方面是新中国成立后第一次生育高峰（1950—1958年间）中出生的孩子开始参加劳动，这造成1960年代中后期以后农民的住房需求逐步增长，并在1970年代中期达到高峰。这直接导致苏南乡村进入了第一次居住更新阶段，即"草房变瓦房"——新中国成立前的一层草房基本被砖木或夯土混合结构的瓦房取代，同时出现了少数楼房。

由于政府主导的村庄规划及宅基地划批管理等制度的约束，这一时期的住房建设以原地翻建、村内插建为主要方式。

从无到有的规划引领——旧中国江苏农村居民点的分布处于自发状态。新中国成立以后的20世纪50年代初期和中期，农村进行土地改革，组建互助组和合作社，村落大体上为族居或散居分布，少数地区通过开荒建立新村。1958年实施人民公社化后，苏南开始实施以公社为基本单元的包括山、水、田、林、路、房在内的综合建设规划。至1960年年初，江苏省规划设计部门组织技术人员和大专院校建筑系的广大师生，编制了大量的人民公社建设规划。如1963年，句容县在下蜀公社涧东大队进行农村建设规划试点，对4个自然村进行统一规划，有30户84间平房统一建设，规划4排朝南，2排朝西，排距10 m，同时修路挖沟、植树绿化等。1970年代，在"农业学大寨"运动中，省内各地农村再次提出村庄居民点建设规划，并出现部分按规划建设的试点公社、大队，形成一批村庄建设规划样板，但多数为兵营式"排排房"。无锡扬市乡保健大队原有19个自然村，分散杂乱。1976年，该大队根据地形地貌、耕地分布和人口状况进行新村规划，选定几个地点适中、范围较大的自然村为基地，规划成5个梅花形的新村。新村全部建成楼房，同时兴建了工厂、学校、办公楼等基础设施①。伴随1970年代后期农村出现建房热潮，村镇规划工作日益受到重视，全省绝大部分村镇编制了初步的规划，村镇规划从无到有，初步改变了没有规划地、自发地、分散地建设和发展的局面，开始逐步走上有规划可循、按规划建设的轨道。

2. 村落空间与建筑类型

社会主义制度的确立，消除了地主阶层与普通劳动者之间的鸿沟。地主阶层的地产、房屋被无条件分配给贫雇农阶层，这在很大程度上改变了村落内部空间形态，尤其在地主和贫农对立明显的地区②。村落里地主的房产除少量留给他们自用外，大部分被没收，或分配给贫农、或转为公社及村集体用房。村民申请建造新宅，一般在自己生产队里的土地上安排，因此村落居住空间按生产组团定向发展，使原先的组团规模进一步扩大。一个规模较大的农村居民点中，就成片区、组团状地划分出多个共同生产、生活的居住空间，这让自古以来的邻里关系有一点变异，村落内部传统以血缘聚居的状况也逐渐消解，从而极大地改变了村落原有的居住结构。

生产制度对村落空间形态也产生或直接或间接的影响。传统社会里，农家宅院既是生活单元，也是一个相对自给自足的生产单位，具有多重功能复合的性质。人民公社时期，生产制度以集体生产为主要形式，原有宅院里的个体种植、圈养牲畜等都被收归生产队统一经营；"大跃进"时期，甚至家庭炉灶都被捣毁，农民走进集体食堂吃大锅饭，在"组织军事化、生产战斗化、生活集体化"的公社初期，村民甚至还同睡一张床。这种现象在后来公社制度调整后才被改变，并使村落传统生活得到一定程度恢复。

另外，人民公社制度催生了新的公共空间及其建筑类型。每个公社或大的生产队都有各自生产生活的公共空间，比如需要有集中劳动生产用的晒谷场，村（生产队）部办公室和仓库则一般在晒谷场边上。"白天大人在晒谷场上劳动，晚上就成了小孩、老人最好的游嬉、休息场所，或有电影队来村里放映时，则晒谷场会成为全村人的

---

① 江苏省地方志编纂委员会.江苏省志·城乡建设志：中[M].南京：江苏人民出版社，2008：1110.
② 李立.乡村聚落：形态、类型与演变[M].南京：东南大学出版社，2007：101.

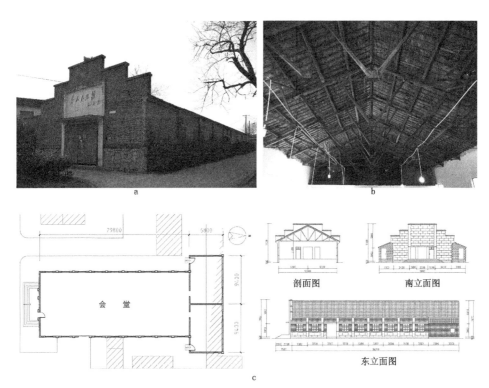

图 3-10　镇江丹徒丰城村会堂
资料来源：图a和b为笔者自摄，图c为笔者自绘

娱乐场所，逢年过节或遇婚丧喜事，这里都是村民的活动中心[①]。"

随着居住空间的扩展，晒谷场慢慢地被围进了村落当中，真正成了居住组团中心的公共活动空间。同时，在传统的祠堂、庙宇、地主宅院被改造、功能置换甚至拆毁的同时，满足新的生产生活需求的学校、供销社以及后来的社会工业用房等公共服务建筑都相继出现，从而使得村落内部的建筑形态及公共空间类型发生明显变化。

以"合作粮仓"为代表的建筑被柯布西耶赋予了十分广泛的内涵和真实的象征功能。"合作粮仓是一个建筑体，一种工具，从更广泛意义上而言，也是一个管理组织：它作为一种有形的符号，表征了农业合作体的存在；又如同村庄的肚子，发挥合作商店的功能；或是农业联合组织的商业化工具，储藏谷物、水果、蔬菜、肥料和种子等的储藏室。[②]"在国内，这种大空间的集体性建筑，也显示出从功能到象征性的意义上的复合性。如建于1965年的镇江丰城村大会堂（图3-10），是"文化大革命"

---

① 陈志文,李惠娟.中国江南农村居住空间结构模式分析[J].农业现代化研究,2007,28(1):15-19.
② (法)勒•柯布西耶.人类三大聚居地规划[M].刘佳燕,译.北京:中国建筑工业出版社,2009:60-80.

时期留下的产物，用三角木屋架结构支撑形成大空间。在建成后的很长一段时间内，主要用于柳茹村村民开群众大会、文艺演出、放电影等。

当然也有直接在空闲场地上露天放映电影的，"在一方空荡荡场地上，先立两个高高的铁杆，四边用尼龙绳固定着，压上砖，这时中间才能去扯上银幕，黑边白底，像一方垂挂乡间欲行又止的孤帆……①"人民公社时期农村人的看电影活动，具有鲜明的时代特征。

时至今日，在很多农村中，这些大尺度的公共建筑依然矗立，成为农村社会空间发展进程中的活化石。

3.4 改革开放后

"文革"期间，因城市工业停工停产，为乡村工业的发展提供了机会。1970年中央提出各地要大力发展农机工业之后，苏南地区在积极建立农机具厂的同时，利用当时城市工业处于不景气的市场空隙和靠近大城市的有利条件，发展了大批社队工业。至1970年代末，苏南地区社队企业发展已经达到了相当规模，为1980年代乡镇企业的集中发展奠定了坚实的基础。

十一届三中全会以来，中国推行了全面的社会经济改革，苏南乡镇企业异军突起。这带来了苏南地区乡村面貌、城乡关系、居住生活状态等的全方位巨变。

3.4.1 社会经济变迁

1. 经济模式

这一时期的农村社会经济发展可以分为两个阶段：

1980年代的"苏南模式"阶段：农村变革首先体现在开启了以农户家庭作为生产经营基本单位的联产承包责任制。这一改革终止了人民公社制度，农业生产体制由过去集中经营为主转为以家庭分散经营为主，农民有了生产经营的自主权和积极性。这不仅使农业生产效率大大提高，而且为更多的人加入非农业生产及商品经济的发展提供了重要的人力资源。在1980年代的苏南地区，这一转变尤为突出。得益于深厚的商业文化底蕴、悠久的手工业传统和优越的地理区位，在人多地少导致就业压力和工农业收益差的驱动下，苏南开创了乡村工业化、乡镇企业高速发展的

---

① 冯杰.田园书[M].郑州：河南文艺出版社，2012：61.

"苏南模式"。城乡二元的体制性隔离,使得大量被解放的富裕劳力结合乡村原有产业基础、低廉成本(尤其土地成本)和外来的技术,在城市之外走出了一条独特的乡村工业化道路,从而使乡村工业迅速取代农业成为乡村经济和就业的主体,农业逐步由主业变为副业。到1990年,苏南国民生产总值的构成中,第一、第二、第三产业之比为14.3:62:23.7,社会劳动者就业结构中,第一产业劳动者由1980年的70.4%锐减为28.7%,第二产业劳动力比重超过50%。苏南地区已经在国内率先成为初步实现工业化地区(表3-3)。

表3-3 苏南地域经济结构转换表[①]

单位:%

年份		产值结构			劳动力就业结构		
		Ⅰ	Ⅱ	Ⅲ	Ⅰ	Ⅱ	Ⅲ
1980年	江苏省	29.5	52.3	18.2	70.4	19.4	10.2
	苏南	17.5	65.0	17.5	—	—	—
1985年	江苏省	30.0	52.1	17.9	53.2	32.7	14.1
	苏南	16.5	64.2	19.3	33.5	48.1	28.4
1990年	江苏省	26.9	52.5	20.6	48.9	33.8	17.3
	苏南	14.3	62.0	23.7	28.7	50.2	21.1

1990年代的"新苏南模式"阶段:到1980年代末期,苏南地区乡镇企业模式的弊端逐渐显露——其试图在乡村地区用低成本工业化的办法解决乡村问题,甚至与城市竞争,这导致其不但难以对应现代工业化的技术、管理及市场竞争,而且出现了经济产权模糊、环境污染、乡村特色丧失等一系列弊端[②]。同时,至1990年代中期,我国长达40余年的短缺经济结束,买方市场的形成及外向型经济大潮的冲击下,导致苏南乡村工业出现明显衰落。在此背景下,苏南地方政府全面推动了以产权制度为核心的乡镇企业改制。以1998年《中华人民共和国土地管理法》的修订为标志,将原本属于村社组织的农地非农化权利转变为更具企业化倾向的地方政府权力。地方政府垄断了农地非农化供给的源头,推动建设用地向城镇集中。在法理上解除了企业与乡村社区的经济捆绑,改制后的企业不断"用脚投票",向区位优越、基础设施完善的城镇集中。同时,经济发展的驱动力也由乡镇企业的"内生驱动型"逐步转向"以招商引资为前导、以开发区建设为载体、以发展外向型经济为标志"的"外资驱动型"。在此背景下,一方面乡镇企业的发展进入了第二次异军突起发展阶段。

---
① 张小林.乡村空间系统及其演变研究:以苏南为例[M].南京:南京师范大学出版社,1999:230.
② 张京祥,申明锐,等.乡村复兴:生产主义与后生产主义下的中国乡村转型[J].国际城市规划,2014,10:2.

如1992年苏锡常三市乡镇工业实现产值1790.3亿元，占城乡工业总产值的66.5%，占农村社会总产值的83.8%[①]，均占据明显主导地位。同时，国家级和省级开发区所在的地级、县级市成为外资投资选择的重点，从而城市取代乡村成为苏南经济发展的主体，新中国历史上最快速和最大规模的城镇化进程从此拉开序幕。

2. 社会组织

家庭联产承包责任制改变了乡村经济组织的微观结构，随着土地使用权重新还给农民，家庭成为农业生产的基本组织单位。人民公社失去了存在的必要，尤其伴随"政社分开、党政分开"政策的试点和实施，原先高度一元化的组织体制彻底改变，社会政治、经济组织职能分化，人民公社、生产大队之间的行政隶属关系被平等互利和等价交换的经济关系所取代。人民公社的结束，标志着国家力量从乡村退出，国家的基层政权重新上调到乡镇一级。

人民公社时期，苏南农民被固定于"社员"这一单一身份群体，他们在社会、经济、文化及日常生活等各方面的差异被缩小到最低限度，乡村社会结构呈现出行政计划性、上下一体的刚性结构特征。然而，伴随1980年代苏南乡村经济结构和产业结构的迅速改变，劳动力就业结构发生巨变，非农化特征日益突出，乡村社会的身份系统走向多元化（图3-11）。社会学界将这一时期中国乡村的社会成员划分为

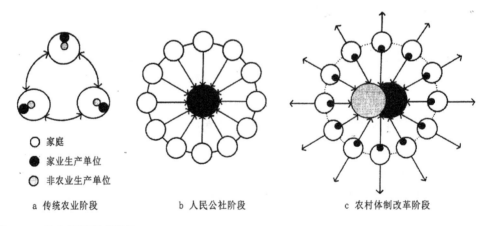

○ 家庭
● 家业生产单位
◐ 非农业生产单位

a 传统农业阶段　　　b 人民公社阶段　　　c 农村体制改革阶段

图3-11　生产组织形式演变
资料来源：李立.乡村聚落：形态、类型与演变，东南大学出版社，2007.
a 江南地区通过家庭内部分工，形成以家庭为单位的生产组织形式。家庭包含了家业和非农业生产功能。
b 家庭不具有生产功能，围绕集体化的农业生产活动，形成内向封闭的居住地结构。
c 家庭生产功能多元化，以集体经济为主体的非农经济发展迅速，居住地结构无限开放。

---

① 李立.乡村聚落：形态、类型与演变[M].南京：东南大学出版社，2007：111.

农业劳动者、农民工、私营企业主、个体工商户、个体劳动者、雇工、农村智力劳动者、乡镇企业管理者等八个阶层。具体到苏南地区，由于苏南工业化主体是公有制经济实体或集体组织，个体私营经济相对发展滞缓，因此，苏南农民的社会阶层分化相对较小：社会结构构成的主体是一个相对均质的农民阶层，而且农民兼业现象以及乡镇企业的"政企合一"特征，使得大量乡村社会成员处于多重职业身份和多重阶层位置的状态，社会结构具有明显的过渡性特征[1]。伴随 1990 年代的城镇化进程加快，始于 1970 年代末的"离土不离乡、进厂不进城"、乡村城市化滞后于乡村工业化的发展模式越来越暴露出弊端[2]。在此背景下，以人口和非农业产业集聚发展为主要特征的城市化进入高速发展期，原先以村队社区所有为特色的分散村落通过村落撤并重组或就近城镇化的方式，使得整个区域逐渐成为城市集聚区，一些偏远乡村则出现空心化。

3. 文化观念

苏南乡村工业化尤其是外向型经济的发展，在导致农村社会剧变的同时，也大大加快了乡村文化的变迁进程。可以概括为：

①苏南农民个人素质的更新与提升。苏南地区素来文化底蕴深厚，耕读传家蔚然成风。工业化、城市化的发展以及由此带来的生活环境变化，让农民们认识到现代科学技术的重要性，促使农民放弃薪火相传的农业技能而投身于新的知识和技能的学习。同时，在各级政府的推动和集体资金扶持下，苏南地区由普通教育、职业教育和培训机构等组成的完整现代教育体系逐步建立起来。

②家庭观念的嬗变。中国传统的家庭规范是与传统的小农经济体系相适应的，因此，也会随着生存环境的变化而改变。近代以来，苏南地区的传统家庭制度一直处于不断衰微的状态，新中国成立后的文化革新更给传统家庭制度带来巨大冲击。改革开放以后，苏南经济社会的集体化特征和现代文化的发展，更使得苏南家庭逐渐远离传统家族制的束缚。这点从苏南地区农民的生育观念和国家计划生育政策较其他地区得到了更为顺畅的实施可以得到印证。

③人际交往模式的变迁。传统农村社会的交往以家庭、村落为主要空间范围，地缘、血缘群体为交往对象。新中国成立后，村民又被人民公社制度紧紧禁锢在村落社区。伴随着乡镇工业化和城市化的推进，由血缘、地缘维系的地域共同体关系，日益被以现代业缘关系链接起来的城、镇、乡网络所取代。农民们走出封闭的村落

---

[1] 李立.乡村聚落：形态、类型与演变[M].南京：东南大学出版社，2007：118.
[2] 张小林.乡村空间系统及其演变研究：以苏南为例[M].南京：南京师范大学出版社，1999：237.

内部交往互动模式，越来越多地参与到更大范围的流动性、开放性社会交往互动模式之中。这使得苏南传统的以封闭的血缘情感维系为主的人际关系，开始向以开放性市场化经济利益获取为主要目的新型人际关系的转变。

乡村文化观念变化的本质是整个乡村社会现代性的启蒙和发展，但不可能一蹴而就，这个过程必将是长期的。这一时期的乡村文化处于从传统到现代性发展的转型期、过渡期，这一时期的乡村文化具有"边缘性"特征。一方面表现在文化演变发展的过渡性（在文化观念向现代发展的同时，又无法摆脱传统文化的掣肘，甚至有时还会有传统文化习俗的重现，如一些经济发展起来的村落大肆修建庙宇、宗祠等）；另一方面是文化的失范性，即面对传统文化与现代城市文化的巨大反差，村民在新旧文化交替之际产生心理失衡、精神焦虑、不知所措等现象。传统文化在新中国成立后的"文化大革命"中受到冲击，而新的乡土文化不见踪影，村民们在眼前纷繁的世界里无从选择，从而表现出在新奇的城市和外来文化冲击下乡村文化的异化。表现之一就是村民对城市文化、外来文化的盲目崇拜。在乡村建筑上，很多地区对城市别墅、异域风格盲目模仿，中国传统聚落营造中"因地制宜的仿效"蜕变成"盲无目的的攀比"等[①]。

3.4.2 镇村空间格局变迁

这一时期的社会经济变革带来了乡村空间形态的剧变。

1. 村镇土地扩张与城镇化

苏南模式时期——改革开放初期，在城乡二元结构背景下，乡镇企业的异军突起成为乡村空间格局变迁的根本力量。这一时期的村镇空间格局有两个重要特征：

一是"三位一体"的空间职能。苏南地方政府通过对集体土地的"内部资本化"（利用村集体自有土地进行无偿开发建厂）来实现乡村工业的兴起，使得大量农用地转为非农建设用地。加上乡村行政单元间的高度分隔状态，促使形成了"村村点火，处处冒烟"的乡村工业分散布局形态。而同期实施的"离土不离乡、进厂不进城"政策，不仅固化了这种乡村工业的分散化布局，也固化了农村人口。因而，苏南乡村空间格局呈现从以居住和农业用地性质转化为"工业生产＋农业生产＋居住生活"高度混合的状态。

二是村镇土地的快速扩张。首先是工业用地快速扩张，伴随乡村工业的快速发

---

① 李立.乡村聚落：形态、类型与演变[M].南京：东南大学出版社，2007：120.

展,镇(乡)村两级工业用地规模急剧扩张,小城镇快速成长。乡镇企业的分散布局导致了小城镇的"遍地开花"局面,许多经济实力雄厚的村庄进入了"小城镇"的行列。同时伴随的还有乡村居住用地的大幅度扩张。伴随农民工业性收入逐步取代农业收入成为家庭收入的主体,农民收入大幅度增加,进而带来了改善居住条件的巨大需求。其次,乡村人口增长和家庭的核心化使乡村户数增加。在收入、人口同时增加的背景下,苏南乡村掀起了"瓦房变楼房"的建房热潮,并成为乡村风貌剧变的一个重要表现。苏南五市村庄占地面积从1984年的1.82 hm²/村增长至2000年的2.84 hm²/村(图3-12)。

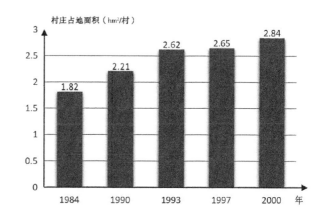

图3-12 苏南地区村庄占地面积的扩张
资料来源:李立. 乡村聚落:形态、类型与演变[M]. 南京:东南大学出版社,2007.

新苏南模式时期——进入1990年代,伴随苏南地方政府推动的以产权制度变革为核心的乡镇企业改制以及外向型经济模式的开启,乡村工业逐步从乡村聚落中剥离出来,并向乡镇、县乃至更高行政层级的空间集聚。地方政府提出"离土又离乡、进厂又进城"政策,积极推动工业园区的规划建设,发展"园区经济"。由此,自乡村工业1980年代的"遍地开花"到1990年代中后期向乡镇工业小区集中,再到2000年后向县、市域范围内若干工业园区集中,镇村空间形态出现相应变动:

一是乡村空间的功能分异。乡镇企业的集中布局,意味着苏南模式时期乡村的"三位一体"空间格局开始解构,工业生产从乡村聚落中分离,地域空间功能的分异日益显著,呈现出斑块状的工业生产空间、面状的农业生产空间和点状的乡村生活居住空间格局[①]。

二是城市周边乡村空间快速消亡。这一时期苏南进入了快速城镇化时期,产业、资本、土地资源向城市集聚,各级城镇空间规模快速扩张。这导致乡村空间从城市近郊向远郊快速消退,这表现为村庄数量和乡村户数、农业人口等的锐减

---
① 王勇,李广斌. 苏南乡村聚落功能三次转型及其空间形态重构[J]. 城市规划,2011(7):56.

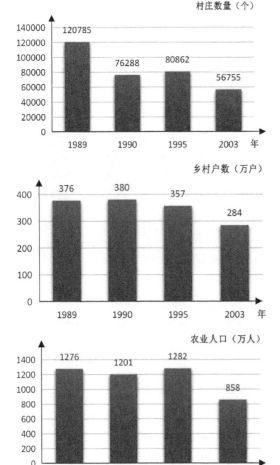

图 3-13 苏南地区农村社会经济指标的变化
资料来源：笔者自绘

（图 3-13）。

2. 村庄建设及其形态变迁

以乡镇企业大发展为突出表现的社会经济变革，为村镇建设提供了动力和保证。据统计，从 1979 年到 1991 年年底的 13 年中，全省新建村镇住宅面积 8.42 亿 m²，超过 1979 年前原有住房面积的总和，占全国同时期新建村镇住宅面积的 1/10 以上。有 1044 万户村镇居民搬进新房，占村镇总住户（1420 万户）的 73.52%。人均住户面积由 1979 年的 8.9 m² 上升到 1991 年的 22 m²[①]。

同时，伴随着村庄规划编制的逐步实施，江苏农村聚落的布局形式发生了显著的变化。1980 年代后期，全省村镇建设的规划工作进入调整完善时期，每年均有数量不等的村镇建设规划通过修编，进行调整完善。1991 年江苏省建设委员会制定下发《江苏省编制行政村规划技术要点》，同时开展 13 个农村试点村规划并进行技术论证。1992 年江苏省建设委员会又组织居民点规划评选活动。这些措施有力地促进了全省村镇建设规划工作向纵深发展。截至 1992 年年底，全省绝大部分地区基本完成乡域、集镇、村庄规划调整完善工作，为农村建设绘制了发展的蓝图。经过统一规划、设计、建设，具有公共建筑和水、电等社会公用设施配套的新型农村居民点与日俱增。这一时期的规划，多是结合乡村工业的发展需求，将零星分散的自然村路用地进行整合，统一规划形成一个大的村庄，同时配置物资供应部、修理

---

① 江苏省地方志编纂委员会.江苏省志·城乡建设志：中[M].南京：江苏人民出版社，2008：1169.

服务部、小卖部、小学、幼儿园等公共服务设施。尤其是进入1990年代以后，一些集体经济实力雄厚的中心村推行集中居住政策，实现就地城镇化。江阴华西村和无锡玉祁街道黄泥坝村为这一类型的典型代表（图3-14，图3-15）。在这类新建乡村的规划建设中，从建筑空间布局模式、村民的生活方式到社区的基础配套设施，基本全盘照搬了城市小区模式，传统乡村聚落的形态几乎荡然无存。与此同时，中远郊村落用地和规模则呈现扩张态势。由于缺少本地集体经济力量和外部资金支持，多数村通过拆并实现集中居住的同时，随着村民收入增加，住房需求得到释放。大多数新建住房都是在村落周边。

图3-14　江阴华西村
资料来源：https://graph.baidu.com/thumb/2126502117, 1557118890.jpg

图3-15　无锡玉祁街道黄泥坝村
资料来源：笔者自摄

自古苏南村落形态受自然地理环境和地方文化影响而地方特色明显，伴随着乡村工业化和城市化进程，到20世纪末，村落形态呈现分异和多元化。

村落个体形态的多元化：①村落的小区化——一些集体经济实力强大的村落，在特定的组织机制下，进行了类似城市小区乃至城市单位的整体规划建设，如以能人带领、集体组织强大、统一规划为特色的江阴华西村。不同时期建成区域均整齐划一，学校、剧院、商店、体育场、宾馆、公园等各种公共场所一应俱全，且实现相应功能分区，具有典型的行政化、单位化管理特征，村落实质上已就地城市化。其他大量工业化发展较早、较快的村落，大都在1990年代楼房变别墅时期经历了城市小区式的统一规划。

②村落的边缘化——指在苏南工业化发达、呈现出整体城镇化的区域，在城、镇、村形成的城乡连续体最末端的村落。它们已不具有明显村落的乡村属性，无论在生产方式、生活方式或文化观念上都与城镇接近，同时具有较为便利的交通条件和与城镇的紧密关系，呈现一种非城非乡的边缘村落特征。这些村落的形态特征往

往表现为实际居住人口趋于减少，农宅建设趋于停滞（在城镇买房）。但由于仍有大量人口白天在城镇上班，晚上回村居住，所以并没有明显的空心化。

③村落的空心化——一般指农民在村落外围建房而村落内部日渐衰败的村落现象。这种物质层面的空心特征是农村社会经济结构转轨、村落组织管理涣散以及乡村文化失落综合作用下的形态表征。正由于这种原因，它与位于城乡连续体末端的边缘化村落有本质区别[①]。

3.4.3 形态变迁

与自然环境的适应性、融合性是乡村聚落的重要特征。民房建造的沿袭、模仿机制，又使得村内每户住房在各自建设的同时保持着风格相近、高度相仿、材质统一的高度均质特征。这不仅是由于农民建房相互模仿甚至攀比的心理习惯，更由于苏南地区强大的集体经济在村落内部造就了较为均质的农民阶层，而且根据家庭人口确立的统一的宅基地标准，使得住宅规模相近。

改革开放后的苏南农宅建设高峰期集中在两个阶段：第一阶段是自1980年代初（个别地区从1970年代末）至1980年代末的"瓦房变楼房"，绝大多数农户实现住宅更新，建筑风格更多地仍然是借鉴地方传统建筑特征；第二阶段是1980年代末期以后，基于农民生活水平进一步提高的农村住宅"楼房变别墅"。这一时期的新楼房基本仍是砖混结构，在空间规模和功能配置上都有明显提升。

从建筑类型来看，住宅以绝对控制性为主要类型，早期的社队工业建筑大多建在村庄外围。一般以行政村为单位，建有村办小学、幼儿园、医务室以及小型店铺等基本公共服务设施，文化站、老人活动中心等文化娱乐设施相对缺乏。

从建筑空间形态而言，在乡镇企业较发达的地区，由于生产生活方式明显转变，传统的家庭农业尤其是家庭养殖逐渐没落。反映在农宅空间形态上，则是猪圈、羊舍等附属建筑逐渐消失，住宅向单一居住功能发展。同时，新建住宅基于宅基地分配制度，每家各自独立，呈现出一种"盖图章"式的布局方式，每户住宅之间相互独立，大多只留出一条狭窄的滴水缝。过去那种家族血缘联建的方式基本销声匿迹。1990年代统一规划的小区式民房建设，形成了乡村聚落的城市小区化。

总体而言，这一时期的乡村建筑形态处于由传统到现代的剧烈转型、过渡阶段，其总体特征是传统元素和地域文化特质的衰微，新建筑模式的混乱和失范。这一方面是由于传统乡土建筑已不能再适应现代农村家庭生活、生产模式的要求，另一方

---

① 李立. 乡村聚落：形态、类型与演变[M]. 南京：东南大学出版社，2007：154.

面在于面对乡村社会、经济、文化与技术急剧转型发展的大环境，人们还没找到适宜的应对策略。

3.5 小结

1. 新时期的探索

进入 21 世纪以来，面对粗放城镇化和 GDP 导向下经济增长所导致的日益加重的城乡差距与社会矛盾，中央政府对城乡发展的判断发生了重大转变，认为在城镇化、工业化发展到一定阶段以后，我国应当进入"工业反哺农业，城市支持农村，实现工业与农业、城市与农村协调发展"的城乡统筹阶段[①]，进而在 2005 年 10 月中国共产党十六届五中全会通过的《"十一五"规划纲要建议》中，明确提出要按照"生产发展、生活宽裕、乡风文明、村容整洁、管理民主"的要求，扎实推进社会主义新农村建设。自此，全国各地掀起了新农村建设的热潮，如浙江的"千村示范万村整治"工程和江苏的"村庄环境整治""美丽乡村建设""特色田园乡村建设"等行动。苏南地区又开始经历新一轮政府主导的、基于制度变革和创新的乡村空间环境建设浪潮，乡村空间环境建设呈现思索与实践并行、多元模式探索的新阶段。

在如火如荼的新一轮乡村建设浪潮席卷中华大地时，理性、深入的调研分析和基础性研究更显得紧迫和重要。

2. 历时性演化进程总结

社会经济的变革是导致乡村功能、居民生活方式及相应空间形态变迁的根本动力。概括而言，苏南乡村空间的发展在历史上经历了五次大的变革：（1）宋代至明清时期：近代商业经济发端导致的自下而上营造的封闭空间系统向自上而下的开放空间系统转变及乡村建设运动；（2）新中国成立后的土地改革和公社化运动，导致乡村空间功能和形态的单一化，基于行政管理和集中生产的公共空间产生；（3）基于乡村工业发展的苏南模式时期，苏南乡村空间格局呈现出"工业生产＋农业生产＋居住生活"高度混合的状态，并出现"瓦房变楼房"的热潮；（4）基于外向型经济和乡镇企业改制的后苏南模式时期，乡村空间功能出现分异，开发区集中建设与居住小区化模式同时进行；（5）新世纪，尤其政府主导社会主义新农村建设以来，

---

① 韩俊. "两个趋向"论断的重大创新[J]. 瞭望新闻周刊, 2005(13): 12-14.

苏南乡村空间环境建设进入多元化探索阶段。其演化脉络可归纳总结见表 3-4。

表 3-4 苏南农村乡村空间形态演化简表

		社会经济背景	乡村功能特征	村民就业模式	空间形态特征	营造及建构特征
传统时期	宋代以前	• 原始社会，奴隶社会，封建社会 • 封闭的自然经济	"农业生产 + 生活居住"一体化	• 以家庭为单位、粮食作物种植为主体、自给自足的小农生产就业	• 井田制，坊市制； • 顺应自然环境和社会礼制的有机、封闭聚落形态 • 家庭为细胞、宗族为纽带、耕作半径为规模限制	• "自下而上"的内生自发型营造 • 木构，土草房
	宋代以后	• 商业经济及村市发展 • 经济作物、农副产品发达	"农业生产 + 生活居住 + 农产品草市交易"一体化	• 社会分工出现，农业种植与家庭手工业并存	• 乡村融入市镇体系中 • 空间结构及管理开放化 • 传统乡村空间结构成熟期	• 自主营造，体系传承 • 砖木房为主，土草房为辅
近代时期		• 通商口岸开埠，国际贸易发展 • 近代工业发展 • 民国"乡村建设运动"	家庭手工业衰落，乡村工业兴起 基于宗族的社会组织功能渐衰落	• 非农就业增多 • 兼业户增多	• 延续传统乡村形态特征 • 跃升为市镇的乡村数量增多 • 大村落中商业店铺等普及	• "自上而下"的动力主导 • 建造技术未有大变革
新中国成立以后		• 城乡二元 • 集体化、计划经济 • 行政管理体制延伸到家庭 • 传统文化断裂	"农业生产 + 生活居住"一体化 商业功能薄弱 基于血缘宗族的组织功能丧失	• 集体生产就业	• 有机均质 • 延续传统乡村形态特征 • 草房变瓦房，少量楼房 • 大队部、供销社、工房、学校等新公共服务空间	• 政治、行政力量主导 • 从无到有的规划引导 • 砖（石）木、夯土、砖混结构
20世纪80年代		• 家庭联产承包责任制 • 农村工业化的"苏南模式"	"工业生产 + 农业生产 + 生活居住"功能混合	• 乡村工业就业为主，农业为辅 • "离土不离乡，进厂不进城"	• 工业用地扩张，"村村点火，处处冒烟" • 居住用地扩张 • "瓦房变楼房"	• 自助更新为主 • 砖混结构为主
20世纪90年代至21世纪初		• "外向型经济"主导的"新苏南模式" • 乡镇企业改制，"政社分开" • 快速城镇化	"开发区"建设发展 "工业生产"职能与"农业生产 + 生活居住"分离	• 多重职业身份共存 • "离土又离乡，进厂又进城"	• 就地"城镇化" • 集中居住，新村建设"小区化" • "楼房变别墅" • 村落及建筑空间形态分化	• 市场驱动为主，政府规划调控 • 砖混结构为主
2005年以来		• 城乡统筹发展 • 政府主导的"社会主义新农村"建设 • "农用地流转""农村建设用地流转""宅基地置换"等	农业生产逐渐从乡村聚落中剥离 "工业生产""农业生产""生活居住"三者相对分离	• 多重职业身份共存，非农业就业为主	• 空间形态多元化 • "主题化"农村出现	• 政府主导、多方参与的规划建设模式为主 • 新营造机制的探索

第四章 形态

——基于自然地理环境的苏南农村聚落空间形态类型解析

4.1 基于自然地理环境特征的苏南村落类型

4.1.1 划分依据

1. 依照地理要素划分村落类型的必要性

乡村聚落类型的划分有多种方式。方式的选择取决于研究的内容和目标。制定适宜的分类标准，对提升研究结果的说服力有很大帮助。在乡村聚落的选址及漫长的发展、演化过程中，地理条件是村落产生、演化和人类活动的物质环境基础，也是生产、生活模式及地方历史文化产生的源泉。苏南地区的自然地理条件，在本研究涉及的时间范围内保持相对恒定，在本研究涉及的空间范围内具有显著的区域差异性特征，区域内的村落共性明显，区域间的村落差异显著。基于第二章的总结，在影响苏南地区村落空间分布的几类要素中，整个苏南地区的气候相似、差异细微，同时不同地域间经济产业模式、交通运输条件等差异明显且发展变化迅速。因此，在讨论苏南村落类型划分时，把地区间差异明显且各自相对稳定的自然地理要素特征作为标准，是可行且恰当的。

2. 地域类型分类模式总结

依据村落的形态、规模、密度、耕作半径以及与自然环境的关联性等因素，可以将江苏省划分为9种地域类型（参见图2-6-1）。并针对不同的地域类型，选择任意 25 km^2 的范围，计算其中的村落数量、村落用地占土地总面积的比例、村落用地与耕地之比、平均每人占有耕地面积和平均每人占有村落面积等五项指标，辅助修正地域类型区的划分[①]。分类和命名的主要依据是区域地理信息。通过校正2007至2008年的江苏卫星影像，在获取较为精准的村落位置、面积和边界等基本信息基础

[①] 金其铭.农村聚落地理研究——以江苏省为例[J].地理研究,1982(3):11-20.

上，以县级行政区为最小单元，统计每个单元内部村落的平均指标，将江苏省乡村聚落划分为 8 种类型[①]，其命名模式为"地区＋密度＋村落形态"（参见图 2-6-2）。

两种分类方法都从单个村落的特征分析及类型总结入手，划定的区域类型的具体边界精度均有所欠缺。其原因在于基于自然环境的分类无法精确到村落级别的尺度，位于类型区交接处的村落受多种要素共同影响，难以判断归属，造成了类型区边界描述的模糊性，这也是相关研究中共同存在的问题。对此用定性描述的方法，大致划定类型区的边界，运用统计学的方法，将县域范围内村落视为一个整体讨论，将县级市的边界作为类型区的精确边界。在地域类型区划分基础上，结合苏南地区 2016 年卫星影像，考虑地势地貌、水体形态两种要素共同作用的结果，结合片区村落形态进行校对并细化。在各地域类型区内部和不同地域类型区交界处，选择具有代表性的样本区域进行实地调研，进一步检验和修正地域类型区边界，并划定交界缓冲区。在对此缓冲区内村落进行研究时，需同时考虑两种地域类型的共同影响。

3. 基于地貌的苏南地区地域类型分类

（1）苏南地区高程、坡度分析

苏南地区平原面积占土地总面积的 50.45%，低山、丘陵面积占 28.4%，地势总体低平，由西向东逐渐降低。西部的南京、镇江及常州西南一带低山、丘陵起伏，主要为宁镇山脉、茅山山脉、宜溧山脉、老山山脉；东部和中部为平坦的太湖平原，海拔多在 10 m 以下，偶尔分布一些孤丘，如无锡的惠山、苏州穹窿山等。

通过 ArcGIS 软件对苏南地区 DEM 数字高程模型进行高程、坡度分析（图 4-1），分析结果的表达采用自然间断点分级法（Jenks）[②]对高程、坡度范围进行分段，更加

[①] 马晓冬,李全林,沈一.江苏省乡村聚落的形态分异及地域类型[J].地理学报,2012,67(4):516-525.
[②] "自然间断点"类别基于数据中固有的自然分组。将对分类间隔加以识别，可对相似值进行最恰当地分组，并可使各个类之间的差异最大化。要素将被划分为多个类,对于这些类,会在数据值的差异相对较大的位置处设置其边界。

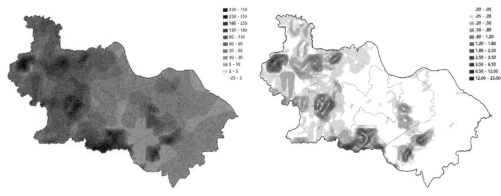

图 4-1-1　苏南地区高程分析
图片来源：笔者自绘

图 4-1-2　苏南地区坡度分析
图片来源：笔者自绘

精确地适配苏南地区的地势特征。

（2）几类地貌的概念辨析

地貌学概念上，平原地貌海拔在50 m以下，平均坡度在5度以下；丘陵地貌海拔在250 m以上、500 m以下，区域相对高度200 m以下，坡度一般较低缓、切割破碎、无一定方向，一般没有明显的脉络，顶部浑圆；山地地貌海拔在500 m以上，区域相对高差200 m以上，地形起伏大，坡度陡，沟谷深，多呈脉状分布。

具体研究中，对山地、丘陵和平原概念的区分受研究区域的影响较大，在相对比较平坦的地区，高度差50 m就可以被称为丘陵；而山地附近，可能高度差100到200 m以上才会被称为丘陵。另外，当地人的认同也对两者概念的区分起着决定性作用，例如美国加利福尼亚州旧金山的最高点被称为戴维森山，其海拔只有300 m，俄克拉荷马州劳顿附近的史考特山只有251 m。

苏南五市范围内，自古以来受当地居民认同的诸多山峰，只有常州锅底山一座海拔超过了450 m，太湖平原上的最高峰——苏州穹窿山，海拔仅342 m。

（3）基于高程-坡度的地貌分类

基于苏南地区地势总体平缓的特征，以地貌学对山地、丘陵、平原的特征描述为基础，结合地方观念及地形、地势的量化分析结果，苏南五市地形地貌类型区的具体划分如下：

山地地区：平均海拔60 m以上，最低海拔高于10 m，平均坡度[①]大于1.8度，且区域相对高度大于200 m；

---

① 根据2.2中初步划定的地域类型范围，结合图4-1-1、图4-1-2的高程、坡度分析，计算各地域类型区的平均海拔与平均坡度范围。

丘陵地区：平均海拔 20 m 左右，最低海拔高于 10 m，平均坡度在 0.5 度到 1.8 度之间，且区域相对高度为 10 m 至 200 m，平均坡度 0.5 度至 1.8 度；

平原地区：平均海拔 2 m 到 5 m，最大海拔低于 10 m，平均坡度 0.5 度以下。

4. 基于水文的苏南地区地域类型区分类

（1）苏南地区水体类型分类

苏南地区水资源极其丰富，江河、运河、湖泊、水库等纵横交错，形态极其复杂。为了理清苏南地区水体脉络，方便地域类型区的划分，特从以下两角度对苏南地区水体进行初步分类。根据水体的形态，可以划分为线状水体与面状水体两种（表4-1）。线状水体包括弯曲型河流、顺直型河流、分叉型河流及人工修筑的运河、水渠、圩；面状水体包括湖泊、水库和水塘等。

表 4-1 基于水体形态的水体类型划分表　　　　　　　　　　　　　　（图表来源：笔者自绘）

类别		类别	特征
线状水体	自然形成	江	线状延伸，形态比较平整
		顺直型河流	
		弯曲性河流	线状延伸，形态曲折
	人工修筑	运河	线状延伸，形态非常平直
		圩	
		水渠	
面状水体	自然形成	湖泊	面状延伸，边界较曲折，形态各异
	人工蓄水	水库	
		水塘	面状延伸，边界较平整，形态多规则

根据水体的空间尺度，可将水体分类为大尺度水体与小尺度水体，分类的标准是乡村的生产、生活中直接利用的水体类型。线状水体中的水渠、圩、河流及运河的末端为小尺度水体，其宽度多在 15 m 以内，长江、京杭大运河及其他河流、运河的主干为大尺度水体，宽度在 15 m 以上。面状水体中，长端尺寸在 100 m 以下的湖泊、水库、水塘，为小尺度水体；长端尺寸在 100 m 以上的，为大尺度水体。以整个村落为基本单元进行研究，主要考虑大尺度水体对其空间分布特征的影响（图4-2）。

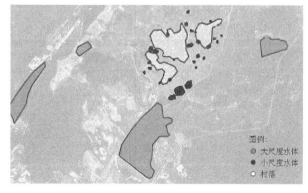

图 4-2　水体与村落空间尺度对比图
图片来源：笔者自绘

(2) 基于水体分类的地域类型区分类

基于苏南地区不同区域水体形态的分析及乡村的生产、生活中习惯用水模式的差异,对苏南五市地理类型区分类如下。

面状水体控制地区:影响村落空间分布与生产生活的主要水体为湖泊、水库与水塘,线状水体所占比例较低,水体分布较为分散,形态较为规整。

面状水体与自然线状水体交叉控制地区:影响村落空间分布与生产生活的主要水体为相互交织的湖泊和弯曲性河流,水体分布极其密集,形态极其复杂。

人工线状水体控制地区:影响村落空间分布与生产生活的主要水体为纵横交织的运河、顺直型河流、水渠和圩,水体分布均匀,形态极其规则、单一。

5. 基于地貌-水体的地域类型区初步划分

将2.2的两种类型区划分方式结合,并参照4.1中的划分依据,用基于地貌-水文的划分标准将苏南地区划分为山地型、丘陵型、平原型、湖荡型、圩区型五类地域类型区,各自特征如下(表4-2)(图4-3)。

表4-2 基于地貌-水文的区域划分表　　　　　　　　　(图表来源:笔者自绘)

	山地地区	丘陵地区	平原地区
面状水体控制地区	山地型	丘陵型	湖荡型
面状水体与自然线状水体交叉控制地区	—	—	平原型
人工线状水体控制地区	—	—	圩区型

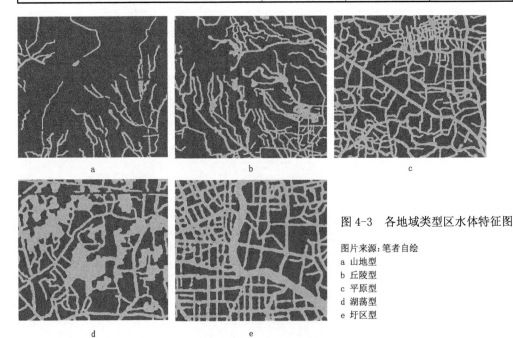

图4-3 各地域类型区水体特征图

图片来源:笔者自绘
a 山地型
b 丘陵型
c 平原型
d 湖荡型
e 圩区型

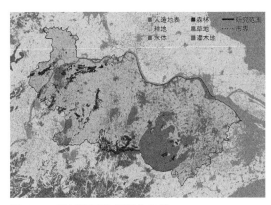

图 4-4 苏南地区地表覆盖分析
图片来源：笔者自绘

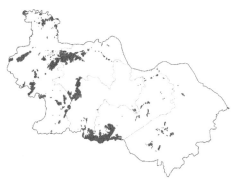

图 4-5 苏南山体分布图
图片来源：笔者自绘

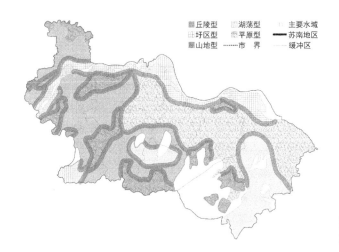

图 4-6 苏南地区地域类型区划分
图片来源：笔者自绘

参照对苏南地区乡村聚落与农业用地肌理及地表覆盖、山体分布等信息（图4-4、图4-5），将苏南地区各地域类型区的边界充分精细化，并标记在苏南地区2016年1∶3000航摄影像（0.3 m分辨率）卫星影像图上。在各地域类型区内部和不同地域类型区交界处选择具有代表性的样本区域进行实地调研，进一步修正区划（图4-6）。

4.1.2 主要特点

各地域类型区地貌、水体特征如表 4-3 所示。

表 4-3 各地域类型区地貌、水体特征表　　　　　　（图表来源：笔者自绘）

类型	海拔	平均海拔	区域相对高度	平均坡度	主要水域类型	分布区域
山地型	大于 10 m	大于 60 m	大于 200 m	大于 1.8 度	分散的湖泊、水库、水塘、河流末端	宁镇山脉、茅山山脉、宜溧山地、老山山脉、太湖周边
丘陵型	大于 10 m	20 m 左右	20～200 m	0.5～1.8 度	湖泊、水库、水塘、河流主干	南京、镇江西部、常州、无锡南、苏州中南部
平原型	小于 10 m	2～5 m	小于 20 m	小于 0.5 度	网状分布弯曲型河流、运河	镇江、常州、无锡、苏州北部、长江南岸
湖荡型	小于 10 m	2～5 m	小于 20 m	小于 0.5 度	高度交织的弯曲型河流、湖泊	苏州南部、滆湖南侧
圩区型	小于 10 m	2～5 m	小于 20 m	小于 0.5 度	长江、规则交织的顺直型河流、运河、水渠、圩	长江沿岸、南京南部石臼湖东侧

4.2 村落分布及形态特征

4.2.1 研究样本选取

在尽量避开城市和大尺度的集镇、工业园区，保证类型区特点鲜明、代表性强的前提下，我们在五个地域类型区中，各选择两处样本区域（图 4-7），面积共

图 4-7 样本区域分布
图片来源：笔者自绘

160 km²，覆盖上述特征的样本村落12个（表4-4，影像图见附录1）。获取总计800 km²的样本范围内传统农业时期、"苏南模式"时期、"新苏南模式"及21世纪后，三个时期各类要素的量化分析数据（见附录2），作为归纳苏南地区乡村聚落空间分布特征及演化机制的基础。

表4-4 各地域类型区研究样本区域基统计表　　　　　　（图表来源：笔者自绘）

	名称	所在城市	包含样本村名	面积（km²）	尺寸（km）	长轴方向
山地型	区域A	南京市	东山街道佘村	80	11.5×7	东北
	区域B	苏州市	东山镇陆巷村	80	11.5×7	东北
丘陵型	区域C	南京市	湖熟街道杨柳村	80	8.9×8.9	北
	区域D	镇江市	上党镇五塘村 上党镇丰城村	80	8.9×8.9	北
平原型	区域E	常州市	薛埠镇倪巷村	80	11.5×7	北
	区域F	无锡市	惠山区玉祁街道礼社村 惠山区玉祁街道黄泥坝村	80	11.5×7	东北
湖荡型	区域G	无锡市	高塍镇梅家渎村	80	11.5×7	东北
	区域H	苏州市	七都镇开弦弓村	80	11.5×7	东北
圩区型	区域I	镇江市	油坊镇振华村	80	8.9×8.9	正北
	区域J	常州市	魏村镇靴胴圩村	80	8.9×8.9	东北

4.2.2 分布特征的量化分析方法

1. 分析方法及数据选择

基于经几何校正、坐标配准的航拍影像图，提取村落斑块、水体、道路、集镇、工业区等要素，建立信息数据库。运用ArcGIS 10.2软件中的景观分析（patch analyst），DEM高程、坡度分析，平均最近邻指数分析（ANN），核密度估算（KDE）等方法量化统计不同地域类型区乡村聚落的特征。乡村聚落的特征可以描述为其规模特征、边界形态特征及空间分布特征等。经筛选，本研究用于分析的几项参考指标解释如下（具体计算公式和单位见ArcGIS软件说明）。

（1）景观分析

对样本范围内连续的村落斑块的矢量化边界进行建模与空间格局分析。涉及的指标为：

①斑块总数（NumP），研究范围内的村落数量。经二次计算，结果表达为每平方千米斑块数量。

②斑块总面积（TLA），研究范围内村落的总占地面积。经二次计算，结果表达为斑块面积占比，即村落总占地面积与样本范围的比值。

③平均斑块面积（MPS），研究范围内所有村落的平均面积。

④斑块面积标准差（PSSD）。研究范围内所有村落面积的标准差，反映村落大小的差异程度。

⑤面积加权的平均形状指数（AWMSI），首先以村落周长和除以开方后的面积和，依据圆形标准（circular standard）调整后，再除以村落的总数量。由于经过了面积加权，故面积较大的村落所占权重更大。对于矢量分析来说，该指数越接近1，说明该范围内村落形状更趋于圆形；指数越大，则说明村落形态越不规则。

⑥面积加权平均斑块分维数（AWMPFD），反映经面积加权过后的斑块边界形状复杂程度。该指数越接近1，说明村落边界形状越简单；越接近2，说明村落边界形状不规则，越破碎。

（2）平均最近邻指数（ANN）

主要通过乡村聚落的中心点与其最近邻聚落中心之间的平均距离与假设的该区域乡村聚落随机分布下的期望平均距离进行比较，得到最近邻比率，如果最近邻比率小于1，则此区域内的村落空间分布类型趋于聚集，数值越小，则聚集程度越高；如果最近邻比率大于1，则此区域内的村落空间分布类型趋于离散，数值越大，则离散程度越高；当最近邻比率约等于1时，说明此区域内的村落空间分布类型与假设的随机分布模式相差不大。另外，分析结果中提供与标准正态分布相关联的p值和z得分（图4-8），帮助检验分析结果的可信度，p值小于0.01时，

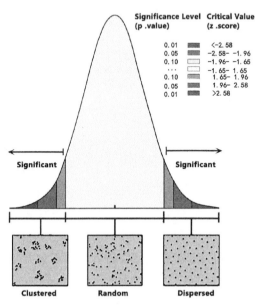

图4-8 平均最近邻指数分析工作原理图
图片来源：笔者根据ArcGIS软件改绘

结果的置信度为 99%；p 值处于 0.01 至 0.05 之间时，结果的置信度为 95%；p 值处于 0.05 至 0.10 之间时，结果的置信度为 90%。

（3）核密度估算（KDE）

通过对区域中每个村落的中心点建立一个等大平滑的锥状表面，然后以数学函数计算要素点到参考位置的距离，接着，将参考位置的所有表面高度求和，建立所有点的峰值和，基于峰值和来创建平滑的连续等值表面。其分析结果通过等值曲线的方式表达，可以直观地显示村落分布的聚散程度。

（4）DEM 高程、坡度分析

针对苏南地区整体平缓，地域类型区之间海拔、坡度差异极其细微的特点，采用自然间断点分级法，基于苏南地区 DEM 数字高程模型中固有的自然分组，识别分类间隔，使组间的差异最大化，进行最恰当的分组。

将海拔数据划分为 3 m 以下、3～8 m、8～20 m[①]、20～60 m、60～120 m、120～200 m、200 m 以上七组；将坡度数据划分为 0～0.2 度、0.2～0.5 度、0.5～2 度、2～6.5 度、6.5～12 度、12～25 度、25 度以上七组。

基于以上分区，统计各样本中内相应区域所占面积大小及村落数量，分析其对应关系。

2. 量化数据的解读

在上述量化数据中，每平方千米斑块数量、斑块面积占比、平均斑块面积和斑块面积标准差四项指标可以反映村落的规模方面的特征；面积加权的平均形状指数及面积加权平均斑块分维数两项，可以反映统计学意义上的单个村落边界形态特征；平均最近邻指数、核密度分析和高程、海拔分布可以反映村落的空间分布特征。下文将就此三个特征对五类地域类型区村落进行分析。

4.2.3 分布形态特征分析

1. 村落分布特征

将各样本范围内水体、村落及道路的斑块，与基于样本范围 DEM 数字高程模型的等高线切片叠合，可以直观地显示自然地理环境与村落空间分布间的关系（图4-9）。在此基础上，就上述特征进行量化解读。

---

① 其中平原型、湖荡型、圩区型村落为 8～10 m，为方便整体对比，归入此类。

第四章 形态——基于自然地理环境的苏南农村聚落空间形态类型解析

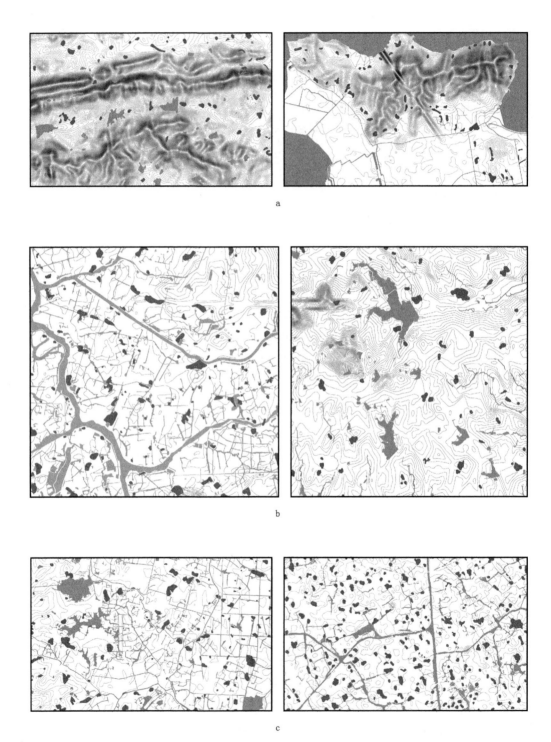

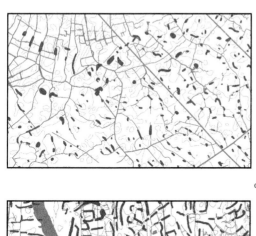
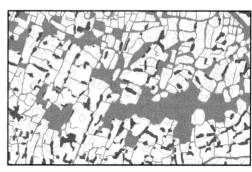

图例：
● 村落
等高线
水体

图 4-9 各样本范围村落分布与环境要素关系图
图片来源：笔者自绘
a 山地型
b 丘陵型
c 平原型
d 湖荡型
e 圩区型

（1）村落选址的海拔、坡度特征

在分析中，基于整个苏南地区的海拔、坡度分级，针对各地域类型区样本范围，将海拔数据划分为 3 m 以下、3~8 m、8~20 m[①]、20~60 m、60~120 m、120~200 m、200 m 以上七组，每组内进行土地面积与含有村落数量统计（图 4-10，图 4-11）；将

---

① 其中平原型、湖荡型、圩区型村落为 8~10 m，为方便整体对比，归入此类。

坡度数据划分为 0～0.2 度、0.2～0.5 度、0.5～2 度、2～6.5 度、6.5～12 度、12～25 度、25 度以上七组，每组内进行土地面积与含有村落数量统计（图 4-12，图 4-13）。

为避免因研究样本范围内各海拔、坡度分组间面积大小差异而造成的村落数量

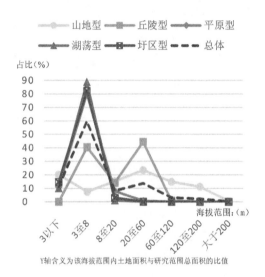

图 4-10　各海拔范围内面积分布统计图
图片来源：笔者自绘

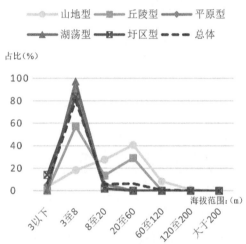

图 4-11　各海拔范围内村落数量分布统计图
图片来源：笔者自绘

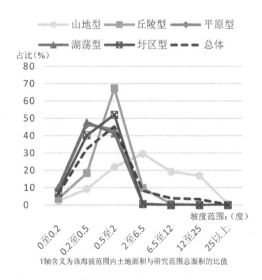

图 4-12　各坡度范围内面积分布统计图
图片来源：笔者自绘

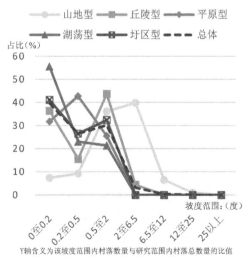

图 4-13　各坡度范围内村落数量分布统计图
图片来源：笔者自绘

统计的差异（例如某地域类型区内某海拔范围所占面积小，该海拔内村落数量虽少，但分布密集，则可以证明此区域是村落选址的优先选择），故将各分组内村落数量除以该分组的面积，得出单位面积内村落的数量，可以较为客观地比较村落分布对海拔、坡度的偏向（图4-14，图4-15）。

以各地域类型区 160 km² 研究范围内的平均海拔、平均坡度与每 km² 村落数量统

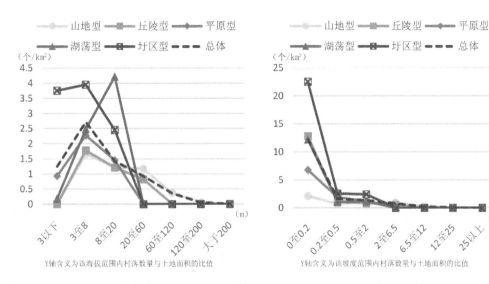

图 4-14　各海拔范围内村落数量—面积比统计图　图 4-15　各坡度范围内村落数量—面积比统计图
图片来源：笔者自绘　　　　　　　　　　　　　图片来源：笔者自绘

计对比可以看出，整个苏南地区村落分布最密集的区域是 3 至 8 m²，向高海拔和低海拔同时递减，几乎没有村落分布在海拔 120 m 以上。山地型、丘陵型地区内部海拔 20 m 以下的区域面积虽小，村落数量也不是最多，但此区域村落密度最大，在同样的资源条件下，是这两类地域类型区村落选址的优先选择。平原型、湖荡型、圩区型三类区域，整体海拔几乎全部在 10 m 以下，数量随海拔变化的趋势也相同，但三个类型村落分布的密度却各不相同：平原型村落在 3 m 以下、3～8 m、8～10 m 三个海拔梯段分布相对均匀，其中海拔 3～8 m 的区域密度稍大；圩区型村落在海拔 8 m 以下密度最大；湖荡型村落则在 8～10 m 海拔区域内密度最大（表 4-5）。

表 4-5　各地域类型区平均海拔、坡度与每平方千米村落数量统计表

（资料来源：笔者自绘）

	山地型	丘陵型	平原型	湖荡型	圩区型
平均海拔	55.64	19.58	5.11	4.96	4.65
平均坡度	5.40	0.97	0.35	0.32	0.40
每平方千米村落数量	0.674	1.259	2.045	2.260	3.881

（2）村落密度

以各样本范围内每个村落斑块的中心点为输入要素，从每个样本区域的平均最近邻比率统计验证，各指标 P 值均小于 0.01，置信度为 99%（图 4-16）。

山地型村落总体分布趋于聚集，且聚集程度非常高，平原型与圩区型村落分布趋于随机，丘陵型与湖荡型村落分布趋于离散。

运用 Kernel 方法生成每个研究范围内村落分布核密度图，并将其与区域内村落、水体、集镇、工业区、道路等要素叠加（图 4-17）。

受村落数量的影响，五类地域类型区的平均核密度大小关系依次为：圩区型、湖荡型、平原型、丘陵型、山地型。通过分析样本范围内的核密度分布，对各地域类型区村落选址总结的基础上进一步分析，可以发现村落聚集区域与水体的关系：对于小型线状和面状水体，村落在其周边集聚趋势明显，且与其关系多是紧邻或交织；对于大型线状和面状水体，村落选址并不明显依托水体，而是选择围绕其边界、间隔一定距离且地势较高处。

图 4-16　平均最近邻比率统计图
图片来源：笔者自绘

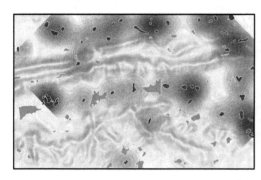

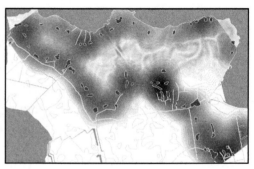

a

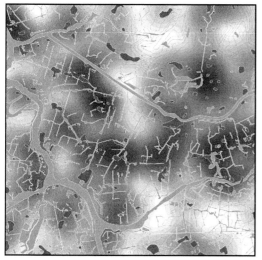
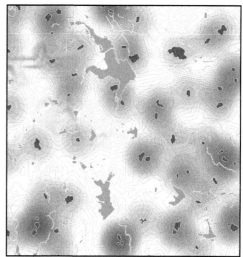

b

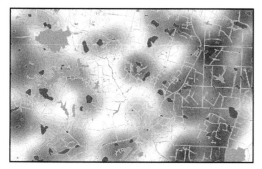
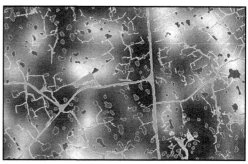

c

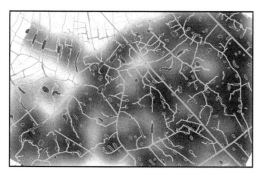

d

 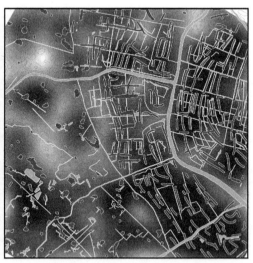

e

- 村落
- 等高线
- 水体

图 4-17 各地域类型区村落核密度图
图片来源：笔者自绘
a 山地型
b 丘陵型
c 平原型
d 湖荡型
e 圩区型

2. 村落规模特征

1966 年各类型区每平方千米斑块数量、斑块面积占比、平均斑块面积和斑块面积标准差四项数据统计如图（图 4-18），此四项指标的整体变化趋势大体是按照山地型、丘陵型、平原型、湖荡型、圩区型递增。平均斑块面积方面，圩区型村落依然领先，但类型间差异较小。斑块面积标准差可分为三个梯段，山地型村落远低于其他四类，平原型次之，湖荡型、丘陵型和圩区型递增。

3. 村落形态特征

在各地域类型区村落及水体分布图中，可以明显地将村落的形态分为两类，山地型、丘陵型、平原型村落总体呈团块状，湖荡型、圩区型村落总体呈狭长条带状（参见图 4-9）。

根据面积加权的平均形状指数及面积加权平均斑块分维数两项指标，对各地域类型区村落的形态及边界特征进行进一步量化分析。

从面积加权的平均形状指数来看，圩区型远高于其他四类，湖荡型次之，丘陵

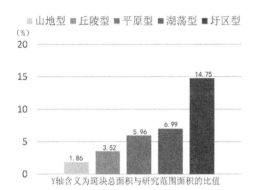

图 4-18-1 斑块面积占比统计图
图片来源：笔者自绘

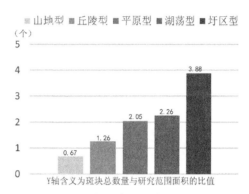

图 4-18-2 每平方千米斑块数量统计图
图片来源：笔者自绘

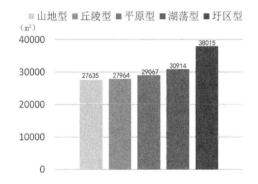

图 4-18-3 平均斑块面积统计图
图片来源：笔者自绘

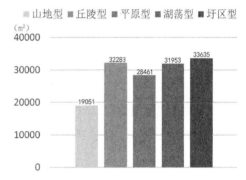

图 4-18-4 斑块面积标准差统计图
图片来源：笔者自绘

型与山地型分列三、四位，且指数接近，平原型最低。表明在五类地域类型区中，平原型村落形态最接近正圆，随指数的上升，山地型、丘陵型、湖荡型和圩区型村落形态越来越复杂，类圆度越来越低（图 4-19）。

从面积加权平均斑块分维数来看，圩区型依然远高于其他四类，湖荡型次之，丘陵型与山地型分列三、四位，且指数几乎相同，平原型最低。表明在五

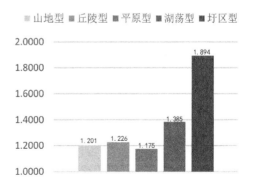

图 4-19 面积加权的平均形状指数统计图
图片来源：笔者自绘

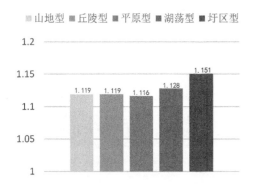

图4-20 面积加权平均斑块分维数统计图
图片来源：笔者自绘

类地域类型区中，平原型村落边界最为简单，山地型、丘陵型村落边界复杂度稍高且极为相似，随指数的上升，湖荡型和圩区型村落边界越来越复杂（图4-20）。

4. 分布形态特征总结

（1）类型特征明显

综合本节对苏南地区村落的量化分析，发现各地域类型区村落规模、空间分布及其形态特征区分明显，总结如下：

山地型村落——呈团块状聚集分布，形态较类圆，边界较复杂，村落面积小、密度小，不同村落间规模差异小；分布于类型区内海拔较低、坡度较小的山麓区域，紧邻小型湖泊，或与大型湖泊间隔一定距离。

丘陵型村落——呈团块状离散分布，形态较类圆，边界较复杂，村落面积较小、密度较小，不同村落间规模差异大；分布于类型区内海拔低、坡度小的区域，沿小型河流分布或环绕较大湖泊。

平原型村落——呈团块状随机分布，形态类圆，边界较简单，村落面积适中、密度适中，不同村落间规模差较大。分布于类型区内各海拔高度，紧邻小型湖泊，环绕大型湖泊或沿小型河流、水渠。

湖荡型村落——呈条带状离散分布，村落长宽比较小，形态不类圆，边界复杂，村落面积较大、密度大，不同村落间规模差异大；分布在区域内海拔较高的区域，沿小型河流两岸。

圩区型村落——呈条带状离散分布，村落长宽比大，形态极不类圆，边界极复杂，村落面积极大、密度极大，不同村落间规模差异大；分布在区域内海拔适中或较低的区域，沿圩体展开。

（2）整体趋势单一

在各地域类型区村落的空间分布特征中，整体的变化趋势比较单一。在各项指标中，各地域类型区的相互数量关系基本保持一致。村落占比大的区域，村落数量、村落单体规模也大，村落的形态及边界复杂程度也相应大于其他地域类型区。村落占比小的区域，村落数量、村落单体规模也小，村落的形态及边界复杂程度也较简单。

（3）局部矛盾突出

在整体趋势单一的基础上，也有某些不遵循整体趋势的矛盾特征。例如，在村落分布的海拔、坡度特征的分析中，村落密度最大的海拔或坡度区间与该地区占地面积最大的海拔或坡度区间的不一致性；再如，湖荡型村落的选址的海拔偏向不符合其他四类地域类型区，而尽量选择海拔较低区域的特征；又如村落与水体的关系，与小尺度水体往往是近邻的关系，与大尺度水体的关系却要间隔一定的距离。

4.2.4 自然地理环境对村落分布形态的影响机制

自然地理条件是村落选址及村民生产、生活等行为进行的基底，在提供各类资源的同时也产生诸多限制。另外，产业模式、交通条件和耕作半径等因素，也是自然地理条件间接影响村落空间分布的方式。在传统农业时期，生产力水平低，村落选址与生长的基本准则是"因地制宜，趋利避害"。基于此准则下的村落选址、发展过程，实际上就是人类在适应自然环境的基础上，不断调整生产、生活方式，最大化利用土地生产力的过程。

1. 土地生产力对村落空间选址及分布的决定性

（1）各地域类型区土地生产力的综合评价

①适宜产生村落的区域面积占比：各地域类型区内，都有相对适宜产生村落的区域和不适宜产生村落的区域两种。例如，山地型、丘陵型区域内坡度较大处，各地域类型区的大尺度水体内部等，都是不适宜产生村落的区域。适宜产生村落的区域占地域类型区总面积的比例，是土地生产力的重要决定因素。相对而言，平原型与圩区型区域条件最优，除大尺度水体内部外，均适宜村落的产生；湖荡型区域次之，内部大尺度湖泊面积占比较多；丘陵型区域再次之，海拔、坡度较大的地区及大尺度水体内部均不适宜产生村落；山地型条件最差，除小部分海拔、坡度适合的区域外，均不适宜产生村落。

另外，在任意范围内，不适宜产生村落区域对适宜产生村落区域的分割模式，从根本上导致了村落分布的特征。当研究范围内无不可能产生村落的区域，土地资源、水资源分布均匀的理想条件下，村落呈随机分布，最邻近指数为1。五种地域类型区中，与此模式相似度较大的是平原型、圩区型区域；当不可能产生村落的区域占绝大部分，将适宜产生村落的区域完全隔开，致其相互独立时，村落的分布将趋于聚集，且适宜产生村落的区域内，村落数量越多，聚集程度越大，与此模式相似度最大的是山地型区域;当适宜产生村落的区域占绝大部分,不适宜产生村落的区域不能将其完全隔开时,村落的分布将趋于离散,与此模式相似度较大的是丘陵型、湖荡型区域(图4-21)。

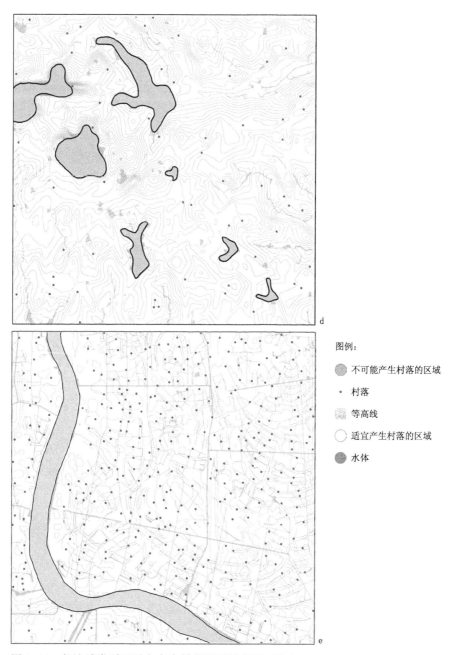

图 4-21 各地域类型区适宜产生村落的区域和不可能产生村落区域对比
图片来源:笔者自绘
a 山地型　b 丘陵型　c 平原型　d 湖荡型　e 圩区型

②适宜产生村落区域的资源丰富程度：在适宜产生村落的区域之间，土地资源、水资源的丰富程度及分布方式，直接决定着该区域所产生村落的规模及数量上限，以及这些村落的相互关系。这在传统农业社会时期表现尤为突出。

从土地资源条件方面看，平原型、湖荡型、圩区型区域条件更优，其地势平坦，建设及土地开垦难度较小；丘陵型区域海拔、坡度稍高，条件次之；山地型区域条件最差，受海拔、坡度影响，即使在内部有适宜产生村落的区域，开展生产活动的成本也非常高。

从水资源丰富程度上看，湖荡型、圩区型区域条件最优，内部水资源丰富且分布均匀；平原型区域、丘陵型区域、山地型区域内，水资源丰富程度和分布均匀度依次降低。

最后，从自然灾害发生概率来看，山地型区域易发生地质灾害；丘陵型、湖荡型区域的大尺度湖泊周边，易发生水患；圩区型区域以堤坝与长江相隔，且海拔高于江面，有圩堤、河道疏导水流，故水患发生概率较小；平原型地区无明显易发灾害类型。

（2）生产模式差异造成的村落空间分布特征差异

传统农业时期村落之间的规模差异是在单一的土地生产力水平作用下产生的。即土地生产力高的区域，资源丰富、分布均匀，村落发展需要克服的阻力小，导致土地开发强度、单体村落面积、村落数量等各项要素水平普遍较高；而在土地生产力低的区域，资源匮乏、分布不均匀，村落发展需要克服的阻力大，因而土地开发强度、单体村落面积、村落数量等各项要素水平较低。村落发展需要克服的阻力大小，也可以直观地反映在基于海拔、坡度的村落分布密度折线图与数量折线图形状的差异程度上（参见图4-9，图4-10，图4-11，图4-12）。两者差异越大，则说明该地域类型区适宜村落产生的区域与面积占比最大的区域不重合。在村落空间分布与海拔的关系图中，数量折线图与密度折线图形状差异最小的是平原型和丘陵型，差异最大的是山地型；在村落空间分布与坡度的关系图中，数量折线图与密度折线图形状差异最小的是圩区型和湖荡型，差异最大的是山地型。据此，可以得知山地型村落的各项条件对传统农业时期的生产、建设活动起到了极大的阻碍作用。

2. 对自然地理环境要素的选择与适应机制

（1）"择低"与"就高"

分析村落选址的海拔、坡度特征可以发现，大部分村落选址都尽量聚集在本地域类型区内部海拔和坡度相对较低的区域，体现出"择低"的特征。无疑，这一特征的产生是出于降低生产、建设难度的考虑,在山地型、丘陵型区域,也避免了可能出现的地质灾害造成的危险。这一特征也在相关的研究中得到了印证(图4-22,图4-23)。然而,在湖荡型区域内,村落的选址则会优先选择区域内坡度平缓、海拔适中的区域。经调查研究,其原因有二:一是为了避免水患的风险,湖荡型区域水体面积占比大,且水情复杂,发生水患的风险较大;二是方便耕种,湖荡型区域中,耕地以冲田(水田)为主,将地势较低处用来耕作,保证了水分的储存。所以,湖荡型村落分布中的"就高",是出于安全考虑,也是对生产的让步。

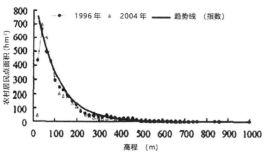

图 4-22 村落规模随海拔分异图

图片来源:陈振杰,李满春,刘永学.基于GIS的桐庐县农村居民点空间格局研究[J].长江流域资源与环境,2008(2):180-184.

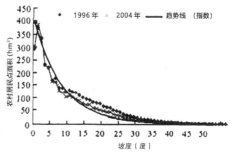

图 4-23 村落规模随坡度分异图

图片来源:陈振杰,李满春,刘永学.基于GIS的桐庐县农村居民点空间格局研究[J].长江流域资源与环境,2008(2):180-184.

(2)"亲水"与"疏水"

在村落空间分布与水体的关系中,明显呈现两极化差异,即对小尺度水体的"亲"和对大尺度水体的"疏"。之所以产生这种差异,是因为在村落日常的生产、生活用水中,大尺度水体与小尺度水体的职能差异巨大。小尺度水体的作用主要为生活直接取水,如饮用、洗衣等(图4-24),而在圩区型和湖荡型区域还有交通职能;大尺度水体的作用主要为生产用水,其直接服务的对象是耕地或渔业的发展(图4-25)。另外,大尺度水体发生各种水患的概率和造成的危害也远超小尺度水体。因此,在村落选址的过程中,一般紧邻小尺度水体,而对于大尺度水体,则在保证其位于耕作半径范围内的基础上,择周围地势高处建立村落。

(3)"线状格局"与"面域控制"

在苏南地区各地域类型区的村落核密度分布图中可以发现两种明显的"线状格局"。其一是村落分布沿小尺度线状水体集中,其二是山地型区域中村落沿狭长的山麓发展。核密度分布图中所有的峰值区域几乎全部集中于线性要素周边(图4-26)。

图 4-24　小尺度水体周边的生活场景
图片来源：http://bbs.szhome.com/340-340010-detail/156589819.html.

图 4-25　大尺度水体周边的生产行为
图片来源：http://blog.sina.com.cn/shanlirenfjx

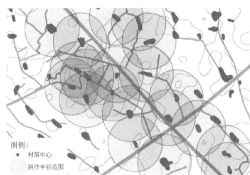

图 4-26　线状格局示意
图片来源：笔者自绘

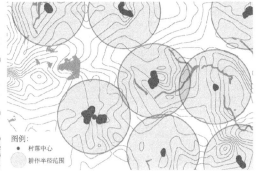

图 4-27　面状格局示意
图片来源：笔者自绘

这些线性要素不仅影响村落的空间分布，也影响村落的规模特征。在湖荡型和圩区型区域中，纵横交错的小尺度线状水体方便了村与村之间的交通，进而导致村落沿水体方向发展，从而形成了条带状的村落形态。其中，圩区型区域内的水体纵横交错，"线状格局"进一步发展为"网状格局"，导致村落之间的交通极为方便，村落发展迅速，密度极大。在平原型和丘陵型区域内线状水体控制范围之外，村落往往选择占据小型点状水体或占据大型点状水体周边的地势较高处，进而完成对周边以耕作半径为范围内土地的"面域控制"（图 4-27）。

(4)"适应"与"改变"

传统农业时期,各地域类型区主导的产业模式由自然地理环境决定。例如,平原型、湖荡型及圩区型区域土地肥沃,水资源丰富,农业生产以水稻种植为主。而山地型与丘陵型区域土地资源、水资源相对匮乏,导致农业生产粗放,作物种类复杂。受生产力水平制约,此时期的人类几乎没有主动选择或改变产业模式的可能性,只能被动"适应"。因此平原型、湖荡型及圩区型区域经济发展相对较快,而山地型与丘陵型区域经济相对落后。随着历史的发展,相对富裕区域的劳动人民选择用适当的方法对自然环境做出改造,以便更好地发挥区域内自然地理环境与产业模式的优势,提升农业产能。具体表现在圩区型区域中人为开凿的圩体,沿江两岸呈网状展开(见图4-9),将水源引入陆地内部,在增加水资源覆盖面的同时,避免了大尺度水体的水患风险。这样的"改变",形成了良性的循环,也造成了在村落规模特征的各项统计之中,圩区型村落各项指标均远远超过其他四类地域类型区。

4.3 街巷、组团及边界

村落空间结构一方面受到不同地势地貌和水体分布的影响,另一方面由于时间推移和社会环境发生改变,从而呈现出多元复合的空间特征。研究对村落形态进行抽象提取,从街巷结构、组团肌理和边界形态三个要素的角度进行图示和量化对比,比较其地域特征的差异和形成原因。

4.3.1 街巷结构

1. 组构概念和分类原型

空间句法(space syntax)引入了系统论的视角,并将组构(configuration)作为核心概念,认为空间是一种组构性的存在。组构基本含义为系统内部一组元素的关系,而任意一组元素的关系均取决于系统内相关的其他所有关系。在组构的表达技术层面上,一方面,组构表达的是研究对象具有的同构特征;另一方面,在对组构的量化推演、逻辑分析的过程中暗含其形成过程。因此,空间关系可以通过组构的技术来表达。将建筑实体与空间虚体进行图底反转,并将空间的连接关系简化为拓扑关系图,从而将组构分析纳入图论的范畴(图4-28)。

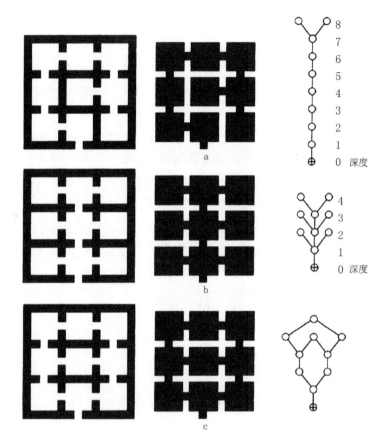

图 4-28 空间句法的组构概念示意图
资料来源：Hillier B. Space is the Machine: A Configurational Theory of Architecture [M]. Cambridge: Cambridge University Press, 1996: 13.

将组构的概念引入乡村聚落空间的分析中，将描述空间的结构关系抽象为组构，从而定量地描述空间结构。莫斯伯勒总体规划（Mosborough Master Plan）提案中将结构类型分为线型、集中型、格网型三种类型。借鉴该种划分方式[①]，将苏南乡村聚落的空间结构分为主轴型、轮轴型、网轴型三种类型（图 4-29）。

2. 自然地理环境下的组构

乡村聚落的空间结构在不同自然地理环境中呈现差异化特点，能够体现出空间形态的深层规律。国内外学者对聚落类型已有诸多划分方式，但苏南的自然地理环境较为复杂多样，总体上难以借助有限的类型区分该地区不同聚落空间结构的差异。

---

① Steven Marshall. Streets & Patterns [M]. New York: Spon Press, 2005.

| 主轴型 | 轮轴型 | 网轴型 |

图 4-29 聚落空间结构的组构类型
资料来源:Steven Marshall. Streets & Patterns[M]. New York:Spon Press, 2005:80.

且由于不同因素的影响,乡村聚落空间在形态上呈现出扩张或演变的状态,导致乡村原有空间秩序被改变。

乡村聚落中的建筑布局与街巷格局通常得到较大程度的保留,且呈现较为稳定的特点。借助空间句法软件(Depthmap),通过量化分析提取乡村聚落的复杂空间结构并表征其地域性差异的方法,被证明是可选的、适用的分析方法。

因此,在技术操作层面借助空间句法中的线段分析方法,使用线段角度整合度[Integration (Segment Length Wgt)]作为分析参数,综合样本聚落的空间尺度选择合适的距离半径,提取整合度数值前 25% 的线段并将其形态作为组构类型的判断依据;而针对同时呈现主轴、轮轴类型倾向的情况,依据其中起决定作用的轴线长度的比例进行划分:(1)当比值大于或等于 2 时,认为其组构类型为主轴型;(2)当比值小于 2 时,认为其组构类型为轮轴型。根据空间句法分析结果中加粗的轴线结果进行判断,苏南五市 22 个样本乡村聚落的分析结果如下(表 4-6)所示:

表 4-6 苏南聚落空间结构及组构类型　　　　　　　　　　(图表来源:笔者自绘)

	网轴+轮轴型	网轴+轮轴型	网轴+轮轴型
丘陵型聚落 I			

(续表)

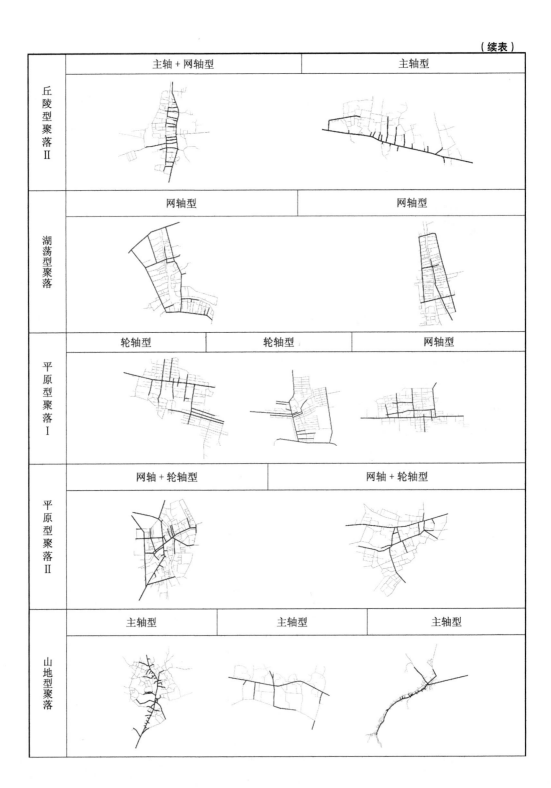

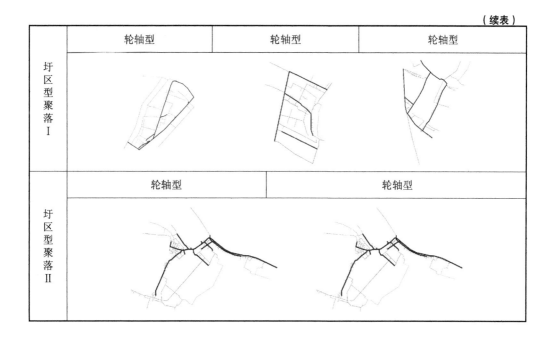

3. 组构特征及内在规律解析

苏南地区样本中的乡村聚落在不同地貌与水体的影响下，呈现不同地域性的类型倾向，验证聚落的空间结构与自然地理环境紧密相关。由此，通过前文对乡村聚落的组构类型的提炼，结合不同的地域环境，可探究类型的特征及其内在规律。

（1）丘陵型聚落的组构类型及规律

丘陵型村落的组构以网轴型、主轴型为主导类型。村落受到周围地形以及水体的共同制约，通常在低洼区域被水体围绕。村落整体空间仅现带状或团状两类：当村落受到地形制约呈现带状时，组构呈现的主轴型特征较为明显；当村落受到地形制约呈现团状时，在地势平缓区域的主要、次要道路形成网络，组构呈现明显的网轴与轮轴的组合类型（图4-30）。

（2）湖荡型聚落的组构类型及规律

湖荡型村落的组构以网轴型为主导类型。河流通常贯穿村落内部并将其整体空间分割，临水两侧的步行街巷通过桥联系村落内部，步行街巷常因临水的建筑出现阻断；外围的车行道路与村落外界建立联系并占据主导地位。如开弦弓村和梅家湖村所处的自然环境具有相似性，周边分布了丰富的水网系统，村落中都有一条贯穿南北的河流，沿河空间多为步行街巷，体现了江南农村居民"近水且亲水"的生活

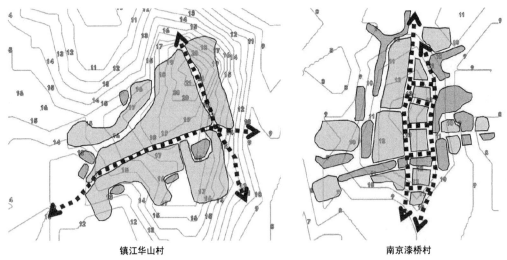

图 4-30 丘陵型聚落的环境结构
资料来源：笔者自绘

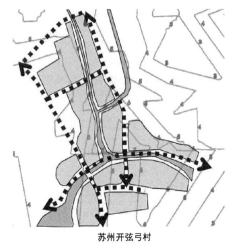

图 4-31 湖荡型聚落的环境结构
资料来源：笔者自绘

状态。除了沿河轴线，两个村落东西外侧都布置有平行于河流的车行道路（图 4-31）。

（3）平原型聚落的组构类型及规律

平原型村落的组构以网轴型、轮轴型为主导类型。村落空间被干道贯穿，并通过街巷建立的网络形成联系。由于空间秩序常被点状或直线状水体打破，通常依靠几条垂直于干道的街巷向村落边缘空间延伸，使得该类街巷具有较强的联系性（图 4-32）。因此，该类村落的组构呈现网轴型。

当村落中有带形水体渗透时，内部地块被划分且出现扭转，道路在地块衔接处的联系性被强化，主要街巷呈现轮轴型；被水体划分出的地块较大时，街巷呈现网络联系方式（图 4-32-2）。因此，该类聚落的空间结构呈现轮轴与网轴的组合类型。

（4）山地型聚落的组构类型及规律

山地型村落的组构以主轴型为主导类型。村落整体形态主要受地形的制约：顺应山体纵向走势时，呈现狭长形；位于地势变化平缓的区域时，呈现团块形。当村

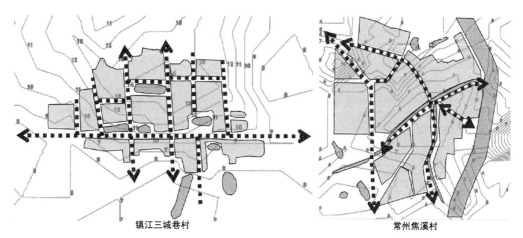

图 4-32 平原型聚落的环境结构
图片来源：笔者自绘

落较为狭长时，主要道路通常贯穿内部，且其两侧地块受到地形的挤压导致空间扩展受限，出现贯穿村落内部的主街，同时，村落外围的等级较高的快速道路与内部街巷建立关联，形成内部街巷的末端。因此，该类村落呈现明显的主轴型特征（图 4-33）。

（5）圩区型村落的组构类型及规律

圩区型村落的组构以轮轴型为主导类型。圩区位于江河的低洼地带，四周围堤筑圩，内部为耕地，围内开沟渠，实现排水利田。村落空间顺应沟渠或水体的走势，内部道路之间的联系较易出现转折。例如：李家村的道路从村落内部穿过并连接不

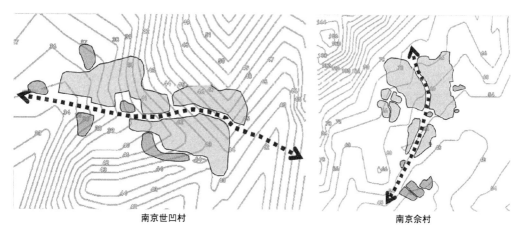

图 4-33 山地型聚落的环境结构
图片来源：笔者自绘

同村庄，并在圩堤局部有高差的地方通过架桥与沿线民宅相接，整体呈现出放射状的轮轴类型（图 4-34）。

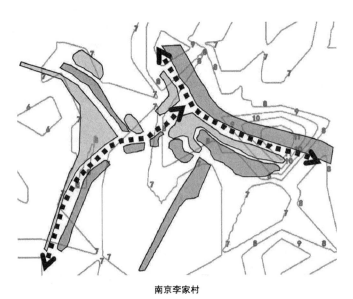

南京李家村

图 4-34 圩区型聚落的环境结构
图片来源：笔者自绘

从表中可以看出（表 4-7），村落组构类型模式存在不同倾向，且在不同自然地理环境中差别明显，村落环境特征、组构类型均可按照复杂与简单的两个趋势进行梳理（图 4-35）。

村落环境特征：首先，由山地到丘陵，自然地理环境逐渐由复杂向简单的环境特征进行过渡；山地型村落的地势变化较复杂，同时受到水体、日照朝向等因素影响；丘陵型村落的地势变化相对较小，同时受到多样布局的水体的影响。其次，平原型村落的地势平坦，水体布局简单。最后，由圩区到湖荡，自然地理环境逐渐由简单向复杂的环境特征进行过渡。圩区型村落受水体影响，街巷呈曲折线形相联系；湖荡型村落内部受到水体划分，街巷与内外相互交织而相对复杂。

组构类型特征：（1）轮轴与主轴的形态复杂程度均弱于网轴；村落呈现两类主导型组构则比仅有一种的更加复杂。（2）主轴、轮轴型为主导组构的山地型村落，比网轴、主轴为主导组构的丘陵型村落简单；轮轴型为主导组构的圩区型村落，比网轴型为主导组构的湖荡型村落简单。村落环境特征与组构类型的复杂程度呈现相反的趋势，即村落环境特征复杂时，组构类型相对简单；村落环境特征简单时，组构类型相对复杂。

表 4-7 苏南乡村聚落的组构类型归纳解析　　　　　　　　　　（图表来源：笔者自绘）

环境因素		组构的主导类型		类型解析
丘陵型	地形与水塘	网轴+轮轴	主轴（+网轴）	1. 网轴+轮轴 村落地块相对平坦，组构较易扩展形成网络； 2. 主轴（+网轴） 组构主要沿单一方向扩展，局部具备网络特征
湖荡型	河流	网轴型		网轴 组构形态与车行道路关联较大，而与沿河步道的关联很弱
平原型	地势与河流	网轴	网轴+轮轴	1. 网轴 村落地势平坦，组构呈现相互联系并形成网络； 2. 网轴+轮轴 组构形态整体呈现网络特征，且受水体影响的区域呈现少数轮轴特征
山地型	地形	主轴	轮轴+网轴	1. 主轴 村落空间狭长，组构主要沿单一方向扩展； 2. 轮轴+网轴 地形制约，村落为团状，街巷连接外部快速道路
圩区型	圩堤	轮轴型		轮轴 顺应圩堤与沟渠走势形成折线形态，局部开阔地块数量密集

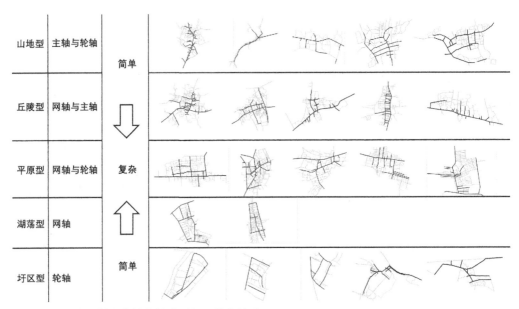

图 4-35 苏南乡村聚落的组构类型与环境的关系
资料来源：笔者自绘

4.3.2 组团肌理

1. 组团形态类型及分布方式

乡村聚落的初始选址和整体格局受到所处自然地理环境的影响，而其内部街巷脉络及空间格局的发展，则往往取决于居民们经年累月、自下而上的在群体经验意识指导下的个体宅院的营建。这种群体意识中同样蕴含着对细微环境要素的应对理念，因此不同村落因具体环境不同而呈现出丰富多变的空间形态。环境要素的影响在中观尺度的组团秩序中同样有明确的反映。本节将地形与水体作为环境外因，以乡村聚落内主要街巷作为组团的形态界限，探究环境对组团分布的影响规律及其"在地性"特征。

（1）组团的形态类型

乡村聚落组团通常呈现两种基本形态，分别为条带状与团块状。两种基本形态通过进一步相互组合可实现形态转化，如两个及以上条带形组团拼合可转化为团块状，而几个团块型拼合可转化形成条带状。

（2）组团的布局方式

按照布局方式进行组团布局方式的分类：集中式、延展式和分散式等。

2. 组团的布局方式及其形态特征

1）丘陵型乡村聚落的组团特征

丘陵型乡村的组团总体呈现在村落内部集中布局、在村落外部分散布局的形态规律。

a. 组团的布局方式

对于整体处于地势变化环境中的村落：（1）当村落用地的高差变化相对较小时，组团呈现集聚的布局方式，与平原区差别不大；（2）当村落用地的高差较大或中间存在分散的水体时，组团通常呈现分散的布局方式。

丘陵型村落的外围常常有多个水塘环绕，且在空间上较为分散，这使得村落外围的组团被水塘相互隔离开，组团呈现为分散式布局（表4-8）。

表4-8　丘陵型聚落的组团　　　　　　　　　　（图表来源：笔者自绘）

| 南京漆桥村 | 南京杨柳村 | 镇江华山村 |

b. 组团的形态特征

在村落中集中布局的组团，通常为团块状；分散布局的组团通常为顺应道路的条带状，以及受到水体分隔、限制形成的团块状或条带状（表4-9）。

表4-9　丘陵型乡村聚落的组团　　　　　　　　（图表来源：笔者自绘）

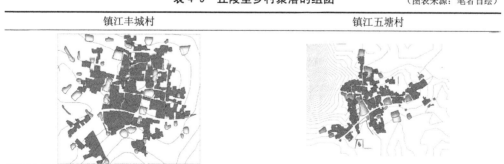

| 镇江丰城村 | 镇江五塘村 |

2）湖荡型乡村聚落的组团特征

湖荡型乡村聚落中的组团通常呈现为延展式布局。

a. 组团的布局方式

村落被纵向（近南北向）或横向（近东西向）的水体贯穿，整体空间形态顺应水体的走势，而在垂直于水体方向上的扩张受到抑制，因此组团均紧邻在水体两侧，呈现为延展式布局（表 4-10）。

b. 组团的形态特征

湖荡型村落中纵向水体两侧的组团为了在便于与水道连接的同时满足采光要求，呈现出垂直于水体向两侧有限延展的状态，形态通常为条带状或条带状拼合转化成的团块状。横向水体两侧的组团顺应水体的方向东西向伸展，且临水的组团间相互贴合得较为紧密，从而呈现出条带状且沿着水体方向扩展的特征。

表 4-10　湖荡型乡村聚落的组团　　　　　　　　　　　（图表来源：笔者自绘）

苏州开弦弓村	无锡梅家渎村

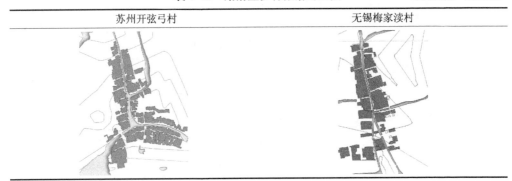

3）平原型乡村聚落的组团特征

a. 组团的布局方式

平原型乡村聚落整体空间形态受地形的影响和制约较小，组团通常呈现为相对集聚的布局方式。当聚落内部有自然河流穿越时，水体两侧组团的空间形态通常顺应水体走势，呈现为延展式布局，而远离水体的组团则呈现集中式布局（表 4-11）。

表 4-11　平原型乡村聚落的组团　　　　　　　　　　　（图表来源：笔者自绘）

常州焦溪村	常州倪巷村	无锡礼社村

b. 组团的形态特征

平原型乡村聚落集中式布局的组团通常为团块状；延展式布局的组团，以及部分沿主要道路两侧的组团，呈现为条带状。

4）山地型聚落的组团特征

分类一：地势变化较陡

a. 组团的布局方式

在高差比较大的山地型乡村，其形态受地形限制明显，通常沿等高线线性发展。当局部可建设用地变宽时，组团布局则相应集聚。但与其他地域类型相比，总体仍呈现为明显的延展式布局（表4-12）。

表4-12 山地型乡村聚落的组团一　　　　　　　　　　（图表来源：笔者自绘）

无锡乾元村	南京世凹村

b. 组团的形态特征

较陡的乡村组团受到狭长山地空间的限制，普遍呈现为条带状。

分类二：地势变化平缓

a. 组团的布局方式

在地势相对平缓的山地地区，村落组团主要呈现集中式布局，部分组团为分散或延展式。

村落主要空间集中在地形平缓的区域。有限的适宜建设用地范围，导致整体空间较为紧凑。因此，主体组团呈现集中式布局。

在局部地形变化较大的区域，组团布局会发生明显偏转、分散的现象，且组团呈现分散式或延展式布局（表4-13）。

表4-13 山地型乡村聚落的组团二　　　　　　　　　　（图表来源：笔者自绘）

苏州明月湾村	苏州陆巷村	南京佘村

b. 组团的形态特征

山地乡村聚落组团在地势平缓的区域较为规则，但在聚落边缘由于地形的限制导致组团形态扭转和变形，组团呈现条带状、团块状两种不同形态特征。

5）圩区型的组团特征

a. 组团的布局方式

圩区型乡村聚落受到带形圩渠的影响，通常呈现为线状，相互之间为平行、衔接关系。在少数线状空间交汇的区域，组团扩张则呈现集聚状态。因此，圩区型乡村聚落以延展式布局为主，少数为集中式布局（表4-14）。

b. 组团的形态特征

乡村聚落中组团多呈现为曲直变化的条带状，较少呈现团块状。

表 4-14　圩区型聚落的组团　　　　　　　　　　　　（图表来源：笔者自绘）

常州靴胴圩村	苏州日字圩埭村	镇江振华村

6）组团分布规律总结

（1）丘陵型乡村聚落通常为内部集中式与外围分散式的组合；（2）湖荡型乡村聚落的组团多为延展式布局；（3）平原型聚落的组团多为集中式布局，沿水体或道路两侧的部分组团为延展式；（4）山地型乡村聚落形态狭长时，组团为延展式布局；当地形变化相对平缓时，组团以集中式布局为主，少数组团为延展式或分散式布局；（5）圩区型乡村聚落的组团多以延展式布局为主，少数组团为集中式布局。

组团自身形态特征：（1）组团若集中式布局，通常为团块状，或条带状转化而成的团块状；（2）组团若延展式布局，组团通常为条带状或团块状转化的条带状；（3）组团若分散式布局，条带状、团块状均有存在（表4-15）。

表 4-15 聚落组团分布规律与形态特征汇总表　　（图表来源：笔者自绘）

	环境因素	组团的分布方式		规律解析
丘陵型	地形与水塘	集聚+分散式		1. 村落形态受地形与水体制约，组团呈集中式； 2. 外围的组团受水体布局影响而分散式布局
湖荡型	河流	延展式		村落内有河流纵向或横向贯穿，组团顺应水体走势呈现延展式
平原型	水塘或河流	集中式	集中+延展式	地势较平坦，组团呈集中式布局，在带形水体两侧呈延展式布局
山地型	地形	延展式	集中+延展/分散	1. 地势较陡时村落受地形限制而空间狭长，组团呈延展式； 2. 地势平缓处集中式的组团处在地势平缓的区域，少数组团呈分散或顺应地势呈延展式
圩区型	圩堤与沟渠	延展（+集中）式		组团以延展式布局为主，少数地块处于水体的交汇区域呈现集中式布局

3. 组团的形状特征

组团的形状一方面可以反映出建筑的布局方式，另一方面也能够表现村落空间结构的面状特征。聚落空间是由不同规模和形状的组团相互衔接形成的，村落的扩张和收缩伴随着组团的增加和减少。本节主要从局部组团形态特征来分析其对整体村落空间的影响。研究通过对村落中主要街巷划分出的组团进行提取，在ArcGIS软件中计算村落样本中每个组团的形状指数（SI），判断其团块状和条带状程度，其中颜色越深，形状指数越高，条带状特征越明显；颜色越浅，则形状越接近正方形（表 4-16）。

表 4-16 山地型村落边界形状特征　　　　　　　　　　　　（图表来源：笔者自绘）

		余村	乾元村	陆巷村	明月湾村	世凹村
山地	样本村落					
	形状指数	1.35	1.65	1.56	1.64	1.45
		五塘村		漆桥村	华山村	陈家村
丘陵	样本村落					
	形状指数	1.51		1.39	1.36	1.52
		三城巷村	礼社村	倪巷村	黄泥坝村	焦溪村
平原	样本村落					
	形状指数	1.36	1.28	1.64	1.28	1.56
		开弦弓村			梅家溇村	
湖荡	样本村落					
	形状指数	1.40			1.19	
		李家村		靴胴圩村		日字圩垯村
圩区	样本村落					
	形状指数	2.08		1.76		1.86

研究对每个组团的形状指数进行了计算，从数值上每隔 0.2 间隔颜色逐渐加深（1.0～2.0），对其进行填色并图示化，同时计算了每个样本的平均组团形状指数用于横向比较（图 4-36）。整体来看，长条形组团多分布在村落边缘区域，内部

组团形状更接近规整的团块。相同地域环境的村落组团特征具有相似性，不同地形和水体环境下，随地势由陡变缓，组团形状指数逐渐变小（越接近团块状），说明坡度影响村落建筑的布局方式；水体和地形越复杂，指数逐渐变大（越接近条带状），说明水体对组团空间的影响也是显著的。

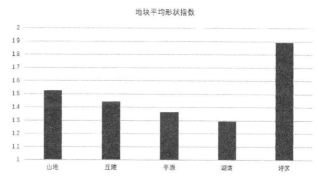

图 4-36　组团平均形状指数统计对比
图片来源：笔者自绘

所有类型中，圩区村落的组团最具有特殊性，因为其主要以相互衔接的形式沿圩堤围绕农田或者水塘分布，具有较强的地域性和环境适应性特征。山地村落由于具有坡地特征，以及受到山谷或者沿等高线道路等线性要素的影响，村落中组团大多呈现条带状特征。丘陵村落在缓坡和台地边缘的组团常有条带状特征，平原地区村落只在沿道路两侧有部分条带状组团出现。湖荡村落在所有样本中平均形状指数最低，从图示结果可以看出，由于其内部通常有穿越的河流，并起到组织村落空间的作用，房屋沿河岸两侧整齐排列，街道多垂直于河流，因此组团呈现出规则的矩形特征。

4.3.3　边界形态

1. 村落边界要素与形态特征

人类是"边缘动物"，边界不但成为人类瓜分土地、宣扬主权的重要标志，而且限定出人工环境和自然环境的界限，还是衡量物种生存状态受到环境影响的重要指标。相较于城市来说，村落的择址需要充分考虑周边环境格局，因此与自然的关系更加紧密，边界形态受到地形、水体的影响也相对显著。除此之外，村落在长期发展过程中，由于受到本地物理环境改变、自然扰动和人类活动的影响，边界空间也会随之发生变化，体现了人工和自然系统在接触时产生的相互作用。

（1）边界空间要素

村落边界空间作为人类活动和自然物种共存的空间，可以被看成是一条不同于

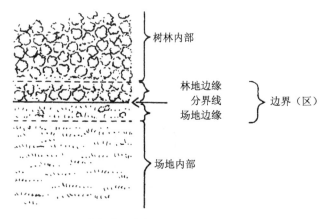

图 4-37 边界空间的复杂性
图片来源：[美]理查德·T.T.福曼.土地镶嵌体：景观与区域生态学[M].朱强，等译.北京：中国建筑工业出版社，2018：65.

两侧生境状况的狭窄条带，在这个区域内会产生有别于村落内部的人类生活和建造行为，以及特殊的自然环境要素分布，具有特殊的研究意义[①]（图 4-37）。

边界空间具有宽度、高度和长度等形态特征，对边界区域内物种种类的分布、野生动物的密度、土壤的营养水平、动物（包含人类）的移动方向以及风的传送效果等等都有重要影响。例如，当外界没有特殊的限制要素时，边缘区域的建筑单体布局相对不规则和疏松，而当外界具有特殊要素（地形、河流、道路等）制约和诱导时，边缘建筑的布局往往会呈现出规律化的聚集。除此之外，人类生产活动对边缘自然环境也会产生影响。例如村落周围通常围绕有便于灌溉和生活用水的池塘，采矿、伐木等活动会导致近村的山体开采和林木砍伐等。由此可见，边界空间是研究人工和自然生境相互影响的重要样本区域。

(2) 边界形态特征

物种的活动会使相邻生态系统的土地利用类型相互交错，从而产生不同的边界形状类型，例如人类建设密集的区域，村落边界受到房屋和道路的影响较大，呈现出线性或者笔直的状态，有较少的凹陷、突出或小斑块；而一些房屋建设密度稀疏，外界环境渗透较强的边界片段，则呈现出不连续或者弯曲的形态。附近如果存在人工或自然的小斑块，在这些区域两个系统中物种之间交流更频繁。跨越边界的行为使得物种的原本活动范围也在一定程度上得到了拓展（图 4-38）。

2. 边界形态识别与量化

边界识别首先需要选取一定尺度的"跨越距离"，再将村落边缘空间上小于该距离的节点进行连线。由于村落边界空间通常由几何形态清晰的建筑单体和形态相对模糊的自然环境交叉构成，因此，选择多大的跨越距离能够形成完整并反映村落

---

① [美]理查德·T.T.福曼.土地镶嵌体：景观与区域生态学[M].朱强，等译.北京：中国建筑工业出版社，2018.

图 4-38 边界空间形态类型
图片来源：[美]理查德·T.T.福曼.土地镶嵌体：景观与区域生态学[M].朱强,等译.北京：中国建筑工业出版社,2018:62.

特征的边界线，是研究边界空间首先要确定的基础。对于有限的空间范围来说，边界尺度有两个极限值存在，最小尺度的边界是单个建筑边界集合，最大尺度边界是所有建筑的凸包边界，即村落的最短环绕线。在这个区间内，选择的尺度越小，围合面积则越小，周长越大，图形越凹凸不平，边界形态越接近人工环境（建筑）的空间特征，反映村落边缘或者内部局部空间受到自然环境要素的影响越大；选择的尺度越大，边界形态则越远离人工环境，越靠近自然环境，边界所围合的面积越大，周长越小，图形也越光滑。这些都反映了人类主要活动区域的范围以及房屋组团与周边自然环境的位置关系。

3. 边界形态属性与地域特征

边界空间的规则度和开放度是反映其与环境关系的重要属性，通过几何形态的相关指数可以对其进行量化计算，下文将对不同地域样本的平均指数进行比较。

（1）边界规则度

村落边界的规则程度与边缘建筑及外部空间形态密切相关。分形几何学在针对不光滑、不规则，甚至支离破碎的空间几何形态的测度方面具有重要意义，"分形维数"在众多研究中被证明能够反映其图形复杂程度和图形形状的稳定性大小，因此可以作为评价村落边界形态规则程度的重要依据。"分形维数"计算常用的方法是周长—面积关系法，其计算公式为[①]：

$$D = \frac{2\lg(\frac{P}{4})}{\lg(A)}$$

其中，D 表示分形维数值，P 表示村落边界图形的周长，A 表示村落边界图形的面积。D 的理论值为 1.0～2.0，1.0 代表的形状是正方形，2.0 代表的是面积和

---

① 浦欣成.传统乡村聚落平面形态的量化方法研究[M].南京：东南大学出版社,2013.

第四章 形态——基于自然地理环境的苏南农村聚落空间形态类型解析

周长最复杂的情况。因此分形维数数值越大,表明边界凹凸变化越丰富,与自然的镶嵌关系越紧密[15]。村落周边影响其边界形态的主要因素为地形变化、水体分布以及植被生长等,为了在边缘空间上能够尽量区分人工建筑和自然地理环境要素,同时避免产生过于破碎的房屋组团,因此选择20 m(将大部分水体分离在外侧)作为研究边界规则度的"跨越距离"(表4-17)。

表 4-17 村落边界形状特征　　　　　　　　　　　　　　　　　　　　　(图表来源:笔者自绘)

类型		余村	乾元村	陆巷村	明月湾村	世凹村
山地	样本村落					
	分形维数	1.46	1.57	1.45	1.46	1.61
		五塘村	漆桥村		华山村	陈家村
丘陵	样本村落					
	分形维数	1.57	1.50		1.48	1.51
		三城巷村	礼社村	倪巷村	黄泥坝村	焦溪村
平原	样本村落					
	分形维数	1.52	1.45	1.50	1.54	1.53
		开弦弓村			梅家溇村	
湖荡	样本村落					
	分形维数	1.54			1.57	
		李家村		靴胴圩村		日字圩埭村
圩区	样本村落					
	分形维数	1.58		1.66		1.66

因为分形维数的大小受到村落面积的影响，所以通过面积加权后的数值更能够反映其相互之间的差异性（图4-39）。从平均分形维数汇总表中可以看出，平原村落数值在所有样本中相对较低，原因是平原村落布局较规整，边界形状受到地形和河流湖泊影响较小。山地和湖荡村落边界形态相对复杂：山地村落由于地形限制，建筑布局必须依山就势，尽量顺应等高线，因此靠山面往往比较整齐；湖荡村落周边池塘密布，河流从内部穿过，具有内向型生活特征，而边缘由于受湖泊河流等水体制约建筑排布相对错落，通过参差不齐的布局方式产生了丰富的自然接触界面。丘陵和圩区村落边界最复杂，圩区村落边界上的房屋布局受到地形的影响较大，通常沿圩堤呈线性布局，建筑布局参差不齐，与水塘田地有机镶嵌，因此形成复杂的边界形态；丘陵相比山地地区，建筑布局相对自由，缓坡地形给边缘建筑的布局带来更多可能性，结合该地区丰富的池塘要素，边界建筑与水体有机交织，形成与自然关系密切的村落空间格局。

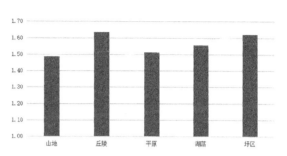

图4-39 边界平均分形维数统计对比
图片来源：笔者自绘

（2）边界开放度

村落的边界由作为建筑单体外缘的实体部分与实体之间的空隙部分连接而成，其开放程度与边缘建筑布局和外部环境的接触方式密切相关。研究将空隙部分线段长度占整个边界图形周长的百分比定义为该边界空间的"开放度"，表示该村落内部空间与外部环境的联系紧密程度，数值上越大，边界开放特征越明显，反之越封闭。为了保留边界上尽量多的空间信息，同时能够区分实体建造的房屋和开放的道路以及广场空间，研究中筛选出50 m的最大跨度的边界图作为开放度分析主要参考样本（表4-18）。

表4-18 山地型村落边界开放度特征 （图表来源：笔者自绘）

		余村	乾元村	陆巷村	明月湾村	世凹村
山地	地域类型图例					
	开放度	66.78%	54.27%	67.27%	67.28%	63.61%

（续表）

丘陵	地域类型图例	五塘村	漆桥村	华山村	陈家村
	开放度	70.00%	61.72%	66.21%	62.40%

平原	地域类型图例	三城巷村	礼社村	倪巷村	黄泥坝村	焦溪村
	开放度	53.93%	61.89%	22.39%	52.53%	60.27%

湖荡	地域类型图例	开弦弓村	梅家溇村
	开放度	55.56%	57.83%

圩区	地域类型图例	李家村	靴胴圩村	日字圩埭村
	开放度	58.04%	58.14%	55.33%

通过计算样本村落边界的平均开放度指数（图4-40），可以看出其表现出明显的地域差异和变化规律：坡地或者靠山村落的边界开放度普遍高于平原地形的村落，丘陵和岛屿村落边界开放程度最高，平原村落最低。在山地、丘陵和平原样本中，位于山脚的村落开放程度最高，山坡村落其次，而地形限制最大的山谷和限制最小的平地村落都呈现出相对较小的开放度。与之相比，湖荡和圩区村落边界的开放程度接近，且都高于平原村落，因为这两类村落建筑布局都具有线性特征。湖荡村落中人类生活行为多发生在村庄中河道两侧，具有明显的内向型特征，外部边缘建筑布局较紧密；圩区村落房屋两侧是河道或农田，相对紧凑的房屋布局也可以与自然环境保持良好的关系。平原村落在所有样

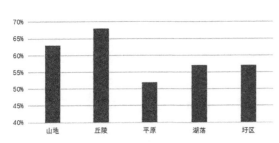

图4-40 边界平均开放度统计对比
图片来源：笔者自绘

本中,平均开放度最低。一方面,由于其规则的布局方式产生了相对平直的边界形状,缺乏凹凸变化,因此与自然的关系相对较弱;另一方面,由于平原村落周边多为农田,缺乏林木和河流湖泊,路网交通较发达,人类生活对于周边自然环境的依赖程度较低。

4.4 公共空间及宅院

4.4.1 公共空间

乡村公共空间的概念可以包括实体空间和抽象空间两个维度:一是指乡村社区里人们可以自由进入并进行各种思想或物质交流的公共场所,如寺庙、祠堂、集市等;二是指社区内普遍存在着的一些制度化组织和制度化活动形式,如村落内部的集体组织、村民集会、红白喜事活动等[①]。本研究主要关注于乡村公共空间的实体维度。

乡村公共空间大都因形就势、巧于因借,与周边自然环境有机结合,从而呈现出丰富多变的形态特征。本节基于公共空间与水体、地形的关系展开研究,对其进行整理归纳,以探究其"在地性"形态的类型特色。

1. 村落公共空间的类型

公共空间反映出聚落的生活形态和社会秩序,在乡村聚落中担任重要角色,通常具有承载节庆活动、宗教信仰、生产及日常生活等功能的作用。乡村聚落的公共空间具有种类繁多、功能复合、性质多样等特点,根据其功能性质和空间形式可分为公共建筑和外部公共空间两种类型,既有单独存在也有两者结合者,为村民提供除居住功能外其他丰富活动的场所。

(1) 公共建筑

乡村内的公共建筑主要包含以下几种:

①祠堂、寺庙、戏台等承载传统宗教信仰、宗族集体活动、节庆及民俗活动等的传统功能建筑;

②现代社会为村民提供基本公共服务的设施建筑:幼儿园等义务教育设施,老年活动室、图书室等公共文化体育设施,卫生室等公共医疗卫生设施,养老院等社

---

① 曹海林. 乡村社会变迁中的村落公共空间[J]. 中国农村观察,2005(6):61-72.

会保障设施，以及为村民提供购物、生活服务的售卖、作坊、理发店等商业服务设施；

③人民会堂、村委会、社区党群服务中心等现代村民议事、乡村在地性行政管理服务的建筑等。

④伴随近年来的新农村建设及文旅休闲产业的兴起，一些面向外来旅游休闲人群的服务功能建筑开始出现，如游客服务中心、民宿、餐饮娱乐设施等。

（2）室外公共空间

相较于城市嘈杂的外部环境，乡村拥有自然静谧的生活氛围，因此室外公共空间也成为村民日常交往活动不可或缺的重要载体。根据其位置、功能、性质等，室外公共空间可以分为以下几类：

①村落入口空间；

②具有生产性质的露天公共场地，如谷场、麦场等；

③进行日常生活交往的空间，包括房前巷口、凉亭、码头、临水平台等；

④具有村庄记忆和保护意义的历史文化场所等；

⑤新农村建设以来兴建的村内广场、体育健身场地、公园绿地等。

2. 影响公共空间形态的环境要素

苏南地区多丘陵地势，地形相对平缓，村落风光以田园为主，湖塘环绕、小桥流水是苏南乡村的主要特征之一。苏南乡村内的公共空间通常与自然环境保持着良好的共生关系：一方面，依山就势，充分利用地形水体优势；另一方面，在村落中保留了大量自然植被，使村庄与当地环境有机相融。

（1）与地形结合的公共空间

村落内的公共空间依托良好的区位和自然资源，在居民易于到达的地方，与坡地、台地和山谷等地形结合布置。公共空间与地形的位置关系可分为三种类型：平地型、嵌入型、坡顶型。平地型包括位于平坦地形以及坡地底部较平缓处的公共空间，前者受地形限制少通常布局形式较自由，后者临坡一面常有与山坡结合的挡土墙（图4-41）；选址位于坡地中部区域的公共空间，往往通过部分填平的方式来嵌入地形，嵌入部分边界形态通常较规整，能够与道路相接（图4-42）；坡地顶部的公共空间一般位于较平坦的最高处，视野相对开阔（图4-43）。

（2）与水体结合的公共空间

苏南地区水网丰富，村民的日常生活也与水密切关联。通常生活在山地丘陵地区的村民呈现出"近水不亲水"的生活模式，而生活在平原地区河流、湖泊沿岸的村民靠水吃水，生活和产业发展都离不开水资源的支撑，公共空间与水的关系更加紧密。例如，河流在村落内穿过的部分两侧往往会产生各种临水平台，且南北与东西向穿越存在不同特征：河流为南北走势时，建筑与水体的距离相近，两侧公共空间均为带形；河流为东西走势时，水体南侧的建筑紧邻河道，公共空间为点状区域（图 4-44），而水体北侧的平台较宽且采光条件较好，建筑与水体的退让距离较大，公共空间的尺度也更大（图 4-45）。

除此之外，桥梁的连接能够使河道两侧形成连续的公共空间，一侧为建筑退让水体形成的带形空间，另一侧为建筑围合出的矩形公共空间（图 4-46）。当处在点状水体周边或带形水体的端部时，平台多向水面出挑形成临水的公共空间（图 4-47）。

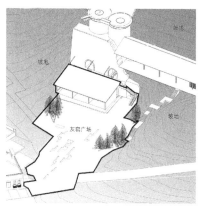 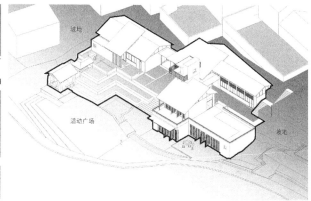

图 4-41 位于平地或坡底的公共空间　图 4-42 嵌入地形的公共空间
图片来源：笔者自绘　　　　　　　　图片来源：笔者自绘

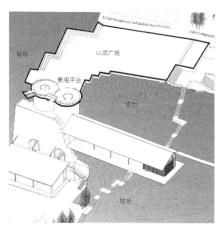 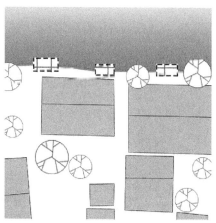

图 4-43 位于坡顶的公共空间　　　　图 4-44 河道南侧公共空间
图片来源：笔者自绘　　　　　　　　图片来源：笔者自绘

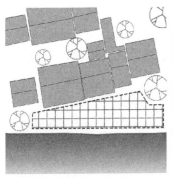

图4-45 河道北侧公共空间
图片来源：笔者自绘

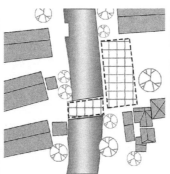

图4-46 桥梁处公共空间
图片来源：笔者自绘

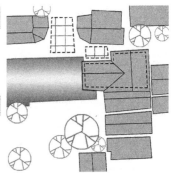

图4-47 河道端头公共空间
图片来源：笔者自绘

图4-48 佘村重要公共空间节点
图片来源：笔者自绘

图4-49-1 九龙埂广场空间
图片来源：笔者自绘

3. 公共空间的环境适应特征分析

传统村落中的公共空间充分体现了自然与人和谐相处的格局，将复杂的社会化关系巧妙地与地形水体相结合，最终形成一个连续的公共空间系统。这正是当今远离自然环境的城市在快速发展中所逐渐丧失的。

（1）山地型

苏南地区的山脉主要分布在南京市和镇江市之间以及太湖区域的岛屿上。在这类村庄内，公共空间呈现出与山坡地形或村落结构相结合的线性分布特征（图4-48）。例如在南京近郊的佘村，有一条宽约70 m、由西北向地势较高向东南向地势较低处横穿过村庄的田埂地带——九龙埂（图4-49）。从历史资料可知，该村落的发展最早从九龙埂北侧开始，后来逐渐向周围扩展。村落中的众多道路都能够方便到达这里，九龙埂至今一直是居民日常活动和外来游客玩赏的重要区域。

在九龙埂两侧分布着大小不一的公共空间：例如清代建于九龙埂北侧地势较高处的潘氏宗祠和潘氏老宅，如今成为村民日常举行民俗活动和

图 4-49 2　九龙埂景观
图片来源：笔者自摄

村史展示的重要场所（图 4-50）；位于九龙埂东南端、形成于明代的"生铁塘"，是佘村传统手工铁器制造工艺兴盛的实物见证，如今成为村庄重要的人文景观及外来游客观赏休憩的空间节点；九龙埂西南侧的高地上，新建的民宅建筑群顺应地形变化，形成了高低错落的室外空间。这些空间通过石砌台阶与九龙埂联系起来，在不同标高处形成了形态多样的观景平台和邻里休憩场所（图 4-51）。

图 4-50　祠堂成为村史展示和民俗活动场所
图片来源：笔者自摄

　　山地村落往往具有得天独厚的石材等矿产资源，虽然近些年来在政策引导下大部分乡村矿厂关闭停产，但留存下来了许多反映乡村发展历程的旧产业设施。佘村南部的石灰窑厂即为一例。窑体和厂房均由红砖砌筑，与山坡融为一体（图 4-52）。在 2007 年开展的江苏省特色田园乡村示范建设中，建筑师对其进行保存、加固和必要的改造，将其打造成为展示石灰生产工艺、承载"乡愁记忆"的特色公共空间，其顶部则成为鸟瞰村庄及周围山、水、田、林自然景观的制高点（图 4-53）。紧邻其东侧的社区服务中心也充分依托和顺应山地地形，进行化整为零的功能空间组织，建筑采用地方石材及传统砌筑工艺（图 4-54）。这一组建筑共同形成了极具佘村地方特色的乡村公共建筑及景观形象，并已经成为苏南山地环境中新型乡建的重要示范成果（图 4-55）。

第四章　形态——基于自然地理环境的苏南农村聚落空间形态类型解析

图 4-51　顺应地形的邻里空间
图片来源：笔者自绘

图 4-52　社区服务中心和灰窑构成的公共空间节点
图片来源：笔者自绘

图 4-53　灰窑及周边广场
图片来源：笔者自摄

图 4-54　地方石材及传统砌筑工艺
图片来源：笔者自摄

图 4-55　具有地方特色的公共建筑及景观形象
图片来源：笔者自摄

（2）丘陵型

苏南地区的丘陵地形主要以缓坡和台地为主。村庄内的主要公共空间多分布在缓坡的地势较低处、台地上，以及街巷交叉口处，并围绕局部水体形成分散的点状布局（图4-56），相互之间通过道路系统联系起来。五塘村属于缓坡地形，村庄主要建筑群位于西北侧山坡与东南的过境道路之间，沿道分布有几个池塘，村民日常活动空间多集中在池塘周围，而且商业、教育、交通站点等功能也分布在过境主路两侧，从而形成线性联系的公共空间系列（图4-57）。

图4-56　五塘村重要公共空间节点
图片来源：笔者自绘

而对于台地村落来说，村庄中部空间较平坦，周围有局部高差变化，而且自然水体也大都分布在村落四周（图4-58）。以历史文化名村华山村为例，其北部的现

图4-57　池塘空间
图片来源：笔者自绘

图4-58　华山村重要公共空间节点
图片来源：笔者自绘

有村口紧邻快速道路，但是与道路有将近 2 m 的高差，因此通过一个缓坡进行过渡。向南 200 m 左右是老庙（张王庙）和旧时的村庄北入口券门（图 4-59）。穿过门洞后是一条遗留下来的南北向历史老街（图 4-60），并且由北向南随地势逐渐降低，在老街南侧尽端有迎嘉门（图 4-61），转角处是一个池塘（黄花塘）以及临水而建的杨氏祠堂，旁边是以前村民洗衣、淘米的石板台阶和开阔地（图 4-62），如今成为村民休闲的所在。这条顺应地势、层次丰富的公共空间序列成为村民日常活动和游客对村庄认知的重要空间媒介。

（3）平原型

平原村落在苏南地区分布最广，因其地势平坦、交通便利，大部分村庄在近代发展迅速，空间格局变化明显。由于受地形限制相对较小，村内街巷结构和建筑排布一般都比较规整，公共空间布置也相对分散（图 4-63）；而那些历史文化资源丰厚的村落，往往受到有效的保护，则基本延续了其传统格局。公共空间要素丰富，且多与河流、池塘等自然要素有机融合。伴随时代变迁，它们的功能往往改变，但形态格局基本完整，并与新的公共功能空间一起丰富了村民的日常生活（图 4-64）。

无锡玉祁社区的礼社村始建于南宋淳熙年间（1174—1189），被评为"中国历史文化名村"。古村河网交错、桥廊驳岸、码头林立，石板铺就古街，江南水乡的韵味无处不在。村庄依托自然环境条件，创造出很多生活交往空间，散布于具有强烈可识别性的"九潭十三浜"的空间格局中。村中最具古韵的老街长二百余米，宽 3 m，

图 4-59-1　老庙及券门周边空间
图片来源：笔者自绘

图 4-59-2　老街轴线北端空间
图片来源：笔者自摄

图 4-60 历史老街轴线中部空间
图片来源：笔者自摄

图 4-61 老街轴线南端空间
图片来源：笔者自摄

图 4-62 黄花塘
图片来源：笔者自摄

图 4-63 倪巷村重要公共空间节点
图片来源：笔者自绘

图 4-64 礼社村重要公共空间节点
图片来源：笔者自绘

中间是12排青砖铺成的步道，老街的西侧是作为13条河浜之一的河道向村内延伸的尽端（图4-65），在端头形成放大的码头广场空间（图4-66）。周边环绕着村内主要的公共建筑群，包括旧时义庄、祠堂、善堂、水龙宫（旧时的消防机构，现在的老年活动中心）等（图4-67）。沿老街两侧向东，各种店铺和明清至民国时期的深宅大院依次排列。在中段北侧坐落着带有飞檐的古戏台，与前面的广场一起形成古街中间的开放空间节点，至今仍是村民看戏和日常休憩交流的场所（图4-68）。老街东端的沟河潭及其周边开阔地，则是居民活动的另一个重要公共空间（图4-69）。

相较于水系丰富的礼社古村，倪巷村的整体布局更加规整，主要道路呈现格网状，建筑年代和材料的使用也更加现代。这种类型的公共空间往往布置在相对靠近中心，绝大部分居民便于到达的位置。例如坐落在村庄中部、建于20世纪六七十年代的"人民大会堂"，大会堂前的场地已经成为村民日常聚集、交往、体育锻炼的重要场所（图4-70）。而村委会和满足村民日常购物的超市、小卖部等，基本沿主要公路两侧分布。

（4）湖荡型

湖荡型村落主要分布在太湖周边，依附于从太湖延伸出的支流，土地肥沃，水源充足，农渔养殖产业发达。由于人多地少，建筑空间布局紧凑。以开弦弓村为例，其村庄内部公共空间具有典型的依水而设、尺度小巧的特征。早期的河道是人与货物进出的重要通道，沿河码头、桥头成为重要公共场所。在以陆路交通取代水路后，村内道路和主要公共空间仍然大多分布在河流两侧（图4-71）。

图4-65-1　河浜端头空间
图片来源：笔者自绘

图4-65-2　延伸到村庄内的河浜
图片来源：笔者自摄

图 4-66 河浜端头处形成公共空间
图片来源：笔者自绘

图 4-67 水龙宫（老年活动中心）
图片来源：笔者自绘

图 4-68-1 古戏台空间
图片来源：笔者自绘

图 4-68-2 老街中部的戏台
图片来源：笔者自绘

图 4-69-1 沟河潭空间
图片来源：笔者自绘

图 4-69-2 沟河潭
图片来源：笔者自摄

第四章　形态——基于自然地理环境的苏南农村聚落空间形态类型解析

图 4-70-1　倪巷村大会堂及附属空间
图片来源：笔者自绘

图 4-70-2　倪巷村大会堂
图片来源：笔者自摄

图 4-70-3　大会堂前广场改造为体育健身场地
图片来源：笔者自摄

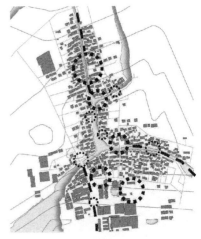

图 4-71　开弦弓村重要公共空间节点
图片来源：笔者自绘

由于南北向和东西走向的河道两侧建筑布局方式不同，公共空间的形态也各不相同（图4-72）。南北向河流两侧房屋排布多靠近水面，留下了仅供通行的狭窄巷道（图4-73），每隔一段距离就有局部下挖，形成通向水面取水的小码头和台阶，这里是湖荡村落公共交往活动发生的重要场所（图4-74）。东西向河道的南侧由于背阳，建筑大都临水而建，沿河少有开敞的活动空间；而在北侧，阳光充沛，建筑与河道间退让出宽敞的通道，河边有凸出的平台和供船舶停靠的码头，河岸上空间开敞，公共活动的形式更为多样，有些居民在这里开辟小型的菜园，种植瓜果花卉，有些作为渔民的晒场（图4-75）。

除此之外，在湖荡村落中有形态各异的桥梁（图4-76），一方面，桥上空间视野开阔，景色优美，成为居民日常见面交谈的场所；另一方面，桥体将河道两侧的公共空间连接在一起，并且局部放大，形成了重要的交通和公共节点。

（5）圩区型

圩区型村落中公共空间的形态与其村落线性布局的特征密切相关。呈现点状与线性分布结合的规律（图4-77，图4-78）。由于村庄中道路只能顺应圩堤的走势，服务、商业和宗教等功能只有布置在道路交叉口附近才能使便利度最大化（图4-79），此处往往形成点状开放空间。例如南京李家村的村口空间就在三条圩堤的交汇处，结合村口池塘布置有村委会、超市、卫生室以及停车场等场所（图4-80）。

圩区另一种公共空间主要出现在沿圩堤排列的民宅一侧，房屋通常不紧邻道路排布（图4-81，图4-82），与道路之间一般还有一条供农田灌溉的水渠，并通过桥梁与村道联系，水渠沿岸有生活取水的台阶（图4-83）。由此，在每家宅前形成各自的前院，并且左邻右舍相互连接，形成连续的线性开敞空间，这不仅方便了居民日常出行，也提供了邻里日常交往的场所。

图4-72-1 桥梁及附属空间　　图4-72-2 河道交汇处空间　　图4-73 南北向河道临水空间
图片来源：笔者自绘　　　　图片来源：笔者自绘　　　　图片来源：笔者自摄

图 4-74 沿河小码头
图片来源：笔者自摄

图 4-75 河道北侧临水空间
图片来源：笔者自摄

图 4-76 跨越河道的桥梁
图片来源：笔者自摄

图 4-77 李家村重要公共空间节点
图片来源：笔者自绘

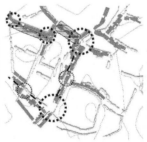
图 4-78 振华村重要公共空间节点
图片来源：笔者自绘

图 4-79 村内的庙宇
图片来源：笔者自摄

图 4-80 社区中心及停车空间
图片来源:笔者自绘

图 4-81 宅前公共空间
图片来源:笔者自绘

图 4-82 线性分布的圩区民宅
图片来源:笔者自摄

图 4-83 水渠及宅前小桥空间
图片来源:笔者自摄

4.4.2 建筑及宅院

1. 宅院组合类型

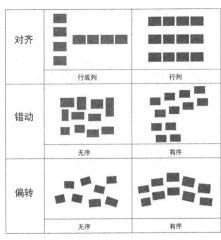

图 4-84　宅院之间组合的基本类型
图片来源：笔者自绘

前文对组团与环境的关系及组团自身形态进行了研究，而组团内部即建筑宅院之间的空间关系同样多变且有内在规律。本节将建筑宅院之间组合的形态秩序划分为以下基本类型：对齐、错动、偏转，并根据行或列、秩序的规律做进一步细分（图 4-84）。

乡村聚落内建筑宅院之间的空间关系，依托自然地理环境的不同存在差异。根据上述关系类型的划分，空间秩序存在着如下规律（表 4-19）：

（1）丘陵型聚落的建筑宅院之间通常为行列对齐和无序错动的方式。（2）湖荡型聚落由于受水体形态的影响，建筑宅院之间通常以行或列的方式垂直于水体，但与水体紧邻的边缘呈现有序错动，体现出对环境的适应性调整。（3）平原型聚落中水体呈点状或直线状时，建筑宅院之间为行列对齐的方式；若曲线状水体渗透或贯穿聚落时，临水的建筑之间呈现有序偏转，而被水体划分区域的建筑宅院则呈现无序错动的关系。（4）山地型聚落的空间较为狭长时，建筑顺应地形曲折呈现有序偏转的关系；聚落所处地形较为平缓时，地块范围依然有限，建筑之间因较为密集而呈现无序错动的关系。（5）沿江圩区型聚落空间顺应线状的水体转折或弯曲，因而建筑之间呈现行或列对齐、有序偏转的关系类型。

表 4-19　不同乡村聚落中宅院之间的关系类型　　　　（图表来源：笔者自绘）

	丘陵型聚落	湖荡型聚落	平原型聚落	山地型聚落	沿江圩区型聚落
关系类型	行列对齐 + 无序错动	行或列对齐 + 有序错动	行列对齐 + 无序错动／ 有序偏转	无序错动 + 有序偏转	行或列对齐 + 有序偏转

2. 建筑宅院与环境关系

不同自然地理环境类型中，乡村聚落的整体格局存在差异，而这种差异化特征在宅院与环境的关系中进一步得到体现。本节从宅院平面与剖面的两个角度，剖析环境影响下宅院的适应性特点以及空间关系。

1）丘陵型聚落的宅院

宅院与环境的平面关系：丘陵型乡村住房尽量建设在地势平坦处。由于用地紧凑，宅院之间因退让距离较为有限而相互紧邻。调研发现，当前大部分丘陵地区村落，其内部左右相邻的宅院通常将院落敞开，空间上与宅前道路合为一体，在满足左右通行需求的同时，每家宅前的院子面积实现最大化。宅院通常呈现"近水而不亲水"的特征（图4-85）。

图4-85　丘陵型宅院与环境平面关系
图片来源：笔者自绘

宅院与环境的剖面关系：宅院顺应地势的高低起伏变化，通常在水体周围分布，空间上由外层到内层形成"水—建筑—巷道—建筑—主街"的剖面秩序。一些院落自身通过建筑与院子间加设台阶、院子呈缓坡状、院子与街巷间设坡道或台阶等方法处理高差关系（图4-86）。

2）湖荡型聚落的宅院关系

宅院与环境的平面关系：湖荡型乡村内水系丰富，宅院大多沿水而建。水体两侧通常呈现为"宅院—街巷与平台—水体"的空间关系。宅院位于临水向阳一侧时，临水平台的空间则较为宽敞（图4-87）。

宅院与环境的剖面关系：东西方向走势的水体，其两侧均具有较好的亲水特点。水体北侧的采光条件较好，常具有宽敞的平台供船只停靠和日常洗涮；南侧临水区域多是房屋直接与水相邻或有一狭小临水巷道，院落常位于民居中部，而较少出现在临水的北侧（图4-88）。

3）平原型聚落的宅院关系

分类一：水体为点状

此类点状的水塘常分散占据村落内部空间。

宅院与环境的平面关系：平原型乡村内地势平坦开阔，内部分散的水塘形态通常也较为规整，宅院与水体之间的退让距离基本一致。民居常通过开放的院落空间、临水平台与水体联系，日常生活中仍与水体保持着较为紧密的关系（图4-89）。

宅院与环境的剖面关系：水体在建筑北侧时，宅院北侧界面常贴合水体，并从宅院一侧通过台阶与水面建立联系；水体在建筑南侧时，常具有平台空间联系水体（图4-90-1）。

分类二：水体为带状

此类水体通常贯穿或渗透村落内部。曲折的水体成为影响宅院之间关系的主因，宅院常顺应水体走势并随之产生偏转。

宅院与环境的平面关系：宅院直接临水或退让出步行道路的空间。

宅院与环境的剖面关系：宅院采光为南北向时形成临水平台，而宅院在东西朝向时直接临水并形成内街（图4-90-2）。

4）山地型聚落的宅院

山地型乡村的宅院常通过台阶、护坡或内部错层以适应地势的变化。

分类一：地势为陡坡

此类乡村聚落的整体空间狭长，山谷两侧的地势变化较陡。宅院与环境的平面关系：宅院沿等高线在陡坡向阳一侧或两侧线性排列。

宅院与环境的剖面关系：(1)形成"宅院—陡坡—街道—宅院"的剖面空间关系；(2)形成"错层院宅—街道—水体"等剖面空间关系（图4-91）。

分类二：地势为缓坡

宅院与环境的平面关系：宅院顺应地势方向进行布局，民居之间形成平缓的院落空间，院落临近高差明显的地方以挡土墙作为院落边界（图4-92-1）。

宅院与环境的剖面关系：宅院横向或纵向垂直等高线布局，但两种方式的剖面关系一致，均为适应缓坡逐步提升宅院基底的空间关系（图4-92-2）。

5）圩区型宅院

圩区型乡村聚落中宅院沿横向分布顺应水体时，水体通常分布在宅院的前后两侧。

宅院与环境的平面关系：(1)两侧水体之间空间开阔时，民居前后两侧均形成院落；(2)两侧水体之间空间狭长时，形成一个院落，借助自留地或桥等设施自然过渡到水体（图4-93）。

宅院与环境的剖面关系：堤坝的顶部高于宅院底部且坡度较陡，形成"坡地—宅院—水体"的剖面关系（图4-94）。

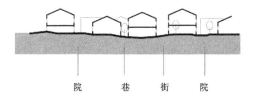 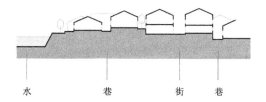

图 4-86 丘陵型宅院与环境的剖面关系
图片来源：笔者自绘

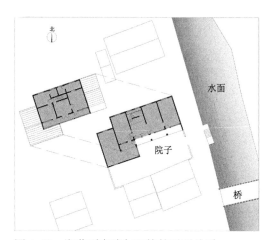

图 4-87 湖荡型宅院与环境的平面关系
图片来源：笔者自绘

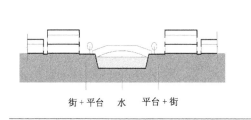 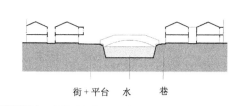

图 4-88 湖荡型宅院与环境的剖面关系
图片来源：笔者自绘

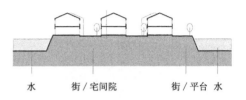

图 4-90-1 平原型宅院与环境的剖面关系（点状水体）
图片来源：笔者自绘

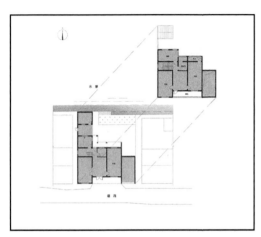

图 4-89 平原型宅院与环境的平面关系
图片来源：笔者自绘

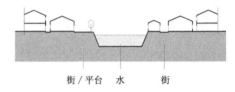

图 4-90-2 平原型宅院与环境的剖面关系（带状水体）
图片来源：笔者自绘

图 4-92-1 山地型宅院与环境的平面关系
图片来源：笔者自绘

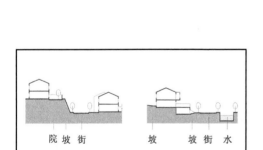

图 4-91 山地型宅院与环境的剖面关系
图片来源：笔者自绘

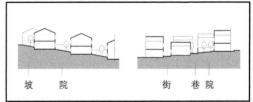

图 4-92-2 山地型宅院与环境的剖面关系（缓坡）
图片来源：笔者自绘

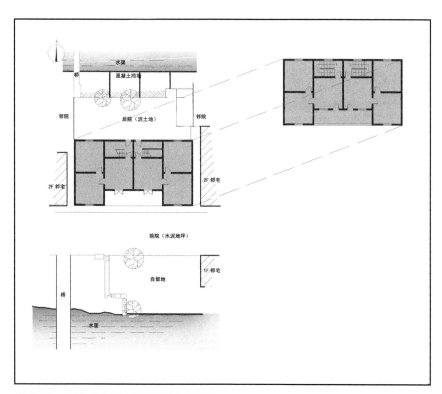

图 4-93　湖荡型宅院与环境的平面关系
图片来源：笔者自绘

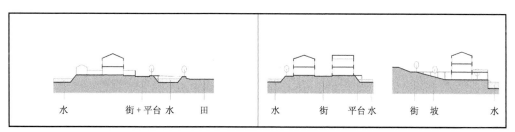

图 4-94　湖荡型宅院与环境的剖面关系
图片来源：笔者自绘

第五章 演化

——苏南乡村聚落空间形态类型的历时性分析

在前面研究基础上，本章将对苏南乡村聚落空间形态的演化进行历时性分析。借助 ArcGIS、空间句法等量化分析方法和图示语言，从宏观、中观、微观等不同尺度层面阐释乡村空间形态类型的演化规律。

5.1 村落空间分布形态的演化

将 1990 年（"苏南模式"末期）、2016 年（"新苏南模式"及 21 世纪以来）两个时期的数据分析结果与 1966 年（传统农业时期末）的数据分析结果进行交叉比对，发掘苏南各地域类型区村落分布特征随时间的变化规律，并结合这几个时期经济、产业、交通等要素的变迁，以各地域类型区自然地理条件的特征与各历史时期生产模式的匹配度为切入点，分析不同类型区、不同时期乡村聚落空间分布特征产生分异的深层机制。

1966 年的影像图集中反映的是传统农业时期自给自足的生产模式下，乡村聚落受自然地理环境影响产生的空间分布模式，也是之后两个阶段村落空间分布受社会经济因素影响产生变化的基础。1990 年代是改革开放后"苏南模式"与"新苏南模式"两个时期的分水岭，这两个时期乡村生产生活功能的根本区别可以用两句话概括："苏南模式"中，村民生产"离土不离乡，进厂不进城"——在村落附近的工厂就业，可以兼顾农业生产；"新苏南模式"中，村民生产"离土又离乡，进厂又进城"——离开家乡，到集中工业区就业，无法兼顾农业生产，乡村生产、生活被割裂。因此，1990 年的影像图可以代表"苏南模式"下苏南地区村落空间的分布特征，2016 年的影像图则可以反映"新苏南模式"后直至 21 世纪初以来苏南地区村落空间的分布特征。

5.1.1 各类型村落空间分布的演化类型

自然地理条件相对稳定的状况下,乡村聚落随时间的变迁,是一个不断择优发展的过程,是生产关系和生产模式变迁的直接体现。将各类型区样本范围内 1966 年、1990 年、2016 年三个时期的村落斑块叠加(图 5-1),可以大致将单个村落的规模变化归纳为三类基本模式:保持不变,规模增加和规模减小。

在对五个地域类型区共 2 135 个村落斑块(以 1966 年计)发展变化的统计之中,1966 年至 1990 年、1990 年至 2016 年两个时期上述三种基本模式的发生概率(图 5-2)。

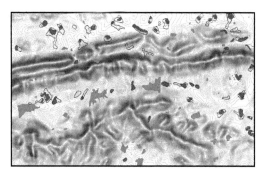

a

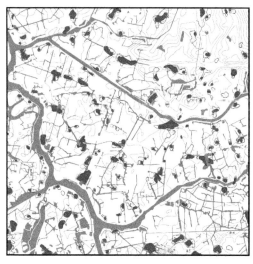
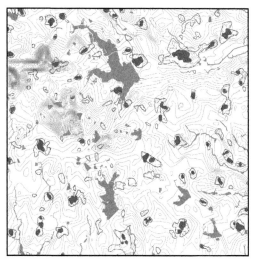

b

第五章 演化——苏南乡村聚落空间形态类型的历时性分析

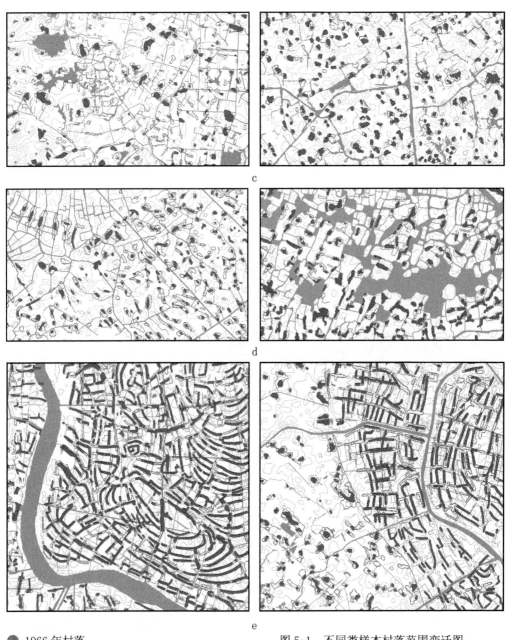

● 1966 年村落
◌ 1990 年村落
○ 2016 年村落
〰 等高线
▓ 水体

图 5-1 不同类样本村落范围变迁图
图片来源：笔者自绘
a 山地型
b 丘陵型
c 平原型
d 湖荡型
e 圩区型

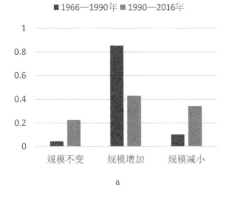
a

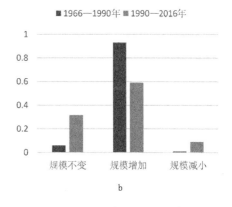
b

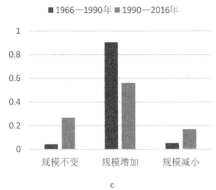
c

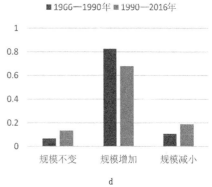
d

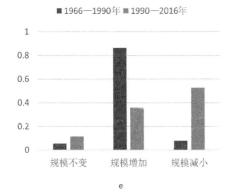
e

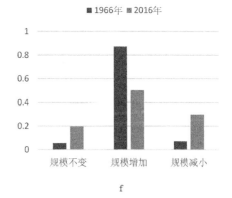
f

图 5-2 各地域类型区村落发展的三种基本模式占比统计图
图片来源：笔者自绘
a 山地型
b 丘陵型
c 平原型
d 湖荡型
e 圩区型
f 综合统计

1966 年至 1990 年，村落的发展模式中规模增长占绝对的主要地位，总体占比 87.3%，且在各地域类型区中占比均超过 80%，丘陵型村落中占比高达 93%。规模减小与规模不变两种基本模式数量占比基本相似，丘陵型村落中规模减小的数量占比仅不足 1%。1990 年至 2016 年，各地域类型区村落规模增长的趋势明显放缓，均在 50% 上下，而村落规模减小这一模式发生的数量显著提升，圩区型村落中甚至超过了规模增加的占比。值得一提的是，1966 年至 1990 年，五种类型区中规模增加占比最低的湖荡型村落在 1990 年至 2016 年一跃成为第一，也是唯一超过 60% 的地域类型区。

将两个时期综合考量，进行进一步分析，可以将 1966 年至 2016 年村落发展的整体趋势归纳为整体规模不变（即两个时期规模变化模式均为不变）、整体规模增加（即两个时期规模变化模式分别为增加 - 增加、增加 - 不变或不变 - 增加）、整体规模减小（即两个时期规模变化模式分别为减小 - 减小、减小 - 不变或不变 - 减小）、整体规模波动（即两个时期规模变化模式分别为增加 - 减小或减小 - 增加）四类（图 5-3）。

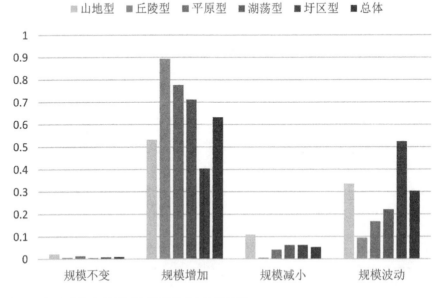

图 5-3 各地域类型区村落发展整体模式占比统计图
图片来源：笔者自绘

纵观整个苏南地区，1966年至2016年村落规模整体呈增加态势的超过了60%，而50年中村落规模一直保持不变的只有不足1%。各类地域类型区中，丘陵型、平原型和湖荡型村落规模增长总体占主导地位，而山地型、圩区型中，村落总体规模波动的情况出现的概率大大提升，圩区型中总体规模波动的占比甚至超过了总体规模增加。

针对规模增加和减小的具体方式，可将上述三类基本模式继续深化。其中规模增加的情况可以具体分为产生、生长、合并三种模式，规模减小的情况可以具体分为消失、退化、分裂三种模式。

在具体的统计中，造成村落变化的具体模式的原因多种多样，解释及列举如下：

（1）产生，指某区域上一个历史时期无村落斑块或只有几栋零星房屋，不能称之为村落，在下一个历史时期中规模达到村落级别。自发产生的村落可能由上一个时期的空地发展而来（图5-4），也可能由上一个时期不能称之为村落的零星建筑发展而来（图5-5）。因人为规划而产生的村落一般为居住区或安置区，形态方正、建筑排列规则（图5-6）。

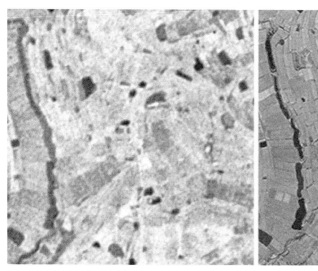 

图5-4 空地发展成村落
图片来源：笔者改绘

图 5-5　零星建筑发展成村落
图片来源：笔者改绘

图 5-6　人为规划形成的村落
图片来源：笔者改绘

（2）生长，指连续的村落斑块面积的增大。团块状村落的生长分为均匀生长与非均匀生长两种（图5-7，图5-8）；条带状村落的生长分为单方向线性生长与双方向线性生长两种（图5-9，图5-10）。

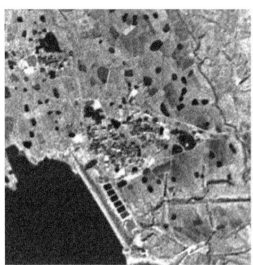

图5-7 团块状均匀生长
图片来源：笔者改绘

图5-8 团块状非均匀生长
图片来源：笔者改绘

第五章 演化——苏南乡村聚落空间形态类型的历时性分析

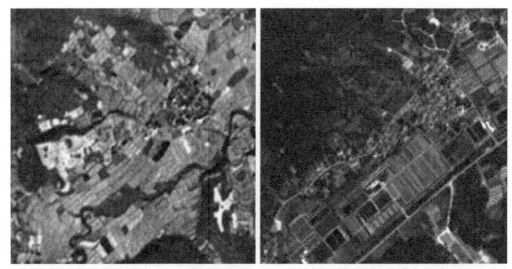

图 5-9 条带状单方向生长
图片来源：笔者改绘

图 5-10 条带状双方向生长
图片来源：笔者改绘

（3）合并，指上一个历史时期中相互独立的，两个或多个村落斑块，在下一个历史时期中合并为一个村落斑块。两个或多个村落均衡扩张导致合并（图5-11），非均衡扩张导致吞并（图5-12）。

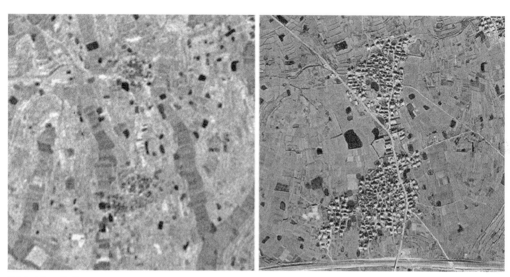

图5-11 合并
图片来源：笔者改绘

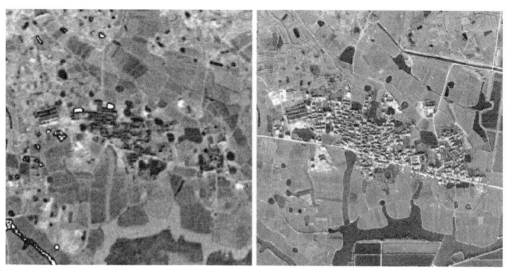

图5-12 吞并
图片来源：笔者改绘

（4）消失，指上一个历史时期中存在的村落斑块在下一个历史时期中变得不存在，或转变为其他不能称之为村落的斑块（如工业区、城镇等）。自然发生的村落消失常见于河流改道或废弃（图5-13）；人为规划导致的村落消失有下列三类原因：①由于道路过境（图5-14）、建成水库（图5-15）、建成工业区（图5-16）、转化为耕地（图5-17）等原因拆除；②并入城镇；③并入工业区（图5-18）等。

（5）退化，指村落斑块面积减小。常见原因有新增道路过境（图5-19），河流改道（图5-20）等。

（6）分裂，指上一个历史时期中连续的村落斑块，在下一个历史时期中变为相互独立的两个或多个村落斑块。自然发生的分裂消失常见于河流改道（图5-21）；人为规划导致的村落分裂有下列原因：新建道路过境（图5-22）及新建河道过境（图5-23）等。

除"不变"模式外，在规模增加和规模减小的六种具体发展模式中，有着"产生—消失""生长—退化""合并—分裂"三对两两对应的关系。五个地域类型区中，1966年至1990年、1990年至2016年两个时期上述七种模式的数量占比图5-24。

图5-13　自然废弃
图片来源：笔者改绘

图 5-14　因道路过境消失
图片来源:笔者改绘

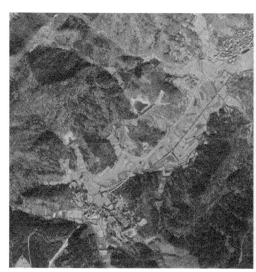
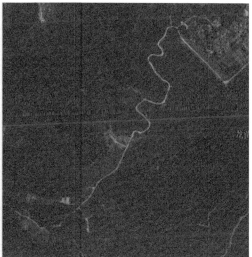

图 5-15　因建成水库消失
图片来源:笔者改绘

第五章 演化——苏南乡村聚落空间形态类型的历时性分析

图 5-16 拆除后建为工业区
图片来源:笔者改绘

图 5-17 转化为耕地
图片来源:笔者改绘

图 5-18 并入城镇、工业区
图片来源:笔者改绘

图 5-19 因道路过境而退化
图片来源:笔者改绘

第五章 演化——苏南乡村聚落空间形态类型的历时性分析

图 5-20　因河流改道而退化
图片来源：笔者改绘

图 5-21　河流改道导致分裂
图片来源：笔者改绘

图 5-22　新建道路过境导致分裂
图片来源：笔者改绘

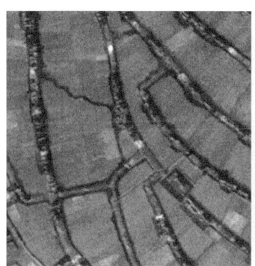

图 5-23　新建河道过境导致分裂
图片来源：笔者改绘

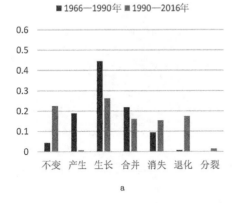
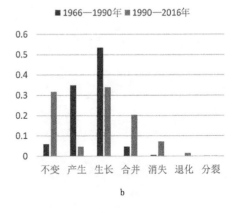
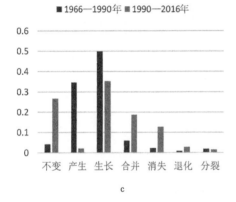
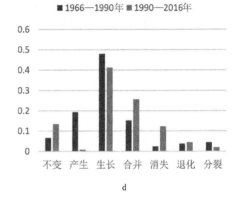
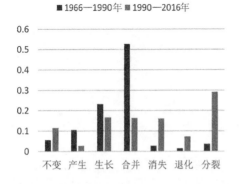
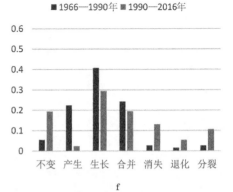

图 5-24　各地域类型区村落七种具体发展模式占比统计图
图片来源：笔者自绘
a 山地型　b 丘陵型
c 平原型　d 湖荡型
e 圩区型　f 综合统计

整体上看，1966年至1990年苏南地区各地域类型区村落变化在七种发展模式的分布图均大体呈"山"字形，"产生""生长""合并"三种模式占绝对主导；1990年至2016年，七种发展模式的分布图均在"山"字形的基础上发生了局部的变化，"产生"模式占比急剧下降，"不变"模式占比显著提升。唯一与"山"字形差异较大的，是1990年至2016年圩区型村落发展模式的分布图，"分裂"模式占比远超其他，"产生"模式占比最低，另外五类模式相对均衡。

将整个苏南地区七种村落变化模式在1966年至1990年、1990年至2016年两个区间内按发生顺序的先后组合，并去除掉逻辑上不可能发生的情况（下表中以"—"表示），即可将样本范围内村落斑块变化的发展分为38种情况，各类型占比见表5-1（详见附录2）。

表5-1 各地域类型区村落发展模式占比统计表　　（图表来源：笔者自绘）

			1966—1990					
			规模不变	规模增加			规模减小		
			不变	产生	生长	合并	消失	退化	分裂
1990—2016	规模不变	不变	1%	6%	8%	2%	3%	0%	0%
	规模增加	产生	2%	—	—	—	—	—	—
		生长	1%	6%	15%	6%	—	0%	1%
		合并	1%	5%	9%	4%	—	0%	1%
	规模减小	消失	0%	4%	6%	2%	—	0%	0%
		退化	0%	2%	1%	2%	—	—	0%
		分裂	0%	0%	1%	9%	—	0%	0%

从总体上来看，样本范围内1966年至2016年上述的38种村落变化情况均有发生，将各种情况在五类地域类型区及整个苏南地区发生的概率从高到低排列见表5-2，表5-3。

表5-2 山地型、丘陵型、平原型村落发展模式占比排序　　（图表来源：笔者自绘）

山地型	百分比	丘陵型	百分比	平原型	百分比
生长·生长	14.6%	生长·生长	18.87%	生长·生长	22.54%
生长·合并	10.9%	生长·不变	17.61%	产生·不变	12.52%
合并·退化	10.2%	产生·生长	11.95%	生长·不变	10.21%
消失（1960—1990）	9.5%	生长·合并	11.64%	产生·生长	8.67%
生长·消失	8.8%	产生·不变	11.32%	生长·合并	8.48%
合并·生长	7.3%	产生·合并	7.86%	生长·合并	8.29%
产生·消失	5.1%	产生（1990—2016）	4.72%	生长·消失	6.55%
生长·不变	5.1%	生长·消失	4.72%	产生·消失	3.66%

（续表）

山地型	百分比	丘陵型	百分比	平原型	百分比
产生·生长	4.4%	产生·消失	2.52%	消失（1960—1990）	2.31%
产生·合并	4.4%	合并·生长	2.20%	合并·生长	2.31%
生长·退化	3.6%	合并·不变	1.57%	产生（1990—2016）	2.12%
产生·不变	2.9%	产生·退化	0.94%	合并·合并	1.93%
合并·不变	2.9%	合并·合并	0.94%	不变·不变	1.35%
不变·不变	2.2%	不变·不变	0.63%	产生·退化	1.35%
产生·退化	2.2%	不变·生长	0.63%	生长·退化	1.35%
不变·退化	1.5%	消失（1960—1990）	0.63%	分裂·生长	1.16%
生长·分裂	1.5%	生长·退化	0.63%	生长·分裂	0.96%
合并·消失	1.5%	产生·分裂	0.31%	合并·消失	0.96%
产生（1990—2016）	0.7%	分裂·生长	0.31%	分裂·消失	0.77%
退化·合并	0.7%	不变·消失	0.00%	合并·分裂	0.58%
不变·消失	0.0%	不变·退化	0.00%	不变·消失	0.39%
不变·生长	0.0%	不变·合并	0.00%	不变·生长	0.39%
不变·合并	0.0%	不变·分裂	0.00%	退化·消失	0.39%
不变·分裂	0.0%	生长·分裂	0.00%	退化·不变	0.19%
产生·分裂	0.0%	退化·不变	0.00%	退化·生长	0.19%
退化·不变	0.0%	退化·消失	0.00%	退化·退化	0.19%
退化·消失	0.0%	退化·生长	0.00%	合并·不变	0.19%
退化·生长	0.0%	退化·退化	0.00%	不变·退化	0.00%
退化·退化	0.0%	退化·合并	0.00%	不变·合并	0.00%
退化·分裂	0.0%	退化·分裂	0.00%	不变·分裂	0.00%
合并·合并	0.0%	合并·消失	0.00%	产生·分裂	0.00%
合并·分裂	0.0%	合并·退化	0.00%	退化·合并	0.00%
分裂·不变	0.0%	合并·分裂	0.00%	退化·分裂	0.00%
分裂·消失	0.0%	分裂·不变	0.00%	合并·退化	0.00%
分裂·生长	0.0%	分裂·消失	0.00%	分裂·不变	0.00%
分裂·退化	0.0%	分裂·退化	0.00%	分裂·退化	0.00%
分裂·合并	0.0%	分裂·合并	0.00%	分裂·合并	0.00%
分裂·分裂	0.0%	分裂·分裂	0.00%	分裂·分裂	0.00%

表 5-3　湖荡型、圩区型及整个苏南地区村落发展模式占比排序　　（图表来源：笔者自绘）

湖荡型	百分比	圩区型	百分比	总计	百分比
生长·生长	23.66%	合并·分裂	26.09%	生长·生长	15.46%
生长·合并	11.61%	合并·生长	9.26%	合并·分裂	8.99%

（续表）

湖荡型	百分比	圩区型	百分比	总计	百分比
合并·生长	6.92%	合并·合并	7.43%	生长·合并	8.90%
产生·消失	5.36%	生长·消失	6.87%	生长·不变	7.54%
产生·合并	5.36%	生长·合并	6.03%	生长·消失	6.28%
生长·不变	5.36%	产生·消失	4.63%	合并·生长	5.90%
生长·消失	5.36%	生长·生长	3.79%	产生·不变	5.81%
合并·合并	4.91%	合并·不变	3.65%	产生·生长	5.71%
产生·生长	4.69%	合并·消失	3.51%	产生·合并	5.06%
产生·不变	3.13%	生长·不变	2.95%	产生·消失	4.26%
分裂·生长	2.68%	产生（1990—2016）	2.81%	合并·合并	4.12%
不变·生长	2.46%	消失（1960—1990）	2.81%	消失（1960—1990）	2.72%
消失（1960—1990）	2.46%	合并·退化	2.66%	产生（1990—2016）	2.39%
合并·退化	2.01%	产生·退化	2.24%	合并·退化	1.97%
不变·合并	1.79%	生长·退化	1.96%	合并·不变	1.78%
分裂·合并	1.56%	产生·生长	1.68%	产生·退化	1.55%
生长·分裂	1.34%	生长·分裂	1.68%	合并·消失	1.55%
退化·不变	1.34%	分裂·生长	1.40%	生长·退化	1.45%
产生（1990—2016）	0.89%	产生·合并	1.26%	分裂·生长	1.36%
不变·消失	0.89%	不变·不变	0.84%	生长·分裂	1.17%
产生·退化	0.89%	分裂·分裂	0.84%	不变·不变	0.94%
退化·生长	0.89%	产生·不变	0.70%	不变·生长	0.84%
生长·退化	0.67%	退化·合并	0.70%	不变·合并	0.52%
退化·退化	0.67%	不变·消失	0.56%	分裂·合并	0.52%
合并·分裂	0.67%	分裂·合并	0.56%	不变·消失	0.47%
不变·不变	0.45%	不变·生长	0.42%	退化·不变	0.37%
退化·消失	0.45%	不变·合并	0.42%	退化·合并	0.37%
退化·合并	0.45%	不变·分裂	0.42%	退化·消失	0.28%
合并·不变	0.45%	分裂·不变	0.42%	退化·生长	0.28%
不变·退化	0.22%	退化·消失	0.28%	分裂·消失	0.28%
合并·消失	0.22%	分裂·消失	0.28%	分裂·分裂	0.28%
分裂·不变	0.22%	不变·退化	0.14%	退化·退化	0.23%
不变·分裂	0.00%	退化·不变	0.14%	不变·退化	0.19%
产生·分裂	0.00%	退化·生长	0.14%	分裂·不变	0.19%
退化·分裂	0.00%	退化·退化	0.14%	不变·分裂	0.14%
分裂·消失	0.00%	退化·分裂	0.14%	产生·分裂	0.05%
分裂·退化	0.00%	分裂·退化	0.14%	退化·分裂	0.05%
分裂·分裂	0.00%	产生·分裂	0.00%	分裂·退化	0.05%

以上对于个体村落发展变化模式的统计和总结，将作为后面探究各地域类型区村落分布、规模、边界形态演变规律及其机制的基础。

5.1.2 典型村落空间分布的演化规律

1. 村落分布演变

（1）村落选址

通过图 5-1 反映的特征来看，各地域类型区村落基本在 1966 年及以前村落选址的基础上演化、发展。两个历史时期内，无论是自发形成还是人为规划导致的村落的产生，后期的发展均靠近原有村落集聚的区域。可见，各地域类型区村落在各海拔、坡度范围内的分布，仍与 4.2.2 节中讨论的结果相近。

（2）村落密度

按照 4.2.2 节中叙述的方法，分别计算每个样本区域 1990 年、2016 年的平均最近邻比率，与 1966 年的分析结果一起制作成折线图（图 5-25）。经验证，各指标 P 值均小于 0.01，置信度为 99%。

山地型村落总体分布趋于聚集，随时间变化，聚集度增加。平原型村落总体分布区域随机，且保持大致稳定。丘陵型、湖荡型、圩区型村落总体分布均呈离散，其中，丘陵型村落分布的离散程度逐渐降低，向随机型靠拢；湖荡型村落在 1966 年至 1990 年离散程度显著增加，1990 年至 2016 年离散度降低，2016 年的离散度低于 1966 年；圩区型村落在 1966 年总体分布趋于随机，1966 年至 1990 年离散程度显著增加，1990 年至 2016 年离散度降低，但仍趋于离散，且为五类地域类型区中离散程度最高者。

运用 Kernel 方法生成每个研究范围内的 1966 年、1990 年、2016 年村落分布核密度图，并将其与区域内村落、集镇、工业区、道路等要素叠加，相互对比（图 5-26）可知，在各个历史时期内，五类地域类型区的平均核密度基本保持 4.2.2 中叙述的大

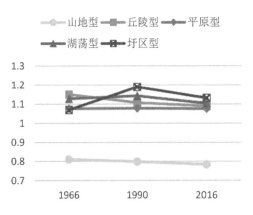

图 5-25 平均最近邻比率统计图
图片来源：笔者自绘

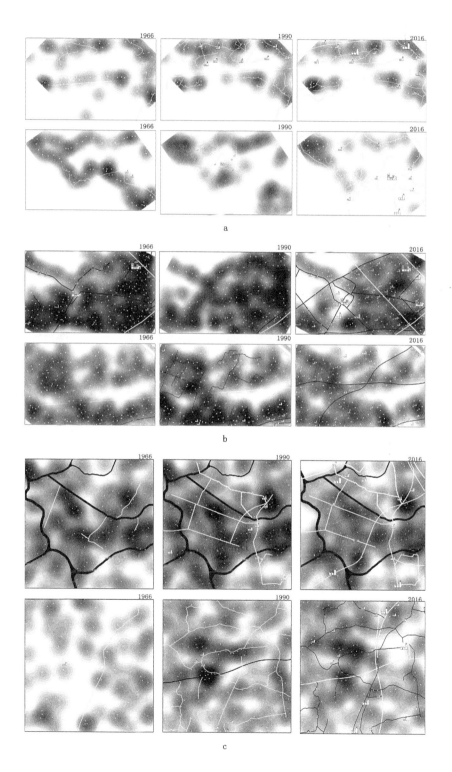

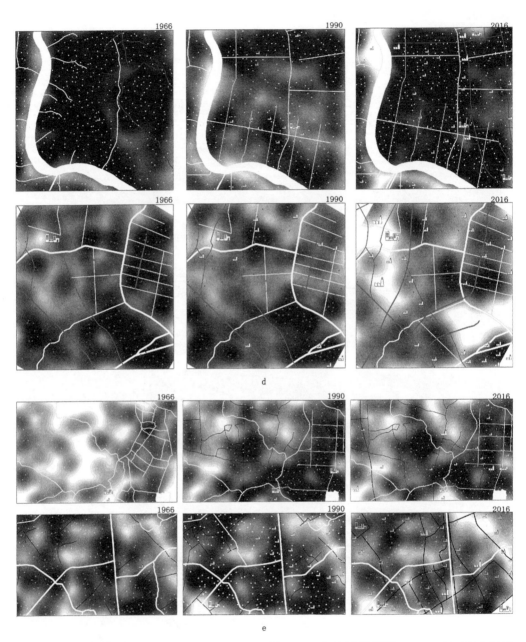

图 5-26 各地域类型区 1966、1990、2016 年村落核密度图

图片来源：笔者自绘
a 山地型
b 丘陵型
c 平原型
d 湖荡型
e 圩区型

图例：
○ 村落中心
⌂ 工业设施
▨ 核密度
▣ 集镇
▬ 主要道路
▭ 主要河道

小关系，但受村落数量变化的影响，平原型区域的平均核密度增长幅度远超其他四类。总体趋势上看，各地域类型区的平均核密度在 1966 年至 1990 年呈增长态势，在 1990 年至 2016 年呈下降态势。通过核密度值较高区域的迁移，可以发现，村落向新建的道路、河道、工业区集聚的趋势明显。

2. 村落规模演变

1966 年、1990 年、2016 年各类型区斑块面积占比、每平方千米斑块数量、平均斑块面积和斑块面积标准差四项数据变化情况统计图 5-27、图 5-28、图 5-29、图 5-30。

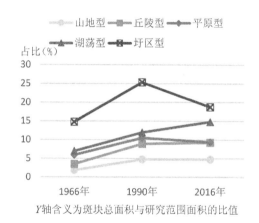

图 5-27 斑块面积占比统计图
图片来源：笔者自绘

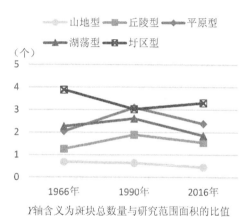

图 5-28 每平方千米斑块数量统计图
图片来源：笔者自绘

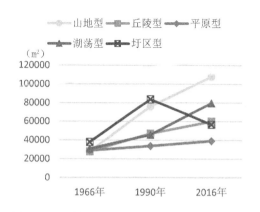

图 5-29 平均斑块面积统计图
图片来源：笔者自绘

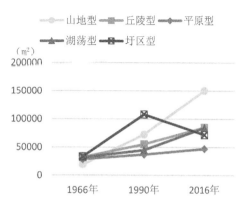

图 5-30 斑块面积标准差统计图
图片来源：笔者自绘

总体来看，各地域类型区村落规模呈上涨趋势，同时大部分指标在 1966 年至 1990 年间增速迅猛，而在 1990 年至 2016 年增速降低甚至呈下降趋势。

从斑块面积占比上看，1966 年至 1990 年，各地域类型区村落总面积增长迅速，其中圩区型村落增长最快，山地型村落增长较慢，其他三类村落增长速率相近。1990 年至 2016 年，湖荡型村落是唯一保持上一阶段增速的类型，丘陵型村落面积占比缓慢增长，山地型村落面积占比基本保持不变，平原型村落面积占比小幅度下降，圩区型村落面积占比大幅下降。在三个年代中，各类型区村落面积占比的大小顺序保持恒定，但随着 1990 年至 2016 年平原型村落面积占比的下降，丘陵村落的面积占比已与其近似相等。

从每平方千米斑块数量上看，1966 年至 2016 年，除平原型、丘陵型村落数量上涨外，其他三个地域类型区内均有所下降。两个阶段中，山地型村落数量下降速率基本恒定，圩区型村落数量先下降后上升，其他三个地域类型区村落数量均先上升后下降。各地域类型区村落数量排序的相互关系上看，平原型村落从 1966 年的第三名上升到 1990 年的第一名又在 2016 年下降至第二名，变化较大，其他四类相互顺序关系不变。

从平均斑块面积上看，1966 年至 1990 年，山地型和圩区型村落面积增长幅度最大，丘陵型和湖荡型村落涨幅度适中，平原型村落增长最慢。1990 年至 2016 年，平原型和丘陵村落保持上一阶段的增长速率，湖荡型村落增长速率提升，山地型村落增长速率减缓，圩区型村落面积大幅缩小。各地域类型区平均斑块面积排序的相互关系在各时期波动较大，1966 年从大到小依次为圩区型、湖荡型、平原型、丘陵型、山地型；1990 年为圩区型、山地型、丘陵型、湖荡型、平原型；2016 年则为山地型、湖荡型、丘陵型、圩区型、平原型。

各类型区斑块面积标准差的变化幅度和速率基本与平均斑块面积的走势相似。只有山地型村落有差异：在 1966 年至 1990 年大幅度增长的前提下，1990 年至 2016 年增长速率继续提升，至 2016 年，是第二名湖荡型村落的将近两倍。

3. 村落总体形态演变

随着 50 年的变迁，各地域类型区村落在 5.1.1 节所述各种模式下的发展变化中，产生了较大的规模变化。对其总体形态及边界演化的量化分析如下（图 5-31）。

各类型区村落在这两项指标中的变化趋势及相互的数量排序相似，总体呈上涨趋势。其中，圩区型远高于其他四类，山地型村落指标从 1966 年的第四位上涨到 2016 年的第二位，其他三种地域类型区村落指标变化趋势及相互的数量排序均无变

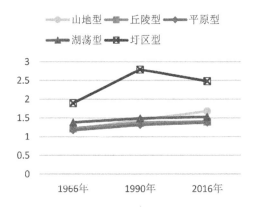

图 5-31-1 面积加权的平均形状指数统计图
图片来源：笔者自绘

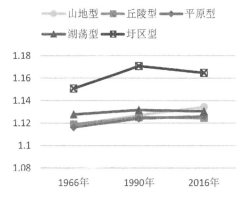

图 5-31-2 面积加权平均斑块分维数统计图
图片来源：笔者自绘

化。在两个时期中，圩区型村落指标先大幅增加，后大幅下降，其余四类地域类型区村落指标增长均保持近似相同则增长速率。

通过以上数据可以说明，除圩区型村落外，各类型区村落形态类圆程度逐渐下降，边界复杂程度逐渐提升，其中山地型村落变化趋势最为明显，其形态已经由团块状发展为条带状（参见图 5-1-a）。对于圩区型村落，在 1966 年至 1990 年间，因单体面积大幅增长、村落相互合并导致其形态和边界复杂度陡升，经历了 1990 年至 2016 年间的大规模退化、合并，其形态和边界复杂度均回落。

1966 年前，受水域条件影响，湖荡型和圩区型村落形状均呈条带形延伸，形状较其他三类更复杂，故面积加权的平均形状指数和面积加权平均斑块分维数都较高。至 2016 年时，在融合过程中，部分湖荡型村落由条带状向团块状发展，村落边界也更加自由而平滑，导致湖荡型村落面积加权的平均形状指数和面积加权平均斑块分维数都显著下降，因此也造成了湖荡型村落是唯一面积加权平均斑块分维数下降的类型。丘陵型、平原型、山地型的村落均呈团块状。平原型和丘陵型村落选址自由，自然限制条件少，故在整个发展历程中，面积加权的平均形状指数均比较小（图 5-31）。

4. 规律总结

通过上文对苏南地区各地域类型区 1966 年、1990 年、2016 年村落发展模式、规模、形态及边界、空间分布特征的量化分析，将其总体演化规律总结如下：

（1）总体增长趋势明显

在 1966 年至 2016 年间，各地域类型区村落在规模、形态及边界复杂度及平均核密度方面，总体呈增长趋势。

（2）"两极化"与"同质化"并存

各地域类型区之间，相对于1966年，总体呈现变化趋势相近的特点。在1966至1990年及1990年至2016年两个时期中，各地域类型区在各项指标上的相对数量关系次序不稳定，同一指标前后变化大。

① 同一地域类型区，不同时期的变化趋势相差较大，尤其是圩区型区域，多项特征与苏南地区整体趋势的变化呈相反的走向。

② 同一地域类型区，同一时期村落之间的差异大，如山地型村落在2016年村落面积的标准差达到15万 m^2。

③ 1990年至2016年间，各类型区村落分布的模式趋同；丘陵型村落与山地型村落在1966年至2016年间，多项指标同质化趋势明显。

5.1.3 村落空间分布演化的影响机制

村落发展的过程，是社会经济模式与自然地理条件博弈的过程，是对自然地理条件和社会经济条件的调和。传统农业时期，自然地理环境对聚落选址和规模起决定作用；随着社会的发展和经济结构的改变，各类影响因素对村落空间分布特征演变的作用愈加凸显，而自然地理条件对村落空间分布特征的影响模式，也在发生着变化。

1. 机制分析

纵观苏南乡村的发展历程，无论是在传统时期，还是在改革开放至今四十余年里，自然地理条件都对乡村聚落的选址及空间分布起着基础作用及约束作用。同时，其作用方式随着历史发展而有所变化。

（1）自然地理条件的基础性作用由直接决定性逐步转变为间接决定性

经济及产业模式的发展、国家政策的指导、基础设施的建设、地方具体措施的实施，乃至村民的意愿等，对乡村聚落空间分布的影响程度随时间发展都在逐步增大。从1966年至2016年，自然地理条件对村落空间分布影响方式完成了一定的转变。传统农业时期，一种产业模式是否可行，完全由自然地理条件决定，与其不适配的产业模式将直接影响当地村民的生存和温饱情况。而随着时间的推移，自然地理条件的作用由直接决定性逐步转变为间接决定性，即考量某种产业模式适不适合在本区域实施、实施的艰难程度以及能否促进该地区村落高效发展等方面。当社会经济条件及具体地区的产业模式与自然地理条件相匹配并最大化利用自然地理条件的优势时，必然造成乡村经济的迅速发展。反之，当社会经济条件及具体地区的产业模式与自然地理条件不相匹配或相违背时，乡村经济的发展就会减缓、停滞。如果某一区域，最初的村落空间分布特征与此时期内的经济发展模式相匹配，且该地区自然地理条件对经济发展具体措施的开展不起阻碍作用，则该区域内的村落发展的主导模式是生长、产生、合并三类。若最初的村落空间分布特征与此时期内的经济发展模式不相匹配或该地区自然地理条件对经济发展具体措施的实施起到了阻碍作用，则该区域内的村落发展模式中不变、消失、退化、分裂的比例会大大增加。例如，1966年至1990年间，圩区型区域均匀的类方格网状肌理仍然适合"苏南模式"下以乡村工业为主的生产模式，所以，此时期内大量的村落个体面积增长迅速，进而融合成更大的村庄，村落面积及总面积增长速度极快，发展模式中生长与合并占比达76%。而同样的自然地理条件，在1990年至2016年，却难以适应"新苏南模式"下集中工业区的建设，只能以破坏原有的村落空间分布模式为代价，新建笔直的道路和河道（图5-26），导致大量村落分裂、退化、消失（占比达52%，为同时期五类地域类型区中最高）。因此，无论是村落单体面积、数量，还是总面积占比，圩区型村落在两个时期的发展都呈现完全相反的态势。

（2）自然地理条件对产业模式的适应性差异

在五种地域类型区的自然环境特点中，山地型、圩区型两种优势、劣势鲜明，与经济及产业模式相互匹配时，发展迅猛，反之则发展缓慢；丘陵型、平原型、湖荡型三种各方面条件相对均衡，无论是海拔地势条件，还是水资源丰富程度，都处在中间的过渡区域。也因此导致它们对各种产业模式的适应性均较强，不会产生强烈的排斥，对各类社会经济制度、产业模式适应性强，在各种模式下均能保持发展。具体表现为在村落规模的演化中，无论规模是增加还是减小，这三种类型的变动都相对平稳，而山地型和圩区型的变化幅度则大得多。因此，上一节中提到的不同地域类型区之间各类指标相互数量关系波动频繁，主要是由山地型和丘陵型区域的此类特性导致的。

（3）农业商品经济向工业商品经济转变

由传统农业主导转变为工业主导的商品经济是苏南乡村经济模式的普遍发展轨迹。为直观反映各地域类型区在"苏南模式"和"新苏南模式"两个阶段的产业发展情况,将各样本范围内的工业设施数量及其与村落数量的比值统计如下（图5-32）。

从区域内的工业设施方面看，1966年，几乎没有工业设施；1990年，开始出现小型工业设施，位置几乎全部在村落边界；2016年，小型工业区数量大幅增加，

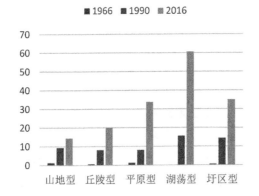

图 5-32-1　各样本范围内的工业设施数量统计图
图片来源：笔者自绘

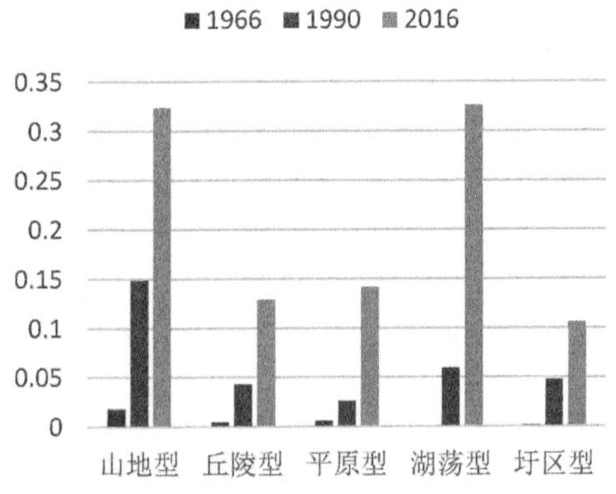

图 5-32-2　各样本范围内的工业设施数量与村落数量比值图
图片来源：笔者自绘

位置不固定，部分小型工业区发展为大型工业区，新建的大型工业区分布于集镇周边或与村落间隔一定距离。

"苏南模式"下，乡村工业以社会为主体，呈自由发展的模式，其位置主要分布在村落周边，进而激发了工业区与工业区之间、工业区与集镇之间道路等级的提升。而工业区的出现和道路的升级，反过来又促进了周边村落的发展和集聚。进入"新苏南模式"后，受政策的引导，大量工业区、道路出现在上一时期村落密度较高的地区，导致一些村落被合并至工业区、集镇内，或因高等级道路的出现而消失或分裂。同时，距离大型工业区和集镇较远的村落发展严重滞后，尤其是山地型区域的某些村落，因区位原因导致产业陈旧、发展停滞，最终退化或消失，造成了山地型村落面积两极化严重。

（4）工业化背景下农业生产模式的改变

实地调研中的问卷调查表明，原有的耕地拥有者多数选择将土地出租，某一地区内的土地资源往往集中在某些生产大户手中，以现代化的生产方式集中耕种。而乡村居民构成中除了一些留守的老人，还出现了大量依附于就近工业区的外来打工者及依附于旅游业和特色产业的外来经商者。现代化的农业生产导致村庄的耕作半径大大增加，对于土地资源相对集中的区域（如平原型区域、丘陵型区域），农业的发展得到了促进，而土地资源相对分散的区域（如山地型区域、圩区型区域），农业的发展则相对缓慢。

2. 机制转变:"面域控制"的衰退与"线状格局"的强化

在耕作半径大幅增加、土地资源集中的农业生产模式下,存在于传统农业时期的乡村对周边区域生产资源的"面域控制"已经逐渐衰退。相反,随着集中规划的路网、水网大量出现,村落分布的"线状格局"得到了极大的强化。1966 年样本范围内的主要道路,多是自然形成的道路;1990 年,原有道路中的部分得到了拓宽,还出现了一些形态较为笔直的规划道路、河道,主要连接集镇、工业区;2016 年,区域主要道路中规划道路大幅度增加,由集镇、工业区向周边村落延伸,还出现了大量等级更高的高速公路、国道、省道等。在 1990 年各地域类型区样本的核密度分布图中,可以明显地发现村落沿道路集聚发展的趋势。这一规律,也在相关研究中的到了印证。村落沿道路、河道等线性要素的生长,导致其形态和边界复杂程度增加。而在 2016 年的核密度分布图中,可以发现 1990 年时核密度较高的区域被大型工业区及道路分割开来,核密度降低。此时期内,各地域类型区村落发展变化的具体模式多样,从整体趋势上看,规模增加的占比大幅度降低(图 5-26)。

城镇、工业区,尤其是道路连接成网,如 4.2.2 节中所述,由于不适宜产生村落的区域对适宜产生村落区域的分割,对村落总体的分布模式造成了一定的影响。在地势相对平坦的地区,随着施工水平的提升及施工成本的降低,从前自然地理要素中阻碍生产、建设的条件已经几乎可以忽略不计,这种交通网的尺度近似,造成了各地域类型区村落分布模式及村落规模、形态特征的同质化趋势。在图 5-25 中可以发现,随着时间的推移,丘陵型、湖荡型村落的最近邻比率在逐渐向平原型靠拢,圩区型村落的离散程度在 1990 年至 2016 年也有大幅下降。尤其在丘陵型区域中,传统农业时期,划分区域的主要因素是丘陵和水体,造成丘陵型村落总体分布区域离散。但随着生产力的发展,丘陵地貌给集镇、工业区、道路的规划带来的阻碍已微乎其微。因此,丘陵型区域内部区域的分割模式发生了改变,导致其向平原型村落分布模式靠拢。

5.2 乡村空间结构形态变迁

为了便于分析阐述,我们根据 2005 年国家实施社会主义新农村建设战略以前乡村聚落空间形态变迁的外在表象模式,将苏南地区乡村概括分为以下三种主要类型:特色保护型、撤并安置型和自然演替型。特色保护型村落是指自然历史文化特色资源丰富,并被国家及各级政府部门评选认定的历史文化名村、传统村落或少数民族特色村寨等;撤并安置型村落指由于原村落不能满足村民生活居住需求或由于城镇建设发展或资源集约利用等原因而在原地或异地重新建设、集中安置居住的村落类型(不包括集中异地安置到城镇小区的情况);自然演替型则是指自村落形成以来,一直自然演化、存续发展的一般村落,占乡村类型的大多数,也理应是乡村振兴的重点。在此基础上,我们将22个案例村落进行分类,并在此基础上选择代表性村落进行分析,从而更深入具体地了解苏南乡村聚落空间形态的发展演化轨迹。

5.2.1 自然演替型

七都镇开弦弓村又名江村,位于吴江区西部的太湖东岸,中心有东西向的小清河南向弯曲,呈弓形。小清河中段有与之丁字形相交的北膆港向北流去,犹如弦上的箭,由此得名"开弦弓"。开弦弓村本是太湖边上的一个普通村落,由于费孝通先生的《江村经济》一书而引起国内外社会学界的广泛关注。今天的开弦弓村已经成为记录中国乡村社会变迁的典型样本之一。

1. 村落社会经济发展

开弦弓村位于太湖平原,地势平坦,湖荡星罗棋布,河、港、兜密如蛛网,水域占总面积的21.6%[①],为典型的苏南水乡村落。丰富的水资源为农业灌溉、水产养殖和交通运输提供了便利。但同时和大部分富庶的江南地区一样,开弦弓村也存在着人多地少的矛盾,这使得江苏一带的农业生产从近代时期就从粮食作物转向桑麻类经济作物种植,进而兴起了早期的丝织类加工业,从而形成了农业与家庭手工业结合的生产模式。1929年,费达生与开弦弓村村民共同创办了中国农村第一家股份制乡村工业企业——生丝精制运销合作社,使开弦弓村成为中国乡镇工业发源地。在陆路交通不发达的年代,江村依靠密布的水网通过手摇船输出大量丝质产品。直到今日,村内小清河上仍然停靠着一些手摇船。开弦弓村特殊的地理位置造就了其特殊的生产模式,农副加工、纺织业始终都在开弦弓村经济生活中占据基础地位。在1970年代末兴起的苏南乡镇工业发展热潮中,开弦弓村由于自身区位条件的限制,发展相对迟缓。在工业化趋势下,开弦弓村的主导产业从1980年代开始经历了从粮麻作物种植为主到水产养殖兴起再到工业成为主导产业的发展历程。到2012年,开弦弓村经济总产值中以纺织业为代表的工业产值比例已经高达87.2%。

---

① 开弦弓村志编纂小组.开弦弓村志[M].南京:江苏人民出版社,2015:47.

2. 村落形态格局

新中国成立前的开弦弓村，民房建设一直沿着三条河道延展。费孝通在《江村经济》中描述道："在这个地区，人们广泛使用船只载运货物进行长途运输……除了一些担挑的小商人之外，人们通常乘船来往。几乎家家户户都至少有一条船。由于船只在交通运输上的重要位置，为便利起见，房屋必须建筑在河道附近，这就决定了村子的规划。河道沿岸，大小村庄应运而生；大一些的村子都建在几条河的岔口。开弦弓的"脊梁骨"系由三条河组成，像一张弓一样流过村子……"[①] 开弦弓村民依靠船运与南部的震泽镇保持着密切的联系。同时，依水而居也为农业耕作、农业灌溉及日常生活用水带来便利。三条河流也成为开弦弓村空间形态的结构骨架（图5-33）。根据费孝通的记述，1936年时，沿河道路作为村道承担着村内陆地交通的重要功能。住宅顺着河道的方向排列布局，垂直于河道的弄将沿河道第一排以外的住宅与河道联系起来。河道上建有四座桥，沟通两岸。在村子的外围散布着七座庙庵，是村民的宗教信仰活动场所。1929年建的生丝合作社位于小清河南岸。东清河桥和西清河桥两端是店铺最为集中的场所，也是村民自发聚集聊天的地方。

3. 村落空间结构变迁

依水而居的水乡格局——开弦弓的村落形态处于持续变迁之中。一方面村内民宅和其他苏南大部分村落民宅一样，经历了新中国成立后的草房变瓦房，八十年代的平房变楼房，九十年代的楼房变别墅三个基本阶段。同时，村落空间结构具有较好的延续性。根据费孝通的记述，1936年的开弦弓村总户数有360户，民房沿河道向不同方向伸展。到2011年，村庄总户数达到773户，人口倍增导致村庄规模扩大，临水空间被住宅占满，住宅密度明显提高，河道南岸住宅由原来的两排增加到七排，但居住组团沿河伸展的模式依然得到延续（图5-33）。

图5-33　开弦弓村三条水系形成的空间形态结构骨架
资料来源：笔者自绘

---

① 费孝通.江村经济——中国农民的生活[M].北京：商务印书馆，2016：34.

第五章 演化——苏南乡村聚落空间形态类型的历时性分析

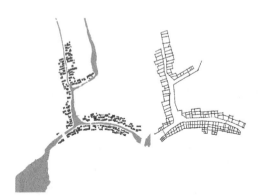

图 5-34-1　1936 年开弦弓村空间模式与道路轴线模型
资料来源：笔者自绘

图 5-34-2　2019 年开弦弓村空间模式与道路轴线模型
资料来源：笔者自绘

交通模式变革下的空间演化——对比 1936、1990 和 2016 年的地图和卫星影像，可以发现开弦弓村的空间变迁及其与道路交通发展之间的关系。1936 年时由于水路作为村庄与外界进行人员和货运进出的重要媒介，当时的沿河道路承担着村内陆地交通的重要功能。而且民宅与河道及河边道路都存在着便捷的联系。到 1990 年时，在 1980 年代新修建的水泥桥和村东侧的南北向道路，取代沿河道路成为村内主路。这一时期的民房建设也同样集中在小清河沿岸和南侧。2003 年从村子西侧贯穿而过、连通庙港工业园区与震泽镇的庙震公路建成，再一次给村民出行及村子空间布局带来明显变化。新建的民房（尤其是建路拆迁安置的九户农房）靠庙震公路一侧布局，而原先位于桥头河岸的商业活动场所逐渐向村南侧的江村街与庙震路路口及庙震公路两侧聚集。机动车交通的发展及公路建设，改变了村民出行及生活方式，强化了水、路分离的趋势，逐渐导致了开弦弓村落空间结构逻辑由"亲水模式"向"亲路模式"的转变（图 5-34）。这既反映在村民活动向新建道路的靠近，以及部分沿河道路、空间的逐渐被废弃或阻塞[1]，更反映在公共空间系统的变迁。

公共空间系统的转变——在水路交通为主时期，村民的主要生活空间大都临水而设。根据《江村经济》的记述，在 1930 年代，不仅人们出行通过沿河道路上下船，而且开弦弓最繁华的贸易交换地点也设在桥头河岸和码头，方便停船和上下货物。伴随经济和交通设施的发展，公共空间系统逐渐远离河岸。2003 年在庙震公路开通后，在庙震公路与南侧江村街路口建设了一个 1200 m² 的农贸市场，并设有一个公

---

[1] 李立,戴晓玲.太湖流域水网密集地区村落公共空间演变的影响因素研究——以开弦弓村为例[J].乡村规划建设,2015(3)：103.

图 5-35　开弦弓村南侧鸟瞰
资料来源：江苏电视台2016年摄

交站台，进村道路入口两侧则形成一条商业街，农贸市场、超市、饭店等一应俱全，满足村民日常生活所需。村民日常活动空间也从原来的水边转向村口及村委会、老年活动中心等场所，2010年在村南侧新建成的费孝通江村纪念馆，更加强化了这一片区公共中心的位置（图5-35）。

4. 空间结构演变机制解析

开弦弓村的空间形态变迁，与当地生产生活模式及道路交通方式的变迁具有直接关联。同时，也体现了传统地方文化的传承性与制约性。在传统以水路交通为主时，为确保村内交通的畅达，村内民房建设遵循着一些约定俗成的规则。尽管农房宅基地的划分是连续的，但里面包含了公共道路部分，村民扩建房屋普遍遵循规则后退出公共步行路。一般大路退1.5~2m，小路退1m，磨坊、有轿子的人家前面的路要退1.5m等。虽然没有统一规划，但实现了村落沿河道路及与河道垂直道路的通达性，以及街巷空间形态的有机性。到了1980年代，随着机动车道路建设的兴起和水网重要性的降低，这种内部约定逐渐被人们淡忘或废弃，导致了沿河岸公共空间被侵占和沿河道路局部被阻断的现象[①]。但是，开弦弓村的水网并没有被彻底废弃，不少农户的小船还停靠在自家宅旁的河道，仍有不少村民会在河道里洗菜、洗衣、

---

① 李立，戴晓玲.太湖流域水网密集地区村落公共空间演变的影响因素研究——以开弦弓村为例[J].乡村规划建设，2015(3)：103.

图 5-36　佘村整体鸟瞰
资料来源：笔者自摄

戏水玩耍，村落仍然延续着依水而居的空间模式。这使得江南水乡的格局意向仍然得以维持和传承。可以说，水网和路网双系统，构建出当今苏南水乡地区空间形态和生活活动新的复合图景。

这种经济生产及道路交通模式变迁与地方居住文化传统在聚落空间上的复合影响机制，同样可以从山地型村落——南京江宁佘村的空间形态格局演化中得到验证（图 5-36）。

5.2.2　特色保护型

陆巷，位于苏州市吴中区东山镇上的古村落，2007 年入选中国历史文化名村，也是江苏省首批入选的古村落之一。

1. 村落选址及环境特征

世外桃源般的区位环境——太湖古称震泽，湖中多山，其中东山（又名东洞庭山）为仅次于西山的第二大山峰，原为太湖中的独立岛屿。其远离大陆、隐逸世外

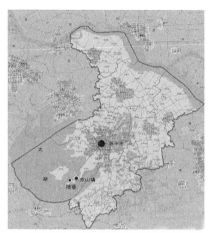

图 5-37 陆巷区位图
资料来源：笔者自绘

图 5-38 陆巷聚落的山水关系
资料来源：中国农村网

图 5-39 陆巷聚落与地理环境
资料来源：周岚，朱光亚，等. 乡愁的记忆：江苏村落遗产特色和价值研究[M]. 南京：东南大学出版社，2017：35.

的地理位置，加之仙岛般的自然环境景观，使其成为世外桃源般的避世场所。东山与北侧的陆地之间原来是太湖与东太湖之间水流的重要通道，清初时宽度尚达二三百丈，后因淤泥堆积，水面逐渐变窄，到清末时东山岛逐渐与陆地相连[①]。自此东山变为半岛，一改以前靠水路与外界联系的局面，并于 1956 年开通公路，交通日益发达便捷。目前陆巷距离苏州市区约 40 km，距离东山镇约 10 km（图 5-37）。

依山面水的环境格局——东山半岛岸线曲折，湖湾众多。陆巷位于其西岸，择湾而居。村庄依山傍水，北依寒谷山，东邻虾蟆岭，西南朝向东太湖水，具有优越的山水环境条件，自古以来就是观山赏湖的绝佳之地。更有明代大学士王鏊以"山与人相见，天将水共浮"来描绘自己的家乡陆巷（图 5-38）。

趋利避害的空间定位——陆巷位于东山支脉环抱形成的一块背山面水、相对平缓的山坞之中。它背依青山，却又不在山高之处，面临太湖，却又与湖水保持着几百米的距离。建筑群落主体位于海拔 5～10 m 等高线之间，村后更高的 10～25 m 等高线之间为果树种植区，西南面向太湖的一面是太湖港湾，并有三条河浜将村子

---

① 周岚，朱光亚，等. 乡愁的记忆：江苏村落遗产特色和价值研究[M]. 南京：东南大学出版社，2017：25.

与太湖相连，便于船舶进出。半退于山坞，隐于林中，临湖但免受水灾之患，依山又便于与外界联系，兼顾耕种与出行便利，陆巷的空间定位充分体现了先民趋利避害、利用自然的聚落选址智慧（图5-39）。

2. 历史及空间形态沿革

据相关文献记载，陆巷古村起源于宋末元初的"宋室南渡"。北宋靖康二年（1127年），金兵攻克汴京后，宋室沿大运河南迁，途经太湖时，其扈从中的翁、王、叶、陆、姜等多员战将见东山雄峙湖中，风光秀丽，战火又不易涉及，遂把家眷安顿于此，辟建起了一座有六条小巷的村落，六与陆在苏州方言里同音，陆巷因此得名。

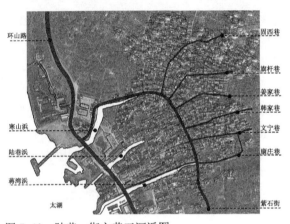

图5-40　陆巷一街六巷三河浜图
资料来源：笔者自绘

当年翁、王、叶、陆、姜等家族看风水、定村址，在寒谷山下择湾而居，开辟六条扇面状分布的街巷，民宅沿山体等高线蜿蜒伸展。开凿三条河浜沟通太湖水系，既聚山上来水，又连太湖水面，两家共用一码头，形成了"一街六巷三河浜"的聚落空间骨架，构建起六个家族的聚居之地。在其后的二百多年里，村落基本上维系这种格局（图5-40）。

元末明初，陆家后人陆子敬到淮上经商，未几年就行贾致富，在王家聚居地东侧建起了一座占地数十亩的陆家山庄（今粹和堂）。在随后的乱世中，陆、王两家联姻。陆子敬在战乱中身亡，其女陆素贞招邻村王巷青年王彦祥入赘。王彦祥依靠妻子家雄厚的经济实力，把苏、松地区生产的棉、丝、茶等经济作物，长途贩运至湘荆与闽广等地，又把那里产的粮食、蓝靛、木材运回苏南，很快复兴了陆氏家业。王彦祥后率家人在陆家山庄之西择地、斩草、披瓦，建造大宅，筑紫石街。随着王氏家族在仕途上发达，先后出了王鏊、王铨、王世琛等达官贵人，村庄的建设到了鼎盛时期，整个村庄发展逐渐向太湖方向延伸，突破以往凹居在山坞的态势，村庄整体格局基本成形，在其后明清数百年里变化不大。

民国初年，陆巷成为后山乡政府所在地，村内建起两座市政消防设施。后随着新式工商业与交通业的发展，陆巷的洞庭商帮开始衰落，与此同时王氏家族也日渐式微，其祖宅也几经转手。古村的建设处于基本停滞状态。

新中国成立后，陆巷成为后山乡政府驻地，1953—1958年成为震泽县湖中乡政府驻地。1958年成为太湖人民公社驻地后，原本只有几家店铺的陆巷逐渐兴盛起来，街道延伸300 m到陆巷港口，建有供销社所属的生产资料门市部、水产购销站和鱼品加工厂，及合作商业所属的百货店、饭店、肉铺、点心店、茶馆、理发店等20多家店铺，成为繁荣的渔港集镇。1961年10月太湖公社机关迁离后，陆巷趋于冷落[①]。

1970年代末，随着环山公路以及桥梁的修建，陆巷与东山镇间的交通联系得以加强，并引导陆巷村的空间进一步向太湖方向拓展。

改革开放后，随着古村旅游经济的迅速发展，沿太湖一线的建设逐渐兴起，古村风貌受到冲击。在2007年6月陆巷古村被建设部、国家文物局评为中国历史文化名村，2009年编制陆巷历史文化名村规划并加大古村风貌保护力度之后，村落空间格局得到较好的恢复和保护。目前陆巷成为以淡水养殖、果林种植等地方传统农业与矿泉水生产和乡土旅游等现代产业相结合的新农村代表。

3. 空间格局及演变规律

格局特征——陆巷村在千百年的演化进程中积淀了系统的环境适应经验，村落地域性特征突出，"山为骨架，水为血脉"的空间环境意向鲜明。①陆巷村背山面湖、凹于山坞，整体呈现山、村、湖层次清晰又相互渗透的空间格局。时至今日，在村落内部住宅之间偶尔还散布着零散的园地种植着果树，保持着中国乡村传统中生活与生产、宅院与田园相融合的关系，也更突显乡村特有的场所意韵。②街巷系统：陆巷所有街巷都顺应山与水的自然形态而蜿蜒曲折，并呈现出独具特色的"一街六巷三河浜"的格局特征：一街即指村内主街紫石街，见证着陆巷的兴衰变迁。它宽2 m左右，石板铺砌，全长约500 m，呈倒"L"形。其走向与村子东部和北部山体的等高线基本平行，一端连接村北的寒山渡，另一端通向村南。六巷包含康庄巷、文宁巷、旗杆巷、韩家巷、姜家巷和囵西巷，均以紫石街为起点，呈扇形自寒谷山山脚顺山势而上。村内主要住宅都分布在六条巷子两侧。出于防卫考虑，原各巷均有巷门。三河浜（寒山浜、陆巷浜、蒋湾浜）均从太湖伸入陆巷，端头设有村民登船及货物装卸的渡口，是陆巷水上出入的主要通道。③公共空间系统：由于人多地少，陆巷并没有较大的室外开敞空间。除了渡口、村口这些公共空间节点外，祠堂作为中国传统村落中的重要元素，是村民举行祭祀、议事等家族活动的重要公共场所。目前村内保留的只有王氏家祠怀古堂。村内最具人气的空间场所为王鏊所建的三座

---

① 吴县地方志编纂委员会. 吴县志：第二卷[M]. 上海：上海古籍出版社, 1994: 135-136.

牌坊附近。会元坊北侧有陆巷菜场，在会元与解元二坊之间、紫石街两侧则店铺林立，成为村民日常生活购物、休闲交往的重要场所。

空间格局演变——根据相关文献记载和不同时期的建筑分布来看，村子开始形成于紫石街东侧，六大姓氏先民相对独立组团式聚居。到明清时期，村民仍然主要聚居于紫石街东侧。但由于人气日盛、用地有限，村落住宅建设在清代时逐渐跨过紫石街，向湖岸方向拓展。新中国成立以后，村内住宅建设除在原址翻建外，更多的新建住宅用地自东向西逐渐向环山公路靠近。总体而言，陆巷村的空间发展自古至今总体呈现自东向西、由高及低，向太湖方向逐渐拓展的规律特征。

5.2.3 撤并安置型

黄泥坝村位于无锡市惠山区玉祁街道西南，是苏南水乡平原上散落的诸多村落中的一个。在1980年代兴起的"苏南模式"大潮下，黄泥坝以农副工业起步，到1990年代村级经济崭露头角，经过"新苏南模式"下的企业改制、外向型创新发展，到2007年全村工业销售收入达到26亿元，实现人均年收入2万元。"改革开放结硕果，黄泥坝变黄金坝"，正是这一变化的鲜明写照。

1. 村庄建设历程

1980年代以前，黄泥坝是一个普通的苏南水乡平原村落，以稻谷种植为主导产业。经历1980年代和1990年代初期的乡村工业快速发展，村集体经济实力明显提升，改善居住条件成为迫切需求。同时，工业发展需要更多的建设用地。在此背景下，黄泥坝村在1990年代后期开始将几个自然村进行集中拆迁安置的规划建设，村民住宅统一规划、统一施工、统一建设、集中分配安置，并在村东南沿锡澄运河发展起来的工厂片区基础上进一步建设黄泥坝工业园区。居住新村按照城市小区模式规划设计，一次性建成330余栋二层别墅式住宅，面积参照各家原有住房规模从160～400 m^2不等，村落中心位置设有菜市场、活动室等公共服务设施。该新村在2000年被住房和城乡建设部评为"全国小康型城乡住宅示范小区"。黄泥坝村在2006、2007两年内又拆迁彭家头、李稍湾两个自然村，并在黄泥坝集中住区东侧新建设100栋别墅式住宅进行拆迁安置，将两个自然村原用地改为70余亩良田。村内农田实现流转和规模种植经营。近年来在国家社会主义新农村建设政策下，黄泥坝村逐年投入资金进行村庄空间环境和公共空间建设，将原占地6000 m^2的村校改建为老少同乐园，内有图书馆、门球场、篮球场、健身房、乒乓球室等。同时在社会保障服

图 5-41　黄泥坝村 1966 年卫星影像图　　　　图 5-42　无锡礼社村"九潭十三浜"的村庄环境
资料来源：作者改制　　　　　　　　　　　　资料来源：笔者自绘

务上进行改革探索，为村民办理新型农村合作医疗保险，发放老年补贴等。该村先后被评为江苏省文明村（连续三年）、江苏省创建文明工作先进村。

2. 空间格局变迁

通过不同时期的卫星影像图对比，1960 年代的黄泥坝，与其他苏锡水乡平原地区大多数村落一样，5 个自然村落成团块状沿河道散落在周围农田之中，农宅基本为一层砖瓦房（图 5-41）。至 1990 年，黄泥坝村乡村工业蓬勃发展，村庄规模明显增加，村落形态沿三条道路和河道呈风车放射性扩展。村东南侧锡澄运河边上的工业厂区规模初现。1990 年代末的集中迁并安置，使得村庄突变为基于城市规划理念设计建造而成的居住小区形态。新的黄泥坝村用地边界规整，二层别墅式住宅呈行列式布局，村子内部建设有菜市场、村委办公室、活动室等公共配套设施。村内两条垂直的土路和河道得到保留，但河道已经退化为被忽视的元素，村民的日常生活已经与其再无关联。同时，黄泥坝工业园区企业近 20 家。乡村居住空间彻底失去生产智能，成为工业园区的"卧村"。

黄泥坝乡村聚落形态的突变，既是经济产业变革的结果，也与其自身的社会历史属性相关。若将其与仅 3 km 远的礼社村相比，就会发现这种差异而导致的二者完全不同的空间形态演变轨迹。玉祁街道礼社村始建于南宋时期，历史悠久。时至今日，其"九潭十三浜"的地貌环境、"九弄十三进"的村落空间格局和诸多明清建筑遗存均保留相对完好，并于 2010 年入选第五批全国历史文化名村（图 5-42）。

三种不同乡村空间结构类型变迁的典型案例对比如表5-4所示：

表5-4　苏南乡村聚落空间系统演变案例分析　　　　　　（图表来源：笔者自绘）

		1966	1990	2016
特色保护型	南京杨柳村			
	无锡陆巷村			
	空间结构演化			
	空间演变规律特征	①空间发展总体呈现自东向西 ②由高及低，逐渐向太湖方向生长的规律特征		
	形态演变机制	③环山公路以及桥梁的修建 ④古村旅游经济的迅速发展，沿太湖一线的建设逐渐兴起 ⑤编制历史文化名村规划并加大古村风貌保护力度		
自然演替型	南京佘村			
	苏州开弦弓村			
	空间结构演化			
	空间演变规律特征	①居住组团沿河伸展 ②"亲水模式"向"亲路模式"的转变 ③公共空间系统逐渐远离河岸		
	形态演变机制	社会经济产业发展及道路交通模式变迁		

(续表)

		1966	1990	2016
迁并安置型	无锡狄板村	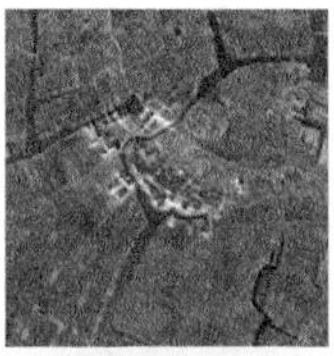		
	无锡黄泥坝	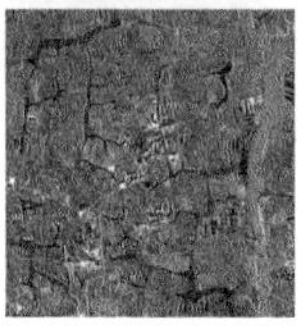		
	空间结构演化	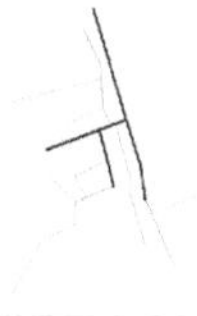	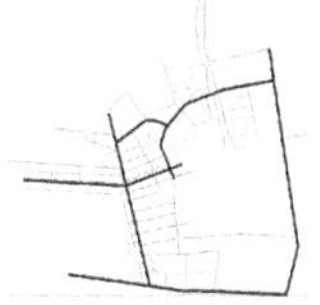	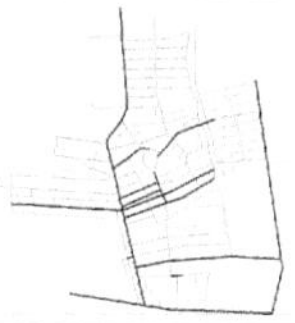
	空间演变规律特征	①村落形态沿三条道路和河道呈风车状放射性扩展 ②布局形态趋于规整		
	形态演变机制	经济产业变革背景下行政力量主导的集中建设		

5.3 公共空间系统演变

乡村公共空间的概念可以包括实体空间和抽象空间两个维度：一是指乡村社区里人们可以自由进入并进行各种思想或物质交流的公共场所，如寺庙、祠堂、集市等；二是指社区内普遍存在着的一些制度化组织和制度化活动形式，如村落内部的集体组织、村民集会、红白喜事活动等[①]。本研究主要关注于乡村公共空间的实体维度。作为实体空间，乡村公共空间既是乡村社会日常生活交往的重要载体，又是触发乡村社会日常生活交往的重要媒介，与乡村社会政治密切关联。首先，这种关联体现于乡村公共空间的社会性。乡村公共空间不仅是定义乡村个体价值的重要场所，也是乡村"集体记忆"的重要载体。这种"记忆"标识着乡村共同体的社会文化乃至心理边界，强化乡村成员的归属感。其次，这种关联体现于乡村公共空间的政治性。

---

① 曹海林.乡村社会变迁中的村落公共空间[J].中国农村观察,2005(6):61-72.

图 5-43　传统的家族议事祠堂　　　　图 5-44　传统村口公共空间
资料来源：https://www.meet99.com/jingdian-　资料来源：笔者自摄
hongcun-106315.html

作为实体的乡村公共空间往往是乡村各种力量"登场""角逐"的重要场所，是乡村治理的物质化表象。

5.3.1　功能变迁

1. 传统社会乡村的公共空间

传统的乡村，是一个相对封闭的社会单元，村民的生活生产基本限定在步行范围内的本村，最远到邻近集镇，属于熟人社会。依据社区理论，村民的生活活动可以划分为日常生活活动和非日常生活活动[①]。在传统社会的很长时间里，"皇权不下县"、依托宗族伦理是中国乡村社会治理的重要特征。基于维持乡村社会再生产的非日常生活活动主要是祖先祭祀、宗族议事、文化信仰活动等，这些活动的主要场所就是祠堂、寺庙、书院等（图5-43）。同时，基于维持村民自身基本生存的日常生活活动的一些室外场所，如村口、码头、街头巷口、井边等（图5-44），由于人们的自发聚集、互动，而成为村落中另一种重要的公共空间。这些公共空间的丰富性及其所承载的历史记忆，正是传统乡村空间的魅力所在。

2. 计划经济时期的公共空间

新中国成立后不久开始实施的计划经济模式，从"初级社—高级社—人民公社"，整个乡村社会变成了国家实践理想社会模型的试验场，国家行政管理体制直接延伸到乡村家庭。从"互助组"到以"一大二公""政社合一"为基本特征的人民公社制度的集体化进程，通过农业生产军事化、农民生活集体化和高度严密的组织化管理，

---
① 王彦辉. 走向新社区[M]. 南京：东南大学出版社，2003：32.

对乡村社会的一切领域进行控制，导致村民日常生活活动受到极大挤压和限制，非日常生活活动严重政治化、集体化。这种自上而下的政治体制改变了乡村自发演化发展的模式，导致乡村公共空间体系的剧烈变革。首先，政治性、生产性公共空间兴起，从集体生产（仓库、晒场）、集体生活（大队部、大食堂、供销社），到各种行政性集会场所，再到意识形态浓厚的乡村文艺活动（唱红歌、乡村露天电影等）场所。时至今日，在一些村落中仍有这些空间的存在，成为特殊的时代记忆（参见图3-10）。其次，是传统公共空间的萎缩。伴随国家权利在乡村社会的扩张，祠堂、寺庙等传统公共空间作为落后、封建的代名词而被消灭。受农产品统购统销政策的影响，农村供销社取代了村里的自由集市。尤其在"割资本主义尾巴"的极左年代，乡村自由买卖被禁止，集市被取缔。在此背景下，在村民最小化的日常生活领域中，田间地头、井边树下，成为村民难得的自主日常交往场所（图5-45）。

图5-45　20世纪六七十年代村民日常生活领域中的公共空间
资料来源：http://blog.sina.com.cn/s/blog_15c2afbc30102wr7o.html

3. 改革开放后的公共空间

改革开放以后，国家权力从乡村的抽离几乎是全方位的，涉及政治、经济、社会、文化等各领域[①]，加上工业化以及市场经济的迅猛发展，导致了乡村空间形态的巨变。在公共空间领域，苏南模式和新苏南模式时期的发展呈现不同特征。

苏南模式时期：①传统公共空间复兴。自20世纪80年代初改革开放以后，苏南乡镇企业迅猛发展，乡镇企业、集体经济的繁荣使得乡村短时间内财力迅速累积，同时村民"离土不离乡"的居住和就业模式，以及地域边界特征明显的集体经济的繁盛，使得村民对乡村的认同感并没有快速下降，反而激发了更强的凝聚力。很多乡村富裕起来之后，有财力修复、重建祠堂、寺庙等传统公共空间。②政治性公共空间的衰落与商业性公共空间兴起。伴随着人民公社解体、国家权利从乡村抽离以及家庭联产承包责任制的实施，农民在政治、生产和生活上回归自由。大队部等行政性机构、意识形态浓郁的集体文艺活动及相应的公共空间开始快速衰落，集体劳作

---

① 王勇，李广斌. 裂变与再生：苏南乡村公共空间转型研究[J]. 城市发展研究，2017（7）：114.

及田间地头的互动交流场景消失。而市场经济的进入，导致个体服务、商品流通日渐活跃，村内的桥头小店、路口货栈等相继出现，成为乡村公共空间的重要组成部分。

新苏南模式时期：20世纪90年代以后，外向型市场经济的发展打破城乡间、地区间的藩篱，乡镇企业改制解除了企业与乡村的关联，"离土又离乡"的就业模式和快速城市化使得村民越来越与乡村脱离。这导致了传统乡村公共空间的全方位衰败。人员与资本向城市聚集，使得乡村日益冷清、衰败。同时，一些城市近郊乡村中外来人口的流入，使得原有"熟人社会"逐渐演变为"半熟人社会"，甚至是"陌生人社会"，人际关系日渐松弛，日常生活交往越来越稀少。加上生活条件（自来水、洗衣机、空调、电话等逐渐普及）的改善，导致村口、井边、树下等传统日常生活交往的空间价值消失，公共空间快速衰落。另外，商业性乡村公共空间的价值迷失。市场经济导致乡村生活方式、价值观念和服务方式的全方位变革。乡村商业性空间快速蔓延和扩张，但商业性决定了其"公共性"薄弱[①]，与村民新的生活发展需求相适应的医疗卫生、文化活动、教育培训等公共服务功能及其场所普遍匮乏。传统公共空间衰败与适应新需求的公共空间不足，导致乡村公共空间系统整体衰落，越来越难以承载其应有的社会功能和文化内涵。

4. 新农村建设以来的公共空间

进入21世纪以后，面对城乡发展尤其是乡村社会、经济、文化及空间环境等多层面的问题，国家着力进行新的城乡统筹发展探索，并在2005年提出社会主义新农村建设的重大战略性举措。政府力量的"回归"，以"三集中、三置换""迁村并点""村庄环境整治"等为特征的新农村建设又一次带来苏南乡村空间的重构，同时带来乡村公共空间的新变化：①公共空间大量建设与村民实际需求之间的脱节。与传统乡村公共空间的建设者同时又是使用者不同，政府主导下的乡村规划师缺乏对乡村生活和空间主体人群的深入了解，以城市规划思想和惯用手法进行乡村空间规划，导致大量新建公共空间出现活力不足、无人问津的尴尬局面。②空间地域特色的消失。缺乏对当地自然和人文历史等地方精神的领悟，公共空间忽视了乡村文化在空间的渗透和影射，切断了人们对于乡村的记忆，使得乡村逐渐失去自身的精神和活力。村庄整治使得一些公共空间（如村口、树下、宗祠、寺庙）逐渐从人们的视线中消失，乡村传统风俗习惯也失去了赖以生存的载体，乡村传统文化日趋式微。

自2017年以来，江苏省开始实施"特色田园乡村建设"试点行动，行动围绕"特

---

① 孙施文. 公共空间的嵌入与空间模式的翻转[J]. 城市规划, 2007(8): 80-87.

色、田园、乡村"三个主题词,旨在发挥乡村独特的禀赋,实现多产业、多功能有机结合,重塑乡村魅力和吸引力,进而带动乡村综合振兴。自此,包括公共空间建设在内的苏南乡村空间环境营造呈现出多元化探索的新局面。

5.3.2 公共空间的演变规律

乡村公共空间不仅是乡村社会日常交往活动的重要载体,也是乡村社会发展变迁的重要实体见证。苏南不同历史时期乡村公共空间的发展特征见表5-5:

表5-5 苏南乡村公共空间演变特征 （图表来源:笔者自绘）

	传统时期	计划经济时期	改革开放后		新农村建设以来	
			苏南模式	新苏南模式	2005—2016年	2017—
代表案例	无锡市惠山区礼社村大戏台	镇江市上党镇五塘村大会堂	常州市武进区新溇村农民文化宫	镇江市上党镇丰城村村委会	苏州市黎里镇杨文头村村口公园	南京市江宁区佘村社区服务中心
公共空间功能性质	宗族议事,祖先祭祀,文化习俗信仰及日常交往活动等	政治性功能,生产性功能	信仰类,日常生活类	商业服务类	小区性配套设施	功能多样化
主要空间类型特征	祠堂、寺庙;市集、村口、码头、街头巷口等	大队部,供销社,田间地头,生产队晒场等	(修复或重建的)祠堂、寺庙,个体商业小卖部等	超市、小卖部等商业服务空间	公共服务设施指标性配套建设	差异化、多样化
主导力量	乡村自主	行政主导	乡村自主+市场资本	市场资本	行政主导	行政、市场、乡村、社会组织等多元化力量

纵观苏南乡村公共空间发展演变历程,可以得到以下结论:

(1) 社会政策、经济产业、文化传统等多层面力量的"角逐"与交叉影响,是乡村公共空间功能及其形态类型特征变化的主导因素。

(2) 苏南乡村公共空间的形态变迁及转型动力呈现从"乡村自主(宗族礼制)→行政主导→乡村自主→市场推动→行政主导→多元共建"轮回、转换的特征。

(3) 从历史演变历程中可发现,自下而上、村民自主营造下的公共空间更能顺应地方自然地理环境和乡村主体的特征和需求,乡村公共空间更有活力和多样性。

而自上而下、行政主导的营造会导致乡村公共空间的异化，与村民现实生活需求的脱节，导致乡村公共空间活力的丧失。

5.4 建筑及其空间功能类型演变

5.4.1 建筑及其营造模式变迁

1. 传统时期

（1）空间模式

在封建制度对传统建筑等级的规定下，普通人家住宅面阔不能超过三间。因此三开间、"一明两暗"的平面就成为农村传统民居的最基本平面形制，尤其广大普通农民采用这种布局形式居多。最早的为泥墙草顶，一般两侧为卧室，中间设置大门，厨房和炉灶则设于大门后部，房子前面为院落。后来砖瓦代替了泥草，但布局基本延续。时至今日，在苏南多个村落中仍有此类建筑遗存（图5-46）。

伴随社会经济发展，住宅平面布局形制逐渐拓展演变，一种是演变出前店后宅的格局；或者在前面的某一侧增设厢房，结合围墙围成内院/天井，形成L形平面。此种平面由于同时兼顾了良好的朝向和功能空间的紧凑性，所以成为流传延续最为久远的一种基本模式。直到当代，很多农村宅院仍然采用这一基本原型；如果在两侧都设置厢房，天井围合成前院，形成凹字形平面，称为"三间两厢"（图5-47）。

由于普通百姓住宅面宽的限制，住宅规模的扩大主要靠增加进深来解决，沿纵

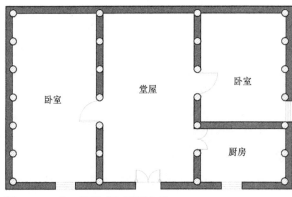

图5-46 "一明两暗"平面布局
资料来源：笔者自绘

图5-47 "三间两厢"平面布局
资料来源：笔者自绘

向发展,呈纵轴线串联布置。如果在凹字形前面增加门间,两侧为门房,在正房后部用围墙围合出后院(猪圈或禽舍),形成两进的四合式天井院落。这种形制在苏南地区俗称"对合",也是最为多见的平面形制之一(图 5-48)。中型民居则一般是"三进两院"式,依次为门厅、大厅、楼厅等三进,中间与两侧厢房围合成两个天井院落。更大型的民居,则沿纵向轴线方向依次为门厅、轿厅、大厅、女厅、堂楼等多进式庭院。

(2)材料与建构

目前保存最早的新石器时代前期马家浜文化的苏州草鞋山遗址,从房屋残迹可以看出民居为木构,且以下部架空的干阑式为主。房屋平面呈矩形,也有部分为圆形。地面建筑的室内普遍采用夯打,且建筑中已经有了防潮排水措施。太湖流域其他新石器遗址(如吴江梅堰龙南遗址)中的住宅同样多为干阑式建筑,只有少量为地面建筑。这是先民为适应当地多雨的潮湿气候环境而在实践中做出的智慧选择。

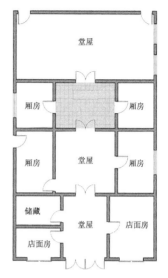

图 5-48 "对合"平面布局
资料来源:笔者自绘

到秦汉时期,江苏境内已有瓦房,但居住对象仅限于乡绅富豪,绝大多数农民住的仍是土草房,这种结构的住房在江苏境内一直持续到 20 世纪三四十年代。就其结构和式样而言,分为以下几种:一是"人字棚",为简易结构的草屋,系用芦苇搭成的人字形窝棚,上覆茅草,再以草绳网罩其上防风。棚后用芦柴扎把遮严,四周堆土压实。二是"滚地龙",多见于滨海及水网地区,将芦柴扎成长 4 m 左右的扎把,两头插在地面用土压实,扎把绷紧相靠,草绳绑扎,形成半月形棚屋。前留空作门,后用泥土草把堵实防风。三是"顶头虎",用泥土筑墙,杂木为柱,建筑多为三架梁五架砌,两边檐架于土墙之上,屋面覆盖茅草,顶头开门,门高不足 2 m。有的在屋后搭接一披斜向地面。披在前檐低的叫"爬山虎";比前檐高的叫"伏塘虎"。屋内地面低于外面的叫"地塘屋"。四是"元宝屋"。此类房屋与"顶头虎"相同,一般为三间,中间开门,两头各施一披,形似元宝。两侧间朝阳面开窗,长 30 cm 许,冬季塞以草把,夏季除去透风。唐宋时期,随着经济的发展,草屋结构亦不断改进,木料亦从杂木改为杉木,墙体从单纯用泥土版筑逐步发展到外部用砖驳砌,以防雨水侵蚀,经济条件稍好的农户全部用砖砌墙,称砖墙草盖。南宋时,苏南太湖流域,以砖墙瓦屋为农房的主要建筑形式，土墙草顶建筑形式较少。明清时期，江淮流域农村的殷实富户亦建砖木结构住宅。太湖东山、西山一带的地主、乡绅所建深宅大院，均设置中轴线布局，前后数进层次分明，大都采用抬梁式结构。如陆巷、杨湾明月湾、消夏湾、上蔡下蔡等至今遗存大量的明代房屋建筑。苏南地区经济条件稍宽裕的农民一般建小型砖木结构平房，其结构比较简单，不少采用穿斗式木结构[①]。

（3）营造技艺

如前文所述，早自秦汉始，每个朝代的政府都对建筑的等级及其营造活动进行了明确的限定。这些制度通过士绅渗入乡间，使得下层农民不敢逾越。在具体建造中，传统社会里农村住房基本都是以自主营建的模式进行，从而使村落民居成为"没有建筑师的建筑"。村落的规划及大型公建（宗祠等）的建造在士绅投资和领导下进行。一般民宅是居民自己出资，亲自参与或在邻里朋友及工匠的帮助下完成。工匠虽然是建筑的直接建造者，但主要以使用者（房主）的建造意向为指导原则。从管理的角度，大型公共设施建成后由家族或族群内部设立的族田或公田予以供养和维护，普通农房则完全由住户自身负责维护和修缮[②]。

这种自下而上的自助营造活动，虽然主要依靠地方工匠和村民，但他们在实践中不断探索并总结经验，根据地方材料和技术条件，遵循一定的价值取向，逐渐形成地方建筑的不同风格，比如苏州民居的纤秀、扬州建筑的轩敞、宁镇建筑的敦厚等等。在各地不同的风格特征、构造体系背后，则是当地匠人和村民们逐渐探索形成的一套约定俗成的建构经验和形式语言体系的延续，并以言传身教、口传心授的方式传承下来。比如泰州地区流传的关于泰州地方民居建造特点的顺口溜[③]。影响更为广泛的，则是苏州"香山帮"体系完整、传承有序的聚落建筑营造技艺和理念（图5-49）。发源于江南苏州的香山帮，是一个传承千年的建筑流派，到明清时期达于鼎盛，以擅长复杂精细的中国传统建筑技术而远近闻名。早期的香山匠人以木工、泥水工为主体，木雕由木工兼营，砖雕由泥水匠兼任。明清以后，随着建筑雕刻风格日益细腻烦琐，业务需求量大增，香山匠人的分工也不断向专业化方向发展。香山帮逐渐形成了一个集木作、泥水作、砖雕、木雕、石雕、彩绘油漆等多种建筑工种匠为一体的庞大群体。它将建筑技术与建筑艺术融为一体，技术精湛，名享天下，

---

① 江苏省地方志编纂委员会.江苏省志•城乡建设志：中[M].南京：江苏人民出版社，2008：1367.
② 李立.乡村聚落：形态、类型与演变[M].南京：东南大学出版社，2007：59.
③ 例如：黛瓦灰墙青砖地，前厅后堂轴线排；屋面弯弧瓦头翘，举折平缓檐低矮；抱梁荷墩巧雕刻，堂屋穿斗厅屋抬；花格窗棂木柱础，屏门落地隔可开；柱头卷杀方木椽，仿木砖雕饰檐外；楠柏松杉材质优，只油不漆色和谐；门前石鼓八字墙，照壁嵌福惹人爱；巷道转弯去墙角，挑担推车少妨碍；封闭宁静遵规制，典雅朴素图实在。

图 5-49　苏州香山邦匠人
资料来源：www.vojs.cn2014newckatw_content_578.shtml

图 5-50-1

图 5-51　宁镇地区多见的块石与青砖砌筑的墙体

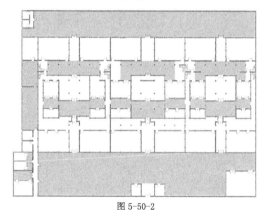

图 5-50-2

图 5-50　杨柳村的九十九间半
资料来源：图 5-50-1 为笔者自摄，图 5-50-2 为笔者自绘

代代相传，是中国古代传统建筑业的重要流派。

2. 明清—新中国成立后

（1）建筑空间

伴随经济及建造技术的发展，到明清时期，一些大型住宅从规模到修饰都远胜前人，砖木结构民居比例增大。不仅富商望族需要，伴随家族规模增大，三世同堂或四世同堂，因而周匝数里的宅院，多至百间的屋宇，规模宏阔的巨大组群也不乏实例。如江宁杨柳村的九十九间半（图 5-50），以及佘村的潘家老宅等，不仅规模宏大，而且建构考究，砖雕、木雕等装饰精美，并出现楼房建筑。但相对于城市在开埠之后由于受西方技术及观念影响而开始出现一些新建筑形式（如西式车木栏杆、石库门建筑、彩色玻璃、铸铁栏杆、混凝土的运用等），农村大量普通民居建筑的变

  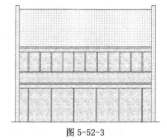

图 5-52-1　　　　　　　　图 5-52-2　　　　　　　　图 5-52-3

图 5-52　新中国成立前漆桥村某民宅
资料来源：图 5-52-1 为笔者自摄，图 5-52-2 为笔者自绘

化相对迟缓。由于封建等级制度的规定，普通人家住宅的面阔不能超过三间，因此"一字型"和"一明两暗"的平面布局形式在乡村最为常见，中间设大门，两侧为卧室，厨房位于北侧。

（2）材料与建构

该时期民居的墙体砌筑以砖为主。砖窑业在苏南地区自古以来就十分发达，传统民居中使用的砖主要有两种尺寸：一种是 220 mm×110 mm×25 mm 的城砖，另一种是 190 mm×95 mm×20 mm 的二斤砖。除此之外，石材作为基石或者勒脚也是苏南地区民居特色之一，在其之上再进行砖墙的砌筑。石材的形式也多种多样，包括整块石、毛块石、碎石或者大小不一的石块等，这种方式一方面充分利用了当地的石材，另一方面也使房屋更加稳固耐用，产生了丰富的建筑造型（图 5-51）。材料的混合使用以及砌筑方式的组合，使得苏南地区的房屋墙体建造能够实现下重上轻，下厚上薄，加上一些地区采用墙筋拉结柱子，形成牢固的整体结构，进一步提升了民居的安全耐用程度。

高淳漆桥村的这间民宅具有较强的代表性（图 5-52）。主要材料为砖瓦和木材，外观古朴典雅，门楼雕刻细致精美，山墙上砌筑青砖小瓦马头墙。沿街面打开成为店铺入口，形成前店后居的基本格局，平面有三开间，大门位于中开间，入门后进入前院，院北为一层的堂屋，两侧有厢房，为全宅的中心，其后进入第二进院落，并在北端沿轴线布置更大的堂室，供主人及家眷居住。整栋建筑房间总数为 9 个，两进院落各有 2 个卧室（厢房），总宅基地面积为 152 m^2，总建筑面积为 122 m^2，容积率为 0.80。

（3）营造模式

新中国成立前，江苏各地农村一些地主乡绅的豪宅庭院，一般由业主聘请本地较有名气的建筑能工巧匠采取承包方式进行建造，建筑材料一般为业主自备，以包清工为主。施工工种齐全，包括瓦工、木工、石工、漆工等。工头召集若干工匠结伙搭班施工，开工则聚，竣工则散。建筑技术的传授多是父传子、师带徒，施工工具沿用瓦刀、灰桶、线锤、木尺及锯、斧、刨、凿等传统工具，材料运送靠肩挑手搬的劳作方式。一些贫苦农民因经济能力有限，只能建造土墙泥草结构的简陋房屋，往往采取亲帮亲、邻帮邻或自修自建方式以节约建筑成本。

3. 新中国成立—改革开放前

（1）建筑空间

新中国成立初期，江苏农村由于经济基础差，底子薄，建新房的极少，仅对破损危房进行修缮。20世纪50年代，苏南地区多为砖墙草顶平房，墙体一般采用"空斗墙"砌筑。外部形式上，有敞檐、封檐、走马廊之分，屋脊有平顶屋脊或翘角嵌背；内部梁结构上有三架、五架、七架、九架等。在平面布局上，由于江苏各地的自然条件、经济条件和民情民风不同，采取的模式也不同。苏南住宅格局讲究"明堂、暗房、亮灶"（即中间正屋宽，两旁房间窄）。一字形、三间带一转、转角形平面布局在全省比较普遍，苏南、苏中、苏北均有采用。多进院落式见于宜兴、溧阳、无锡、武进等苏南地区农村，每户只能二～三间面宽，进深不受限制，多户横向拼联以节省用地。大户人家采用三合院、四合院平面模式。苏南农村住宅平面布置，按旧有传统往往把厨房布置在左上方，后面是堆放柴草及养猪的杂物间，开间一般为3.8～4.2 m，进深5～7 m。

南京市漆桥村这座建于20世纪五六十年代的民宅外墙由毛石砌筑台基，在其之上再用青砖砌筑墙体，上部由白色石灰砂浆粉饰，呈现出上中下三段式的立面分割（图5-53）。空斗墙是砖墙部分的主要砌筑方式，砖的主要组合方式为"一丁一顺"，每砌四层设置一层眠砖，转角处由每四层不同方向眠砖层叠加固。屋面材料为小青瓦，无瓦当，屋架为全木结构，椽子分二段，有简易望板。建筑门窗为木质材料，有瓦片构成的窗檐，门上有雕刻精美的石材装饰。房屋为一层，总建筑面积为68.6 m²，房前仅有宽1.5 m左右高出道路20 cm左右的台地，没有明显的院落。建筑平面是三开间呈一字形布局，里面分隔成5个房间，进门中部正对厅堂，兼做餐厅功能，靠近正门的右侧是厨房，没有卫生间，房屋左右各有一间卧室，整个建筑下部空间主要做居住功能，阁楼空间作为储藏之用。

1970年代，由于乡镇工业崛起，江苏省农业经济得到发展，农房建设逐步升温。草房已基本不建，砖瓦房成为建设主流，并从砖木向砖混结构过渡，墙体以实砖墙为主。苏南经济发达地区农村开始兴建第二代楼房住宅，即浅进深、两开间两层楼房。

图 5-53-1

图 5-53-2　地面层平面图

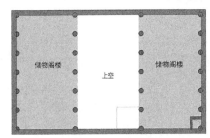
图 5-53-3　夹层平面图

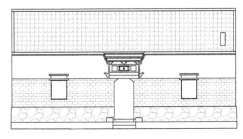
图 5-53-4

图 5-53　漆桥村 20 世纪五六十年代某民宅
资料来源：图 5-53-1 为笔者自摄，图 5-53-2、图 5-53-3、图 5-53-4 为笔者自绘

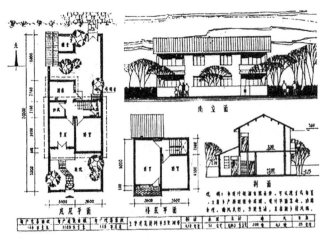

图 5-54　1970 年代苏南地区二层农宅
资料来源：中国建筑科学研究院汇编.农村建筑与规划实例.北京：1980.

大多有凹廊、阳台，并增加后院，有必需的辅助用房，功能布局满足了村民的新生活需求，且通风采光条件大大改善（图 5-54）。

（2）材料与技术

新中国成立后的 20 世纪五六十年代，苏南农村建房仍以砖木材料为主，后来砖瓦逐渐普及，在出产石材的宁镇地区，石砌住房开始出现（图 5-55）。农民自己筹备组织材料为主，一些按规划建设的居民点所需材料由大队投资或农民集资方式集中购置或调拨。1962年因开挖大运河，结合农房拆迁退赔工作，政府开始宣传和推行混凝土构件，逐步打破农民砌房子用木结构的习惯。农房建设面广量大，木材供不应求，混凝土构件优点多，不仅可以代替木材，而且价格便宜，防腐耐用。根据这一情况，江苏省有关部门先后在徐州、无锡、南京等农村建起一批样板房。从1960年代中期到1970年代，通过专职部

图5-55　佘村石砌墙休住宅
资料来源：笔者自摄

门负责、集中划拨供应钢材、水泥材料，在多个地区建立试点，进行水泥构件的批量生产及农房建设技术的应用推广工作，但由于原材料供应量有限并没有得到普遍推广。1970年代后期，国家召开全国农房建设工作会议提出，建筑材料的解决主要依靠社会自己解决，就地取材，并鼓励各地根据自然资源条件生产地方性建筑材料[①]。在此背景下，宁镇地区大量的新建农房运用地产石材砌筑地基和墙体，苏常地区以当地电厂的粉煤灰为原料生产砌块，并在当地农房建设中应用。在调研中发现，这一时期内各地运用地方材料建起的农房，成为各村凸显地方特色和承载时代发展印记的重要元素。

（3）营造模式

新中国成立后，随着经济的发展，全省农房建设组织方式逐步发生变化，其中施工工艺、施工机具不断升级换新。1960年代至1970年代中期，全省农村开展"农业学大寨"运动并结合农田水利建设兴建一些新农村居民点。由于乡镇企业的发展，集体经济实力不断增强，因此新居民点建设普遍采取统一施工方式，即由大队（生产队）投资备料，统一组织施工。新房建成后，按计划分配给农民居住。分配给村民的住宅产权关系有两种：产权归集体所有，则社员按规定交纳房租；产权归农户所有，居住户须分期归还建房款。这一时期，省内各地农村个人建房，大多请当地的瓦、木工建造，亲戚邻里帮忙。个人建房由传统的砖木结构向砖混结构过渡，有瓦、木工手艺的农民农忙务农、农闲务工。

---

① 江苏省地方志编纂委员会.江苏省志·城乡建设志：中[M].南京：江苏人民出版社，2008：1205.

4. 苏南模式时期

（1）建筑空间

改革开放以后，苏南地区大量乡镇企业"异军突起"，一度成为我国乡村发展创新的典范。伴随经济快速发展，以及建设主管部门根据节约用地建农房的政策推荐和鼓励农民建楼房，全省农房建设兴起"楼房热"，开始了"瓦房变楼房"的划时代演变，且这一热潮从经济发达的苏南开始。据相关统计，到1986年，苏南地区已经有60%以上的农户建成楼房，其中无锡、苏州分别高达95.8%和76.9%[①]。此阶段建房动机以改善居住条件为主，房屋普遍进深更浅，便于通风采光。布局一般每户每层两到三个开间。楼下有走廊，楼上有阳台，屋顶仍保持双坡式。建筑风格更多地仍然是借鉴地方传统建筑特征。

（2）材料技术

在苏南模式时期，农房建设的材料和结构技术进一步发展，水泥和钢筋混凝土的运用逐渐普及。结构以砖混结构为主，并开始关注房屋的抗震性能。这一时期出现了大量以新材料延续传统住宅样式的做法，如用混凝土构件模仿传统建筑中的木栏板、栅栏、门头、漏窗、花窗式样等。同时，越来越多的新材料技术得到推广。如在钢筋混凝土应用方面，钢筋混凝屋面板、肋形屋面板、预应力钢筋混凝土桁条、屋面薄板等在各地生产供应；铝合金门窗和不锈钢栅栏等制品得到迅速推广，外墙饰面普遍贴瓷砖、马赛克等，水磨石和花岗岩在一些富裕农户住房中得到应用。屋面瓦的色彩也丰富起来，陶瓦逐渐成为新建农宅的首选。

镇江市三城巷村这栋建成于1980年代的两层民宅楼房（图5-56），外墙正面和后面装饰采用错缝拼接的暖色瓷砖，山墙面则采用简单白色涂料，屋顶材料为陶瓦。窗户均采用玻璃和铝合金框料。建筑占地面积为112 m^2，总建筑面积为224 m^2，容积率为2，总共有14间房间，房屋整体平面布局为横向三开间，呈L形。其中一层中间进门为主厅堂，左侧为次厅，餐厅、厕所和储藏间围绕主厅布置，二层为居住功能，包含3间卧室。

（3）营造机制

1980年代，苏南地区建筑产业发展迅速，其中大部分工人来自农村。他们通过参与城镇建设学习到现代建筑技术，并通过多种方式输入乡村。同时还有一批个体建筑工匠通过自愿组合、搭班结伙的方式承揽农房建设。因此，这一时期的农房建

---

① 江苏省地方志编纂委员会.江苏省志·城乡建设志:中[M].南京:江苏人民出版社,2008:1169.

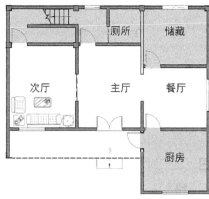

图 5-56-1　　　　　　　　　　　　　　　图 5-56-2　一层平面图

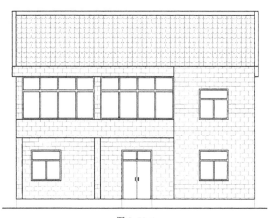

图 5-56-3　二层平面图　　　　　　　　　图 5-56-4

图 5-56　镇江市三城巷村 1980 年代某民宅
资料来源：图 5-56-1 为笔者自摄，图 5-56-2、图 5-56-3、图 5-56-4 为笔者自绘

设存在多种施工组织方式：村内大型工程项目由县乡建筑企业承担施工；统一规划建设的新村居民点一般由乡镇建房机构组织施工；村民个人零星建房则请个体建筑工匠作为施工承包人承担。

值得强调的是，在这一时期，国家及地方政府部门的重视和投入，对苏南农房建设的健康快速发展，尤其是材料技术的变革起到了重要作用。如 1981 年全国农房建设经验交流会在江苏召开，1983 年国家建材局组织召开了全国农房建设材料大型座谈会，江苏省则修订完善了《混凝土农房构件质量管理条例》等一系列管理和技术法规，并在 1984 年成立了中国农房建筑材料供应公司江苏省分公司，以规范农房建筑材料的生产和供应等。同时,各界重视农房材料技术方面的研究,如 1986 年"新型农村建筑及其配套材料的应用开发研究"被列入江苏省工程建设系统的"七五"科技攻关项目等。①

5. 新苏南模式以来

(1) 建筑空间

1980 年代末至 1990 年代中后期,苏南乡村面貌持续剧变,村落向单一居住功能发展。这时期的农宅翻建开始由"改善型"逐渐向"享受型"转变,并呈现"楼房变别墅"特征。这一时期的农宅卧室数量增多,多代同堂是普遍家庭组成特征。大部分农宅开间宽度在 3～4.5 m,总面宽一般在 12 m 左右,房间布局继承了传统以堂屋为中心的模式,从入户门直接进入一个类似堂屋的厅室, 然后再从这里到达各个房间。同时,基于宅基地分配制度,每家各自独立,新建住宅呈现出一种"盖图章"式的布局方式,每户住宅之间相互独立,大多只留出一条狭窄的滴水缝。过去那种家族血缘联建的方式基本销声匿迹。1990 年代以来统一规划的民房建设增多,导致了很多乡村聚落空间形象的城市小区化(见表 5-4 中的"迁并安置型"村落)。

(2) 材料技术

图 5-57　1990 年代后期兴起的"欧陆风"民宅
资料来源:笔者自摄

城市化和经济技术的快速发展,极大地带动了乡村建设潮流和材料技术的变革,提升了建筑质量和居住条件。同时,由于城市文化、时尚风潮对乡村带来的强势冲击,导致这一时期乡村建设"跟风""攀比"行为普遍,瓷砖、马赛克、镜面玻璃、大理石等光鲜亮丽的现代建筑材料被"炫耀式"使用,学习城市别墅乃至"欧陆风"(图 5-57),从空间功能布局到风格造型完全模仿城市别墅模式。在商业流行文化思潮的席卷下,苏南农村的新建筑混乱失范,地方优秀的建筑传统走向失落。

地处岗地环境、发展相对滞后地区的镇江丰城村的这栋民宅是当时具有地方特色的案例之一。它建于 1990 年代(图 5-58),为 2 层小型别墅。建筑底层局部挑空

---

① 江苏省地方志编纂委员会.江苏省志·城乡建设志:中[M].南京:江苏人民出版社,2008:1200-1207.

图 5-58-1 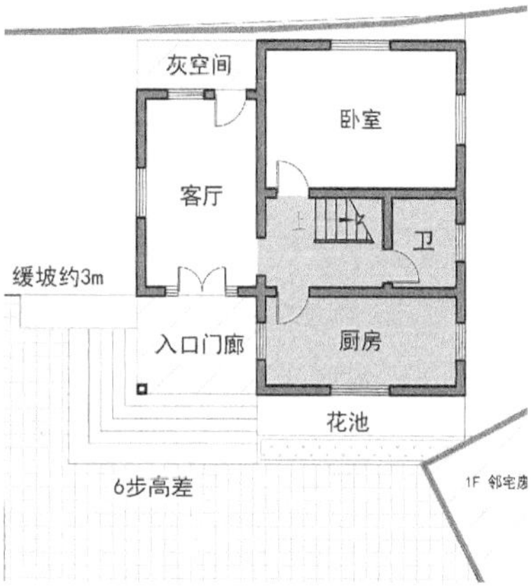　　　　　　　　　　　　　　图 5-58-2　一层平面图

图 5-58-3　二层平面图 　　　　　　　　图 5-58-4

图 5-58　镇江丰城村 1990 年代某民宅

资料来源：图5-58-1为笔者自摄，图5-58-2、5-58-3、5-58-4为笔者自绘

作为入户过渡空间，有五级台阶解决室内外高差。整体外墙采用绿色玻璃和白色石子混合的水刷石做法，具有较明显的时代特征，远看有石材的效果同时又造价低廉。每隔一定高度有环绕建筑的水平分割线，柱体和入户空间则采用瓷砖饰面，局部有重叠的菱形多色水刷石造型装饰。建筑屋顶采用红色陶瓦，屋面有组织排水。窗户为铝合金材质，有窗檐和窗台，窗檐采用绿色陶瓦，有造型精美的三角形瓦当。宅院整体占地面积为 215 m^2，总建筑面积 130 m^2，容积率为 0.60。主体建筑为 2 开间，房间总数 8 个，一层为入户厅堂、北侧卧室、南侧厨房和卫生间，二层为起居室、两个卧室和一个卫生间。

5.4.2 建筑空间功能类型的历时性比较

我们对 22 个调研案例村落中经测绘的 63 栋农宅信息进行统计和对比分析，以期获得不同时期苏南乡村住宅的空间功能类型特征及其演变规律，其结果可概括如下：

1. 建筑形式

如图 5-59 所示，不同时期宅院平面形式差异明显，都有占主导地位的平面类型。L 形平面早期占比重较少，随时间发展逐渐成为主导类型。合院形平面在明清—新中国成立时期和苏南模式时期有两个峰值，整体趋势随时间逐渐减少，一字形平面在新中国成立—改革开放时期占主导，随后在波动中所占比重减少。

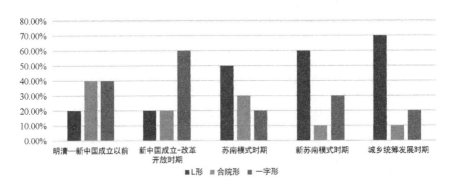

图 5-59　苏南地区不同时期民宅的平面布局形式统计比较
资料来源：笔者自绘

民宅的平均开间数呈现先增长后减少的趋势，变化范围是 2.8～3.6，苏南模式和新苏南模式时期平均开间数较高，因为该时期的产业发展使村民收入快速增长，房屋改善需求得到集中释放，而新材料结构技术的应用和新建筑风格的引入都导致了建筑形态和类型的变化。建筑平均层数在早期呈现增长的趋势，苏南模式时期以后保持平稳，维持在 2 层左右（图 5-60）。

2. 建筑规模

苏南乡村宅基地面积的变化呈现出起伏变化的趋势（图 5-61）。这一变化主要源于建筑面积增长、占地面积限定的双重作用。1980 年代中期开始，经济增长的村户大量新建双层住宅，户均、人均建筑面积显著提高，一户多宅、占用耕地的现象也日趋严重。随着宅基地面积限定政策逐步推进，乡村住宅空间开始由单层向多层发展，才能满足村户在有限占地面积内扩大建筑面积的需求。尤其 2005 年新农村

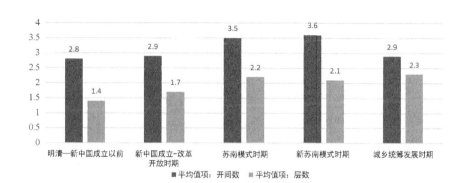

图 5-60　苏南地区不同时期民宅的开间及层数统计比较
资料来源：笔者自绘

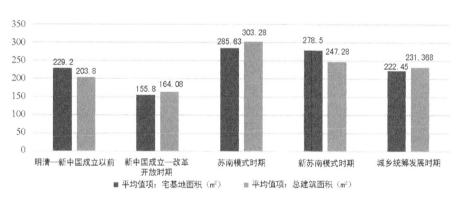

图 5-61　苏南地区不同时期民宅的宅基地及建筑面积统计比较
资料来源：笔者自绘

建设政策实施以来，户均占地面积得到了有效控制[①]。因此，平均宅基地和建筑面积都在苏南模式时期达到顶峰，最高平均宅基地面积为 285.63 m²，最高平均总建筑面积为 303.28 m²；新中国成立—改革开放时期平均值最小，最小平均宅基地面积为 155.80 m²，最小平均总建筑面积为 164.08 m²。

从明清到苏南模式时期，乡村宅院的容积率逐渐上升，新苏南模式时期出现回落，到城乡统筹发展期再次上升（图 5-62）。容积率一方面与房屋的层数有关，另一方面也与院落形式相关，明清—新中国成立时期的苏南乡村民宅平均容积率小于 1，说明院落在该阶段农宅中普遍存在；之后随着产业和生活模式的变迁，院落在民居中的地位逐渐降低。

---

① 李佳阳，龙灏．制度环境影响下的乡村自建住宅空间演化——以重庆市城郊型乡村为例[J]．建筑学报，2018（6）：94-99．

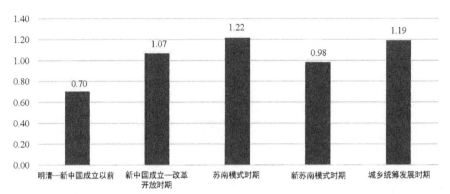

图 5-62 苏南地区不同时期民宅的容积率统计比较
资料来源：笔者自绘

苏南乡村民宅的房间数量从明清到 20 世纪 90 年代期间呈现出持续增加的趋势，然后在城乡统筹发展期出现下降趋势（图 5-63）。平均房间数量在新苏南模式时期最高达到平均 14.8 间，在苏南模式和城乡统筹发展时期均接近 12.6 间，在明清及新中国成立至改革开放这两个阶段规模最小，为 7.8～8.5 间。

民宅的不同功能类型空间的数量在历时性对比中表现出不同变化趋势（图 5-64）：厅堂数量基本保持不变，为 1 个左右；卧室数量则呈现出先增加后减少的趋势，由早期平均 3 个卧室，到苏南模式及新苏南模式时期的 5.1 个卧室，再到城乡统筹发展期的 3.7 个；辅助用房在长期发展过程中处于持续增长状态，这一方面源于人们生活水平的逐步提高，同时在调研中发现，这类增长还源于近年来村民减少带来的房间空置，以及商业旅游业等新产业的注入使得一些房间转变为储藏或者经营等功能。

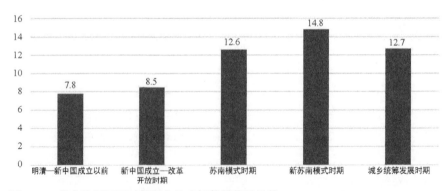

图 5-63 苏南地区不同时期民宅的房间数量统计比较
资料来源：笔者自绘

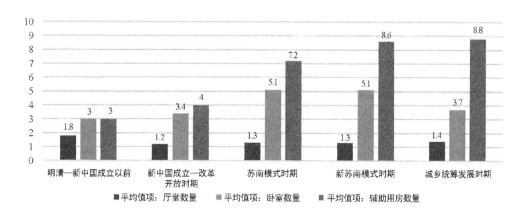

图 5-64 苏南地区不同时期民宅的房间功能统计比较
资料来源：笔者自绘

第六章 机制

——苏南乡村聚落空间形态演变的动力机制

前面的共时性和历时性分析，建立起了对苏南乡村聚落空间形态特征及其基于社会经济发展的演变规律的系统认知。为了更好地揭示乡村聚落空间形态发展的本质，为以后的相关乡村建设实践提供科学依据，有必要进一步挖掘提炼出苏南乡村聚落空间形态变迁的深层机制。本章将在利用多元线性回归模型进行量化分析基础上，对此进行概括总结。

6.1 社会经济发展与乡村空间形态变迁之间关系的量化分析

本节将通过数学模型量化的手段进一步探究社会经济因素对村落空间发展的影响，对变量之间的正负相关属性进行判断，并分别比较不同时期主要影响因子的变化规律。

回归分析是通过建立统计模型研究变量间相关关系的密切程度、结构状态的一种直接、有效的工具。在现实问题的研究中，因变量的变化往往受几个重要因素的影响，用两个或两个以上的影响因素作为自变量来解释因变量的变化的方法被称为多元回归，当多个自变量与因变量之间是线性关系时，所进行的回归分析就是多元线性回归。通过对比不同模型的拟合情况，发现多元线性回归模型更符合因变量和自变量之间的关系，因此以下分析建立是对线性模型的分析结果进行规律总结和归纳。

6.1.1 变量选取与分类

首先需要确定被影响变量，即因变量 Y，以及影响变量，即自变量 $X_1, X_2, \cdots, X_k$。当自变量与因变量之间为线性关系时，多元线性回归模型为：

$$Y=b_0+b_1X_1+b_2X_2+\cdots+b_kX_k+e$$

其中，b_0 为常数项，b_1，b_2，…，b_k 为回归系数，b_1 为 X_2，…，X_k 固定时，X_1 每增加一个单位对 Y 的效应，即 X_1 对 Y 的偏回归系数；同理，b_2 为 X_1，X_3，…，X_k 固定时，X_2 每增加一个单位对 Y 的效应，即，X_2 对 Y 的偏回归系数，等等。对于多元线性回归方程可信度的检验，可以通过拟合程度测定（R^2）、回归方程的显著性检验、回归系数的显著性检验、多重共线性判别、残差分析等几个方面进行判别[1]。

1. 变量选取

在综合分析从省市档案馆、江苏省住房和城乡建设厅等政府部门及信息渠道所能查阅到的反映苏南五市社会经济及城乡建设统计数据资料的完备性基础上，本分析选取 1994—2015 年段作为研究的时间范围。将 1994 年至 2005 年、2006 年至 2015 年的社会经济数据对比，剔除个别在两个阶段不重叠的统计数据。

表 6-1 变量汇总表

	1994—2005 年	2006—2015 年
相同	村庄现状用地面积（hm^2）	
	村庄人口（万人）	
	乡村从业人员（万人）	
	人均国内生产总值（元）	
	第一产业比重（%）	
	第二产业比重（%）	
	工业总产值（亿元）	
	农林牧渔从业人员（万人）	
	农林牧渔总产值（亿元）	
	粮食产量（万 t）	
	村庄人均住房面积（m^2）	
	村庄道路长度（km）	

---

[1] 张文彤. SPSS统计分析基础教程：第3版[M]. 北京：高等教育出版社，2017.

(续表)

	1994—2005 年	2006—2015 年
相同	本年村庄建设投资（万元）	
	本年公共设施投资（万元）	
	年末实有住房面积（万 m²）	
	年末实有公共建筑面积（万 m²）	
	年末实有生产建筑面积（万 m²）	
不同	村庄农业人口（万人）	人口密度（人·km⁻²）
	耕地面积（hm²）	城乡居民恩格尔系数之比
	年末城乡居民储蓄存款（亿元）	农村人均纯收入（元）
	本年村庄建设用地（hm²）	农村人均生活支出（元）

2. 自变量与因变量的设置

考虑到本分析的目的是探索社会经济的变化对村落空间形态的影响，我们将剩余的 17 个变量划分为反映社会经济的变量与反映空间形态的变量两种，并将反映空间形态的变量作为因变量（$Y_1 \sim Y_5$），将反映社会经济的变量作为自变量（$X_1 \sim X_{12}$）。

表 6-2　自变量与因变量编号表

自变量	因变量
X_1_ 村庄人口（万人）	Y_1_ 村庄现状用地面积（hm²）
X_2_ 乡村从业人员（万人）	Y_2_ 年末实有公共建筑面积（万 m²）
X_3_ 人均国内生产总值（元）	Y_3_ 年末实有生产建筑面积（万 m²）
X_4_ 第一产业比重（%）	Y_4_ 年末实有住房面积（万 m²）
X_5_ 第二产业比重（%）	Y_5_ 村庄人均住房面积（m²）
X_6_ 工业总产值（亿元）	
X_7_ 农林牧渔从业人员（万人）	
X_8_ 农林牧渔总产值（亿元）	
X_9_ 粮食产量（万 t）	
X_{10}_ 村庄道路长度（km）	
X_{11}_ 本年村庄建设投资（万元）	
X_{12}_ 本年公共设施投资（万元）	

6.1.2　分析结果及公式推导

运用 SPSS 软件的线性回归分析，排除自变量的共线性，得出具有统计学意义的因变量与自变量关系的模型表达式，可以直观地显示自变量与因变量的正负相关性及相关性大小。现列出五个因变量在 1994 年至 2005 年、2006 年至 2015 年两个阶段的分析数据以及模型表达式，以 1994 年至 2005 年 Y_1_ 村庄现状用地面积（hm²）

的线性回归分析为例，验证模型的可信度。

1. 变量系数汇总

表6-3 变量系数汇总表

因变量	1994—2005年				2006—2015年			
	自变量	非标准化系数		标准系数	自变量	非标准化系数		标准系数
		B	标准误差	试用版		B	标准误差	试用版
Y_1_村庄现状用地面积（hm^2）	（常量）	35912.80	18947.55		（常量）	-256.94	462.27	
	X_1_村庄人口（万人）	273.02	44.35	1.12	X_1_村庄人口（万人）	233.35	15.28	0.92
	X_3_人均国内生产总值（元）	0.55	0.15	0.35	X_6_工业总产值（亿元）	0.32	0.10	0.13
	X_5_第二产业比重（%）	-741.67	325.55	-0.18	X_7_农林牧渔从业人员（万人）	524.78	85.81	0.40
	X_9_粮食产量（万t）	-152.18	66.33	-0.44	X_9_粮食产量（万t）	-102.05	20.95	-0.28
					X_{10}_村庄道路长度（km）	-1.12	0.36	-0.19
Y_2_年末实有公共建筑面积（万m^2）	（常量）	232.69	93.84		（常量）	-389.10	95.17	
	X_1_村庄人口（万人）	3.50	0.49	1.23	X_1_村庄人口（万人）	1.44	0.21	0.56
	X_2_乡村从业人员（万人）	1.65	0.67	0.35	X_3_人均国内生产总值（元）	0.00	0.00	0.16
	X_3_人均国内生产总值（元）	0.01	0.00	0.28	X_4_第一产业比重（%）	5.49	2.18	0.11
	X_4_第一产业比重（%）	-16.65	5.24	-0.23	X_5_第二产业比重（%）	5.03	1.42	0.16
	X_7_农林牧渔从业人员（万人）	-7.73	1.14	-0.48	X_7_农林牧渔从业人员（万人）	4.01	0.93	0.30
	X_9_粮食产量（万t）	-0.97	0.45	-0.24	X_8_农林牧渔总产值（亿元）	0.34	0.16	0.19
	X_{10}_村庄道路长度（km）	-0.02	0.01	-0.18	X_{10}_村庄道路长度（km）	-0.01	0.00	-0.18
	X_{11}_本年村庄建设投资（万元）	0.00	0.00	-0.42	X_{12}_本年公共设施投资（万元）	0.00	0.00	0.23

(续表)

		1994—2005 年			2006—2015 年		
		非标准化系数		标准系数		非标准化系数		标准系数
Y_3_年末实有生产建筑面积（万 m^2）	（常量）	-1989.52	896.49		（常量）	117.05	34.97	
	X_1_村庄人口（万人）	13.06	2.12	1.10	X_1_村庄人口（万人）	6.90	1.65	0.31
	X_2_乡村从业人员（万人）	5.58	3.00	0.28	X_2_乡村从业人员（万人）	7.43	1.96	0.32
	X_3_人均国内生产总值（元）	0.02	0.01	0.33	X_6_工业总产值（亿元）	0.13	0.01	0.60
	X_4_第一产业比重（%）	-54.03	24.27	-0.18	X_8_农林牧渔总产值（亿元）	-5.42	0.89	-0.36
	X_5_第二产业比重（%）	38.25	13.19	0.19	X_9_粮食产量（万 t）	-11.07	1.70	-0.34
	X_7_农林牧渔从业人员（万人）	-25.60	5.60	-0.38	X_{11}_本年村庄建设投资（万元）	0.00	0.00	0.11
	X_9_粮食产量（万 t）	-6.74	1.97	-0.40	X_{12}_本年公共设施投资（万元）	0.01	0.00	0.27
	X_9_本年村庄建设投资（万元）	0.00	0.00	-0.31				
Y_4_年末实有住房面积（万 m^2）	（常量）	-16098.85	3142.23		（常量）	84.21	58.33	
	X_1_村庄人口（万人）	37.68	5.89	0.79	X_1_村庄人口（万人）	43.02	2.84	0.74
	X_3_人均国内生产总值（元）	0.21	0.04	0.70	X_2_乡村从业人员（万人）	21.63	3.94	0.36
	X_4_第一产业比重（%）	186.15	77.16	0.15	X_7_农林牧渔从业人员（万人）	-82.29	9.80	-0.27
	X_5_第二产业比重（%）	180.78	52.72	0.23	X_8_农林牧渔总产值（亿元）	-3.50	1.02	-0.09
	X_6_工业总产值（亿元）	-1.37	0.27	-0.50	X_{10}_村庄道路长度（km）	0.22	0.05	0.16
	X_7_农林牧渔从业人员（万人）	-58.21	19.61	-0.21	X_{12}_本年公共设施投资（万元）	0.00	0.00	0.07

（续表）

		1994—2005年			2006—2015年		
		非标准化系数		标准系数		非标准化系数	标准系数
Y_4_年末实有住房面积（万m^2）	X_8_农林牧渔总产值（亿元）	18.23	8.18	0.20			
	X_9_粮食产量（万t）	15.68	5.50	0.23			
	X_{10}_村庄道路长度（km）	0.23	0.11	0.11			
Y_5_村庄人均住房面积（m^2）	（常量）	-23.21	10.82		（常量）	55.18	1.09	
	X_2_乡村从业人员（万人）	0.06	0.03	0.35	X_1_村庄人口（万人）	-0.19	0.05	-1.17
	X_3_人均国内生产总值（元）	0.00	0.00	1.55	X_2_乡村从业人员（万人）	0.42	0.09	2.53
	X_4_第一产业比重（%）	0.91	0.30	0.32	X_7_农林牧渔从业人员（万人）	-1.82	0.30	-2.18
	X_5_第二产业比重（%）	0.56	0.16	0.30	X_8_农林牧渔总产值（亿元）	-0.07	0.02	-0.64
	X_6_工业总产值（亿元）	-0.01	0.00	-1.10	X_9_粮食产量（万t）	0.18	0.06	0.75
	X_7_农林牧渔从业人员（万人）	-0.28	0.07	-0.44	X_{10}_村庄道路长度（km）	0.00	0.00	0.90
	X_9_粮食产量（万t）	0.06	0.02	0.39	X_{11}_本年村庄建设投资（万元）	0.00	0.00	0.35
	X_{10}_村庄道路长度（km）	0.00	0.00	0.25				

2. 模型可信度验证

• 以"1994—2005年 Y_1_村庄现状用地面积（hm^2）"因变量模型为例：

表6-4 R^2 表

模型	R	R^2	调整 R^2	标准估计的误差
9	0.824	0.68	0.656	10120.723

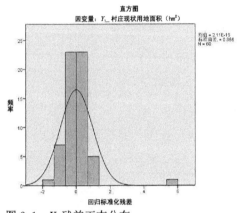

图 6-1 Y_1 残差正态分布

资料来源：笔者自绘

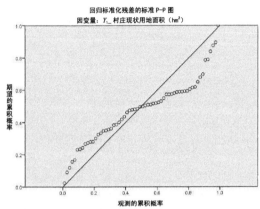

图 6-2 Y_1 残差 P-P

资料来源：笔者自绘

R^2 为判定系数，是用于判定线性方程拟合优度①的重要指标，体现了回归模型解释因变量变化的能力，越接近 1 越好。一般认为 R^2 大于 0.6 时，模型就可以拟合因变量的变化，从结果中可以看出该模型的 R^2 为 0.68，初步判断模型拟合效果良好。

表 6-5 方差分析显著性值表

模型		平方和	df	均方	F	Sig.
9	回归	1.2E+10	4	2.99E+09	29.175	0.000
	残差	5.63E+09	55	1.02E+08		
	总计	1.76E+10	59			

方差分析的显著性值（Sig.）=0.000，表明由自变量和因变量建立的线性关系回归模型具有极显著的统计学意义。

表 6-6 回归系数显著性值表

模型		非标准化系数		标准系数	t	Sig.
		B	标准误差	试用版		
9	（常量）	35912.799	18947.548		1.895	0.063
	X_1_村庄人口（万人）	273.021	44.353	1.115	6.156	0.000
	X_3_人均国内生产总值（元）	0.548	0.146	0.349	3.744	0.000
	X_5_第二产业比重（%）	-741.675	325.55	-0.183	-2.278	0.027
	X_9_粮食产量（万 t）	-152.175	66.332	-0.438	-2.294	0.026

回归系数显著性值（Sig.）基本不大于 0.05，表明回归系数 b 存在，由自变量和因变量建立的线性关系回归模型具有极显著的统计学意义。

• 残差分析（图 6-1、图 6-2）：从标准化残差直方图来看，左右两侧近似对称；

---

① 拟合优度（Goodness of Fit）指回归直线对观测值的拟合程度。度量拟合优度的统计量是可决系数（亦称确定系数）R^2。R^2 最大值为 1。R^2 的值越接近 1，说明回归直线对观测值的拟合程度越好；反之，R^2 的值越小，说明回归直线对观测值的拟合程度越差。

从标准化残差的标准 P-P 图来看，散点贴近斜线两侧均匀分布。

综合而言，残差正态性结果与理想情况比较接近，结合上文的验证，说明该模型可信度较高，可以比较精确地反映因变量的变化，具有较强的统计学意义。

3. 公式推导

表 6-7 数字模型公式汇总表

	1994—2005 年	2006—2015 年
Y_1_村庄现状用地面积（hm^2）	$Y_1=1.12X_{Z1}-0.44X_{Z9}+0.35X_{Z3}-0.18X_{Z5}$	$Y_1=0.92X_{Z1}+0.40X_{Z7}-0.28X_{Z9}-0.19X_{Z10}+0.13X_{Z6}$
Y_2_年末实有公共建筑面积（万 m^2）	$Y_2=1.23X_{Z1}-0.48X_{Z7}-0.42X_{Z11}+0.35X_{Z2}+0.28X_{Z3}-0.24X_{Z9}-0.23X_{Z4}-0.18X_{Z10}$	$Y_2=0.56X_{Z1}+0.30X_{Z7}+0.23X_{Z12}+0.19X_{Z8}-0.18X_{Z10}+0.16X_{Z5}+0.16X_{Z3}+0.11X_4$
Y_3_年末实有生产建筑面积（万 m^2）	$Y_3=1.10X_{Z1}-0.40X_{Z9}+0.33X_{Z3}-0.31X_{Z11}+0.28X_{Z2}+0.19X_{Z5}-0.18X_{Z4}$	$Y_3=0.60X_{Z6}-0.36X_{Z8}-0.34X_{Z9}+0.32X_{Z2}+0.31X_{Z1}+0.27X_{Z12}+0.11X_{Z11}$
Y_4_年末实有住房面积（万 m^2）	$Y_4=0.79X_{Z1}+0.70X_{Z3}-0.50X_{Z6}+0.23X_{Z9}+0.23X_{Z5}-0.21X_{Z7}+0.20X_{Z8}-0.15X_{Z4}+0.11X_{Z10}$	$Y_4=0.74X_{Z1}+0.36X_{Z2}-0.27X_{Z7}+0.16X_{Z10}+0.07X_{Z12}-0.09X_{Z8}$
Y_5_村庄人均住房面积（m^2）	$Y_5=1.55X_{Z3}-1.10X_{Z6}-0.44X_{Z7}+0.39X_{Z9}+0.35X_{Z2}+0.32X_{Z4}+0.30X_{Z5}+0.25X_{Z10}$	$Y_5=2.53X_{Z2}-2.18X_{Z7}-1.17X_{Z1}+0.90X_{Z10}+0.75X_{Z9}-0.64X_{Z8}-0.35X_{Z11}$

注：X_{Z1} 代表 X_1 的标准化值，余同。此处选用标准化系数与自变量的标准化值，排除了自变量的单位对系数的影响，可以更加直观地表达各自变量对因变量影响程度的大小，也便于不同历史时期之间的对比。

6.1.3 分析结果解读

1. 两个时期内主导影响因子比较

表 6-8 两个时期自变量影响力变化归纳表　　　　　　　　　　（图表来源：笔者自绘）

村落空间因变量	正负相同			正负相异
	影响力增加	影响力减小	影响力不变	
Y_1_村庄现状用地面积（hm^2）	X_6_工业总产值（亿元）	X_1_村庄人口（万人）	X_2_乡村从业人员（万人）	
	X_7_农林牧渔从业人员（万人）	X_3_人均国内生产总值（元）	X_4_第一产业比重（%）	
	X_{10}_村庄道路长度（km）	X_5_第二产业比重（%）	X_8_农林牧渔总产值（亿元）	
		X_9_粮食产量（万 t）	X_{11}_本年村庄建设投资（万元）	
			X_{12}_本年公共设施投资（万元）	

（续表）

村落空间因变量	正负相同			正负相异
	影响力增加	影响力减小	影响力不变	
Y_2_年末实有公共建筑面积（万 m²）	X_5_第二产业比重（%）	X_1_村庄人口（万人）	X_{10}_村庄道路长度（km）	X_4_第一产业比重（%）
	X_8_农林牧渔总产值（亿元）	X_2_乡村从业人员（万人）	X_6_工业总产值（亿元）	X_7_农林牧渔从业人员（万人）
		X_3_人均国内生产总值（元）		
		X_9_粮食产量（万 t）		
		X_{11}_本年村庄建设投资（万元）		
Y_3_年末实有生产建筑面积（万 m²）	X_2_乡村从业人员（万人）	X_1_村庄人口（万人）	X_{10}_村庄道路长度（km）	X_{11}_本年村庄建设投资（万元）
	X_6_工业总产值（亿元）	X_3_人均国内生产总值（元）		
	X_8_农林牧渔总产值（亿元）	X_4_第一产业比重（%）		
	X_{12}_本年公共设施投资（万元）	X_5_第二产业比重（%）		
		X_7_农林牧渔从业人员（万人）		
		X_9_粮食产量（万 t）		
Y_4_年末实有住房面积（万 m²）	X_2_乡村从业人员（万人）	X_1_村庄人口（万人）	X_{11}_本年村庄建设投资（万元）	X_8_农林牧渔总产值（亿元）
	X_7_农林牧渔从业人员（万人）	X_3_人均国内生产总值（元）		
	X_{10}_村庄道路长度（km）	X_4_第一产业比重（%）		
	X_{12}_本年公共设施投资（万元）	X_5_第二产业比重（%）		
		X_6_工业总产值（亿元）		
		X_9_粮食产量（万 t）		
Y_5_村庄人均住房面积（m²）	X_1_村庄人口（万人）	X_3_人均国内生产总值（元）	X_{12}_本年公共设施投资（万元）	
	X_2_乡村从业人员（万人）	X_4_第一产业比重（%）		
	X_7_农林牧渔从业人员（万人）	X_5_第二产业比重（%）		
	X_8_农林牧渔总产值（亿元）	X_6_工业总产值（亿元）		
	X_9_粮食产量（万 t）			

(续表)

村落空间因变量	正负相同			正负相异
	影响力增加	影响力减小	影响力不变	
Y_5_村庄人均住房面积（m^2）	X_{10}_村庄道路长度（km）			
	X_{11}_本年村庄建设投资（万元）			

注：分析结果中被排除的自变量影响力以 0.00 计算，上表中灰色标明的自变量在前后两个阶段的线性回归分析中均被排除。

2. 村落空间因变量影响因子解读

（1）Y_1_村庄现状用地面积

X_1_村庄人口对 Y_1_村庄现状用地面积的影响最大，且影响力随时间发展而减弱。

1994 年至 2005 年，农业发展与 Y_1_村庄现状用地面积呈正相关，2006 年至 2015 年，工业发展、村庄道路建设的作用增加，农业的作用降低，反映了村落空间形态随农村生产结构、产业模式的转变而改变。改革开放后的"苏南模式"和"新苏南模式"期间，村庄的工业、农业、居住功能存在很大程度上的混合，从早期的农业为主到中后期工业为主的产业模式变化，对村庄规模的扩大产生了单一因素的主导影响。到了 21 世纪，通过国家和地方政策的扶持，基础设施和道路的修建给村庄带来了更多发展条件，农村产业结构进一步复杂化，一些落后的村庄在周边工业的发展下面积得到扩张，一些近郊村落在交通便利之后，旅游产业逐渐推动村庄蓬勃发展。至此，单一因素主导村落空间发展转变为多元因素影响下的村落发展特征。

（2）Y_2_年末实有公共建筑面积

X_1_村庄人口对 Y_2_年末实有公共建筑面积的影响最大，且影响力随时间发展而减弱。

说明村民对公共建筑的需求逐渐提升。其一是由于基本生活需求的提高，如对商业、医疗、娱乐设施需求的增加；其二是具有一定规模的农村社区有能力建设服务全村的集中型公共建筑，例如社区服务中心、养老中心和文化中心等；其三是本地居民和外来人口共同发展旅游业，带来相关服务设施的建设数量增加。

X_{10}_村庄道路长度与 Y_2_年末实有公共建筑面积呈负相关，且在两个阶段影响力相同。

传统村落的道路相对狭窄等级低，形态复杂，路网密度大，以人行尺度为主。

随着公共建筑的增设，居民日常活动范围增大，一些广场空间成为村民新的交流场所。随着生活水平提高，一部分村民拥有汽车作为代步和农产品运输的工具，大部分村庄道路都进行了重新修缮，主要道路进行了拓宽，不必要的小路进行合并，因此虽然整体上道路长度缩短了，但出行效率大大提高。

X_4_第一产业比重、X_7_农林牧渔从业人员在两个阶段与Y_2_年末实有公共建筑面积的正负相关性出现了变化，均由负相关转为正相关。说明随着时间的推移，传统农业与公共空间的发展由相互制约转为相互促进，这种变化是由于近代以来生产模式的转型带来产业建筑的增加，农产品种植和加工都可以在农村本地进行，农作物种植效率提高和品种增加给村民带来可观收入，间接带动了本地生活水平提升。

1994年至2005年，农业发展与Y_2_年末实有公共建筑面积呈正相关，2006至2015年，工业发展、建设投资的作用增加，也反映了村落空间形态的变迁随农村生产结构、产业模式转变的趋势。

（3）Y_3_年末实有生产建筑面积

1994年至2005年，X_1_村庄人口对Y_3_年末实有生产建筑面积的影响最大，随时间发展，其影响力大幅减弱；2006年至2015年，对因变量的影响力已偏低；X_{11}_本年村庄建设投资在两个阶段与Y_3_年末实有生产建筑面积的正负相关性出现了变化，由负相关转为正相关。同时，X_{12}_本年公共设施投资的影响力也增加了，反映了政策导向对乡村生产、产业发展的作用增加。"苏南模式"时期，村落的生产建筑主要集中在村落内部与村落周边，受当时宏观政策的无差别扶持而广泛发展，与村内的劳动力多少及村落规模有着直接的关联；至"新苏南模式"时期，政策的变化导致生产建筑向交通便利、产业丰富、具有潜力的区域集中，且不再依附于村庄本身。故其主要影响因素中，人口因素的影响力大大降低，而政策主导的投资要素作用明显。

（4）Y_4_年末实有住房面积

X_1_村庄人口对Y_4_年末实有住房面积的影响最大，且影响力随时间发展而减弱。

X_8_农林牧渔总产值在两个阶段与Y_4_年末实有住房面积的正负相关性出现了变化，由正相关转为负相关，反映了2005年以后，乡村居住功能与农业生产功能之间的矛盾。

随着时间的推移，影响力增加的要素为"从业人员"类要素、道路长度与公共设施投资，而影响力减小的要素中，涵盖了第一产业和第二产业发展的诸多要素。说明随着居民生活水平的提高，农村居住空间的发展已经逐步摆脱了对第一产业、第二产业发展的依赖，更多地受劳动者主观支配，且受乡村基础设施完善程度与宜居程度的影响。

（5）Y_5_村庄人均住房面积

X_1_村庄人口对 Y_5_村庄人均住房面积的影响较其他四个因变量小得多，其影响力随时间发展而增加，且呈负相关，说明随着人口的增加、可建设用地的控制，导致居住空间的相对局限和居住的集约发展趋势。

与 Y_4_年末实有住房面积相似，随时间推进，对村庄人均住房面积影响力增加的要素为"从业人员"类要素、道路长度与公共设施投资，而影响力减小的要素中，涵盖了第一产业和第二产业发展的诸多要素，说明随着居民生活水平的提高，农村居住空间的发展已经逐步摆脱了对第一产业、第二产业发展的依赖，更多地受劳动者主观支配。

3. 回归分析结果综合解读

（1）村庄建设发展与"民生"息息相关

总体上看，自变量 X_1_村庄人口（万人）与各因变量均为正相关，虽然随着时间的推移影响力逐渐减弱，但所占比重始终较大，说明村民数量对于村庄发展的影响一直处于主导地位，也是村落繁盛和没落的重要指标之一。除此之外，村庄的基础设施建设和人民生活水平对该村的发展也起到决定性作用，就业人员的增加以及投资的增大，给村庄公共服务、产业发展和居住空间的建设都有积极促进的效果。随着时间的推移，各类政策措施的调控性及百姓主观能动性的作用逐步提升，对村落在各空间尺度的特征变化作用显著提升。

（2）产业主导向政策主导过渡的发展特点

总体上看，随着时间的推移，影响力减小的自变量，以"产值"类要素居多，如 X_3_人均国内生产总值、X_9_工业总产值、X_9_粮食产量等；影响力增大的自变量，以"投资"类要素和"基础设施"类要素居多，如 X_{12}_本年公共设施投资、X_{11}_本年村庄建设投资、X_{10}_村庄道路长度等。说明在"苏南模式"至"新苏南模式"的转型之中，市场的主导作用逐渐弱化，政策的主导作用逐步增强。"苏南模式"时期，小型工业、村办企业在各村落内部及周边迅速发展、壮大，其产生、增长直接受到经济规律的控制和引导；而"新苏南模式"时期，大量小型工业和村办企业迅速凋零，顺应各类措施调控的大型工业区迅速成长，其数量、规模及分布规律的变迁，反映出空间形态的因变量由产业主导向政策主导过渡的特点。

6.2 苏南乡村聚落空间形态演变的影响因素与营造机制

6.2.1 苏南乡村聚落空间形态演变的影响因素及其作用方式

聚落的发展是自然环境与人类活动双重因素综合作用的结果。相对于自然地理环境、文化传统的稳定性，聚落人口、经济技术、社会制度等因素处于持续的变化发展中，从而导致了乡村聚落空间形态的持续演变。

综合前面几章的共时性、历史性分析，可以发现以上影响因素在乡村聚落空间系统各个尺度层面的影响规律。我们把其总结为自然地理条件的约束性、社会经济的主导性、政策与规划的调控性、文化传统的锚固性等四个方面。

1. 自然地理条件的约束性

自然地理环境条件是农村居民点形成和发展演变的物质环境基础。尤其在传统农业社会，技术的落后使人类只能顺应环境条件的约束，"应天时、顺地利"。人们在与环境的互动中总结出丰富的经验并拥有博大的智慧，并在乡村聚落空间营造中持续传承。时至今日，自然地理及资源条件对村落的影响依然明显，不仅对村落的空间分布、产业模式及其发展起到约束作用，也是不同地理类型条件下乡村聚落空间及建筑形象多样化的形成基础。可以说，以自然环境系统为基底、对自然地理及气候环境要素的敏感适应性，是乡村聚落区别于城市、不同地域乡村可识别性特质的重要标志。

2. 社会经济的主导性

正如"经济力是社会发展的根本动力"[①]，在乡村中，社会及经济技术发展是乡村居住空间演变的主导性因素和根本动力。其中，乡村社会人口的增长是乡村聚落空间扩张的内生动力，这从传统时期北方人口南迁以及新中国成立后两次生育高峰导致的建房热可以得到直接印证。而农民收入的提高、乡村经济产业的发展等则为乡村建设发展提供了能力保障。同时，道路交通等基础设施的发展、与城市的距离关系等均对乡村从宏观的分布形态到微观的村内空间格局产生直接影响。

3. 政策与规划的调控性

与城市相比，乡村具有"自下而上"的营造特质，但不同时期的社会制度对乡村空间发展具有不同的调控作用，封建等级及宗法制度对乡村从空间布局到宅院形制的制约延续千年。新中国成立后，计划经济时期的乡村空间功能则是特殊政治制

---
① 中共中央马克思恩格斯列宁斯大林著作编译局.马克思恩格斯全集[M].北京：人民出版社，2006：148.

度的物质化表现，从这一时期开始出现的乡村规划，在不同时期发挥出重要引导作用。自 21 世纪以来的村落空间演变历程，则更鲜明地体现出政策与措施的调控性作用。由于国家政策的强制性，在政府主导乡村建设时期，村民主体、社会资本等的主导性作用往往会表现出在政府调控下对乡村的建设发展发挥作用时的相对弱势状态。

4. 文化传统的锚固性

正如第二章中所言，文化综合而抽象，且存在于政治、经济、生活等各个领域，在基本稳定的同时具有可变性。但通过前面的历时性分析可以发现，与社会经济及政策制度因素相比，文化传统在乡村社会及其空间形态的变革中更多地起到一种"锚固"的作用，并会在每次的剧烈变革之后显示其作用力。改革开放初期苏南乡村中寺庙、宗祠复建的兴起，是对计划经济和"文化大革命"的反抗；当今苏南水乡村民日常生活中对水的亲近，是千年人地关系传统的自然延续；在近年来苏南各地的特色田园乡村建设实践中，"文化传统复兴"更是成为必不可少的内容和目标。

6.2.2 乡村聚落空间形态演变及其营造的动力机制

1. 乡村空间形态变迁的作用力

影响乡村聚落空间形态演变的重要因素，需要依托一定的行为主体才能发挥作用。纵观苏南乡村聚落的变迁历程，有四种基本的社会主体力量在推动着乡村聚落空间的演化，它们是乡村主体［乡村居民，各种村社组织（传统的宗族组织，现代的村委会、妇联、专业协会等）、基层党政管理组织等］，"政府力"（主要指不同层次的政府组织及其推行的相关法规、制度），"市场力"（广义上包括参与乡村发展建设，以盈利为目的不同组织、企业或个人，如生产企业或个人，商业经营、管理服务、施工建设企业及相关资本主体等），"社会力"［主要包括非政府机构（如设计师、科研院所等），外来志愿者、社团组织等］。这四种社会力的相互作用与制约最终决定着乡村聚落空间的发展。

但是在实践中，四种作用力不可能以相同的权重同时起作用。相反，往往是村民、政府力、市场力和社会力权重不一，且对乡村空间社会发展的意图不一。在决定乡村发展时，常常是有一组力为主因，提出了诉求或倡议，并力图贯彻之。但由于另外几组力的存在，使这个倡议受到约束而不得不加以调整。最后的发展往往主要反映了主因力的意志，但在某些方面可能做了调整，以满足另外几组力的要求。调整的程度取决于其他几组力的强弱。

2. 苏南乡村聚落空间形态演变的动力机制解析

从各作用主体在不同历史时期所处地位及其相应作用表现的角度进行分析，可以更清晰、深刻地解释苏南乡村聚落空间发展的历史轨迹和内在逻辑。

传统社会时期，乡村是一个个相对封闭的社会单元，"皇权不下县"，商业经济直到宋代以后才缓慢兴起。因此，村落的建设发展由村民自身及其所依存的宗族、社群组织主导。从村落总体布局、祠堂寺庙等公共设施建设到邻里之间空间关系处理等，均由家族长老、士绅／地主决策。在这一时期，人们在人地关系处理、民宅营造中因循风水、宗法礼制等传统经验，自下而上、缓慢、有机地推进村落空间的演变发展。

鸦片战争以后，中国被迫敞开贸易大门，苏南乡村经济也被纳入世界经济体系之中，使得苏南开始了千年农业文明向工业文明转变的历程。城镇的工业化和外贸经济导致苏南乡村棉麻丝茶等新型种植业和纺织业等近代乡村工业的兴起，而新的工业技术和交通运输方式则促进了苏南乡村与城镇空间体系的形成。民国时期的"乡村建设运动"，则是中国历史上由社会力量（600多个学术团体和教育机构）主导参与乡村建设的一次重大探索实践。总体而言，这一时期的乡村空间总体特征表现为跃升为市镇的乡村数量增多，交通运输方式变革（以水陆交通为主变为陆路交通为主），乡村内部商业空间发展，但村内空间格局并未有根本改变。

在新中国成立后的计划经济体制下，国家政府力量渗透到社会文化、生产生活等各个层面，并起到绝对主导作用，村民主体、社会力、市场力的作用极其微弱。社会主义制度确立、地主阶层的消灭以及村庄规划及按生产需求进行分配建设，导致传统以宗族血缘聚居的形态结构被消解，居住空间形态逐渐均质化；同时，传统寺庙、宗祠等被废弃或改造，大队部、村社人民会堂等具有时代特色的公共空间出现。

苏南模式时期，人民公社制度的终止和家庭联产承包责任制的实施，使得农业生产体制由过去集中经营为主转为以家庭分散经营为主。社队工业、乡镇企业快速发展，乡村工业迅速取代农业成为乡村经济和就业的主体，农业逐步由主业变为副业。这不仅导致村镇工业用地和居住用地的高速扩张，而且导致了苏南乡村出现了新中国成立后的第一次建房高峰。经济的发展也为乡村公共空间设施的建设提供了财力支撑，一些乡村对承载传统文化的祠堂、寺庙等进行了修缮。

新苏南模式时期，外向型经济发展，开发区集中建设，各级政府力从乡村空间建设中抽离，以及由此带来的"离土又离乡、进厂又进城"的乡村主体就业模式，乡村出现就地城镇化、空心化、边缘化等空间分化发展现象。商业文化的侵蚀导致乡村传统文化、公共空间系统衰败。

21世纪以来，国家提出基于城乡统筹发展的"乡村振兴战略"，各级政府主导展开了社会主义新农村建设的热潮。苏南地区更是在江苏省省政府主导下历经了村庄环境整治、"美丽乡村建设"和"特色田园乡村建设"三个阶段。苏南乡村空间形态再次剧变，并呈现多元化形态特征。

表6-9 苏南乡村聚落空间形态演变的动力解析

	社会经济背景	政策法规制度	空间形态特征	主导作用力
传统时期	• 自给自足的小农经济（宋以前） • 农业、集镇商业、家庭手工业（宋以后）	• "皇权不下县" • 宗法礼制	• 井田制，坊市制 • 传统乡村空间形态逐渐成熟	• 乡村自主
近代时期	• 通商口岸开放与国际贸易发展 • 近代工业化，乡村工业兴起	• 基于宗族的社会组织功能衰落 • 民国"乡村建设运动"	• 延续传统乡村空间形态 • 跃升为市镇的乡村增多	• 经济动力主导 • 社会力的探索
计划经济时期	• 人民公社、计划经济 • 政社合一、政经合一	• 从无到有的规划引导 • 血缘宗族组织功能丧失	• 均质化，草房变瓦房 • 大队部、会堂等新公共空间	• 政府力量主导
苏南模式时期	• 家庭联产承包责任制 • 乡村工业化，政企一体化	• 国家权力从乡村退出	• 工业、居住用地双扩张 • "瓦房变楼房"	• 乡村自主
新苏南模式时期	• "外向型经济"发展 • 乡镇企业改制，"政社分开"	• 产业集中，园区建设 • 居住集中，新村建设"小区化"	• "楼房变别墅" • 村落空间形态分化 • 传统公共空间衰落，商业空间扩张	• 市场驱动与政府引导结合
2005年以来	• 城乡统筹发展 • 乡村振兴的国家战略	• "美丽乡村建设""特色田园乡村建设"等 • 土地流转、宅基地置换等	• "指标性"公共空间配建及其闲置 • 乡村空间形态多元化	• 从先期的政府主导，到政府调控、多方参与的新动力机制探索

3. 苏南乡村聚落空间形态营造的动力机制建构

通过上文对苏南乡村聚落空间形态演变的动力解析，可以发现以下规律：

①村民主体、政府力、社会力、市场力在不同历史时期的地位和作用不同，总体呈现从"乡村自主（宗族礼制）→市场力主导→政府力主导→乡村自主→市场推动→行政主导"的轮回、转换特征。

②在传统社会里，乡村作为一个个相对封闭的农业社会单元，系统相对简单且规模较小，其主体作为乡村空间营造的主体力量，能充分顺应当地自然地理环境和村民的切实需求，从而营造出因地制宜、在地性特征明显而又丰富多变的空间系统。但伴随社会经济发展，乡村及其主体在整体社会系统中越发处于弱势地位，仅依靠

其自身不能满足乡村发展需求，开放的社会系统也需要城乡的统筹一体化发展。在此背景下，政府力、市场力和社会力的介入势在必行。

③无论是计划经济时期和21世纪社会主义新农村建设初期的政府主导，还是改革开放以后市场主导的乡村建设，都导致了乡村空间的异化或衰落。所以，在乡村发展进程中，应始终突出和保障村民的主体性地位。而文化传统会在每次空间异化现象严重以后，通过社会力及乡村主体以不同的形式发挥出"锚固性"作用，敦促着乡村人性、乡土性的再次回归。

④由于各自诉求的不同，无论乡村自身，还是政府力、社会力及市场力量，任何单一向度的努力都难以解决乡村社会及空间发展的核心问题。尤其在当今新的社会进程中，乡村空间系统的营造有赖于政府部门、乡村主体（村民）、市场力量和社会中介组织的共同参与和良性互动，发挥各自优势，形成合力。

综上，我们提出苏南乡村聚落空间形态营造的动力机制，如图6-3所示。

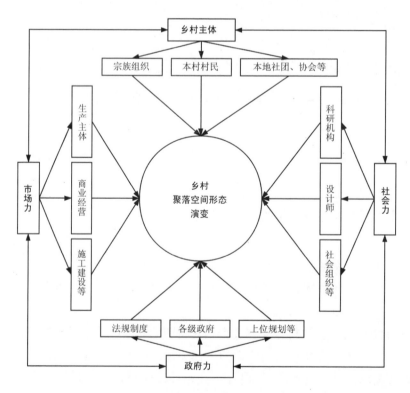

图6-3 苏南乡村聚落空间形态营造的动力机制

结语

伴随着社会经济发展，农村经济在国民经济中所占比重大大下降，但这并不意味着乡村的必然衰落乃至消亡。恰恰相反，发达国家的经验表明，乡村的属性、环境资源条件及其所能提供的服务，反而会超越传统农业及其GDP贡献，孕育出很多新的价值。调研发现，近年来村民对自己居住生活环境的日益认同（见附录9）。城市居民对乡村游的热衷，也直接印证了乡村发展的巨大潜力。因此，对乡村的研究任重而道远。

本研究尝试从复杂系统的视角对乡村空间环境进行探索，在特定的自然地理环境及相应的社会、经济、技术等发展变化情境中剖析苏南乡村空间形态的演化，同时借鉴形态类型学等最新理论方法，从共时性层面梳理基于特定自然地理环境特征的苏南乡村聚落空间形态类型，从历时性层面梳理空间形态类型演化与社会经济变革之间的内在关联。通过研究，不仅初步建立了苏南乡村空间系统跨尺度、多层次的形态类型模式及其"基因库"，而且挖掘出乡村空间形态演变的动力机制，从而为对苏南乡村的空间环境认知和相关设计实践提供科学依据。

地域化形态类型、在地性建构策略、多元化营造机制是本研究的主要内容。研究发现，"在地性"是苏南乡村聚落空间形态及其营造的重要特征。不同自然地理环境中的村落，空间形态既有共性规律也有个性特征，但均鲜明地反映出乡村聚落空间对所处自然地理环境系统及其要素的高度依赖性和灵活适应性，并从村落宏观分布格局到中微观空间形态等各个尺度层面均有直观表现。通过历时性分析，建构起了苏南乡村聚落空间形态的演变历程及其类型模式；在时代性差异逐渐大于地域性差异的背后，蕴含着各影响因子在不同历史时期所产生作用的内在逻辑：自然地理条件的约束性、社会经济的主导性、政策与规划的调控性以及文化传统的"锚固性"等；乡村聚落空间形态的演变通过多元行为主体（乡村主体、政府力、市场力、社会力），这四种社会力的相互作用与制约决定着苏南乡村聚落空间形态的最终发

结　语

展。在当前的乡村建设中，任何单一力量都不能解决乡村社会及空间发展的核心问题，尤其在当前苏南乡村历经社会经济、空间形态、乡土文化等全方位重构的历史时期，乡村空间系统的营造有赖于多元共建的营造机制探索，其中村民主体性地位和作用的发挥显得尤为迫切。

参考文献

[1] 齐康. 地区的现代的新农村[M]. 南京：东南大学出版社, 2014.

[2] 土彦辉. 城镇宜居住区整体营造理论与方法[M]. 南京：东南大学出版社, 2013.

[3] 周岚, 刘大威, 等. 2012江苏乡村调查[M]. 北京：商务印书馆, 2015.

[4] 梁思成. 大同古建筑调查报告[M]. 北京：中国营造学社, 1933.

[5] 胡振洲. 聚落地理学[M]. 台北：三民印书局, 1975.

[6] 金其铭. 农村聚落地理[M]. 北京：科学出版社, 1988.

[7] 彭一刚. 传统村镇聚落景观分析[M]. 北京：中国建筑工业出版社, 1992.

[8] 李旭旦. 人文地理学[M]. 上海：中国大百科全书出版社, 1984.

[9] 吕世辰. 农村社会学[M]. 北京：社会科学文献出版社, 2006.

[10] 李晓峰. 乡土建筑:跨学科研究理论与方法[M]. 北京：中国建筑工业出版社, 2005.

[11] 李立. 乡村聚落：形态、类型与演变——以江南地区为例[M]. 南京：东南大学出版社, 2007.

[12] 段进. 空间句法与城市规划[M]. 南京：东南大学出版社, 2007.

[13] 段进. 城镇空间解析：太湖流域古镇空间结构与形态[M]. 北京：中国建筑工业出版社, 2002.

[14] 中国建筑设计研究院建筑历史研究所. 浙江民居[M]. 北京：中国建筑工业出版社, 2007.

[15] 彭一刚. 传统村镇聚落景观分析[M]. 北京：中国建筑工业出版社, 1994.

[16] Hillier B, Hanson J. The Social Logic of Space[M]. Cambridge: Cambridge University Press, 1984.

[17] Roberts B K. The Making of the English Village[M]. London: Longrnan, 1987.

[18] Roberts B K. Landscapes of Settlement[M]. London: Routledge, 1996.

[19] Swanwick C.Landscape character assessment, Guidance for England and Scotland [M].Countryside:Agency Publications,2002:6-16.

[20] Hillier B.Space is the Machine:A Configurational Theory of Architecture [M].Cambridge:Cambridge University Press,1996.

[21] Steven Marshall.Streets & Patterns[M].New York:SPON Press,2005.

[22] 许家伟.乡村聚落空间结构的演变与驱动机理 [D].开封:河南大学,2013.

[23] 郭阳.北京地区传统村落分布与特征研究——以北京延庆地区为例[D].北京：北京建筑大学,2014.

[24] 席丽莎.基于人类聚居学理论的京西传统村落研究[D].天津:天津大学,2014.

[25] 高塔娜.自然环境对农村聚落空间布局的影响[D].成都:西南交通大学,2014.

[26] 李贺楠.中国古代农村聚落区域分布与形态变迁规律性研究[D].天津:天津大学,2006.

[27] 王飒.中国传统聚落空间层次结构解析[D].天津:天津大学,2011.

[28] 叶珍.京西传统村落空间分布演变研究[D].北京:北京林业大学,2014.

[29] 施鹏骅.苏锡常地区农村居住空间形态组构分析[D].南京:东南大学,2017.

[30] 史越.社会经济转型背景下宁镇地区农村居住空间形态演变研究[D].南京:东南大学,2017.

[31] 冀亚哲.基于最佳分析粒度的市域乡村聚落景观格局及其优化模式研究[D].南京:南京师范大学,2013.

[32] 孙道雯.新型城镇化导向下乾县乡村聚落体系发展规划策略研究[D].西安:西安建筑科技大学,2017.

[33] 石好为.新型城镇化背景下苏南乡村生活空间优化研究[D].苏州:苏州科技学院,2015.

[34] 章国琴."人—产"双重维度下当代苏南乡村空间发展研究[D].南京:东南大学,2017.

[35] 程姗姗.休闲农业节庆活动的时空格局及优化研究[D].南京:南京师范大学,2016.

[36] 李佳佳.苏南地区养老建筑的绿色生态设计与技术策略研究[D].南京:东南大学,2017.

[37] 张超.传统村落非物质文化景观对地方认同建构的影响分析[D].杭州:浙江师范大学,2016.

[38] 江蓉. 基于协同论视角的嵊泗灯塔村环境提升设计研究与实践[D]. 杭州：浙江理工大学, 2016.

[39] 齐朦. 江南地区传统村落公共空间整合与重构研究[D]. 南京：南京工业大学, 2015.

[40] 严嘉伟. 基于乡土记忆的乡村公共空间营建策略研究与实践[D]. 杭州：浙江大学, 2015.

[41] 童磊. 村落空间肌理的参数化解析与重构及其规划应用研究[D]. 杭州：浙江大学, 2016.

[42] 张佳玮. 呈坎村街巷空间认知研究[D]. 合肥：合肥工业大学, 2017.

[43] 武营营. 苏南水网地区传统村落空间意象要素解构[D]. 苏州：苏州科技学院, 2015.

[44] 晁一博. 基于类型学的西安顺城巷公共开放空间研究[D]. 西安：西安建筑科技大学, 2018.

[45] 管春时. 苏南农村居住社区规划设计研究[D]. 大连：大连理工大学, 2004.

[46] 吕明扬. 基于空间句法的传统民居院落结构研究[D]. 南京：东南大学, 2016.

[47] 刘坤. 我国乡村公共开放空间研究[D]. 北京：清华大学, 2012.

[48] 张人玉. 北京古村落空间解析及应用研究[D]. 天津：天津大学, 2014.

[49] 武阳阳. 江南水乡传统聚落核心空间景观特征的研究[D]. 无锡：江南大学, 2013.

[50] 杨伟昊. 江南传统民居建筑临水处理方式研究[D]. 无锡：江南大学, 2016.

[51] 席鸿. 陕西韩城庙后村村落形态结构演变研究[D]. 西安：西安建筑科技大学, 2013.

[52] 赵倩. 走向可持续的城市空间组织与量化方法研究——从起源到嬗变[D]. 南京：东南大学, 2017.

[53] 董一帆. 传统乡村聚落平面边界形态的量化研究[D]. 杭州：浙江大学, 2018.

[54] 金其铭. 农村聚落地理研究——以江苏省为例[J]. 地理研究, 1982(3)：11-20.

[55] 马晓冬, 李全林, 沈一. 江苏省乡村聚落的形态分异及地域类型[J]. 地理学报, 2012, 67(4)：516-525.

[56] 金其铭. 我国农村聚落地理研究历史及近今趋向[J]. 地理学报, 1988, 55(4)：311-317.

[57] 唐云松, 朱诚. 中国南方传统聚落特点及其GIS系统的设计[J]. 衡阳师范学院学报：社会科学版, 2003(4)：13-18.

[58] 李小建, 许家伟, 海贝贝. 县域聚落分布格局演变分析——基于1929—2013

年河南巩义的实证研究[J].地理学报,2015,70(12):1870-1883.

[59] 李伯华,尹莎,刘沛林,等.湖南省传统村落空间分布特征及影响因素分析[J].经济地理,2015(2):189-194.

[60] 熊梅.中国传统村落的空间分布及其影响因素[J].北京理工大学学报(社会科学版),2014(5):153-158.

[61] 吕晶,蓝祧彪,黄佳.国内传统村落空间形态研究综述[J].广西城镇建设,2012(4):71-73.

[62] 卢道典,曾娟.增城古村落的形成发展与空间分布特征[J].中国名城,2014(2):63-67.

[63] 严赛.中国传统村落分布的特点及其原因分析[J].大理学院学报,2014,13(9):25-29.

[64] 骆茜,陈波.岭南传统村落空间分布研究[J].安徽农业科学,2013,41(11):4915-4916,4919.

[65] 刘大均,胡静,陈君子,等.中国传统村落的空间分布格局研究[J].中国人口资源与环境,2014,24(4):157-162.

[66] 王娟,刘扬.国内传统村落空间分布研究进展[J].四川建筑,2016,36(02):39-41.

[67] 徐涛,孙华,石铭.农村居民点演化特征及整理的思考与建议——以江苏省为例[J].国土资源科技管理,2009,26(03):111-114.

[68] 樊天相,杨庆媛,何建,等.重庆丘陵地区农村居民点空间布局优化——以长寿区海棠镇为例[J].地理研究,2015,34(5):883-894.

[69] 佟玉权,龙华楼.贵州民族传统村落的空间分异因素[J].经济地理,2015,35(3):133-137.

[70] 佟玉权.基于GIS的中国传统村落空间分异研究[J].人文地理,2014(4):44-50.

[71] 王恩琪,韩冬青,董亦楠.江苏镇江市村落物质空间形态的地貌关联解析[J].城市规划,2016,40(4):75-84.

[72] 田光进.基于GIS的中国农村居民点用地分析[J].遥感信息,2003(2):32-35.

[73] 王兴平,涂志华,戎一翎,改革驱动下苏南乡村空间与规划转型初探[J],城市规划,2011,35(5):56-61.

[74] 李红波.苏南地区乡村聚落空间格局及其驱动机制[J].地理科学,2014,34(4):43-446.

[75] 马晓冬.江苏省乡村聚落的形态分异及地域类型[J].地理学报,2012,67(4):

516-525.

[76] 张杰,吴淞楠.中国传统村落形态的量化研究[J].世界建筑,2010(1):118-121.

[77] 周明峰,唐晓岚,樊勇吉,等.空间句法在古村落街巷空间中的分析应用——以明月湾为例明[J].建筑与文化,2016(3):122-123.

[78] 杨定海,张瑞海,范冬英,等.海口美社村传统聚落形态变化的量化研究[J].西安建筑科技大学学报(自然科学版),2017,49(6):868-874,918.

[79] 靳亦冰,令宜凡.撒拉族乡村聚落空间形态特征解析[J].建筑学报,2018(3):107-112.

[80] 丁沃沃,李倩.苏南村落形态特征及其要素研究[J].建筑学报,2013(12):64-68.

[81] 孙莹,张尚武.我国乡村规划研究评述与展望[J].城市规划学刊,2017(4):74-80.

[82] 蒋静静,陈敏,江俊浩,等.基于丘陵地形的兰溪诸葛村传统街巷空间形态探析[J].浙江理工大学学报(社会科学版),2016(6):562-569.

[83] 申明锐,张京祥.新型城镇化背景下的中国乡村转型与复兴[J].城市规划,2015,39(1):30-34,63.

[84] Marschalek I.The concept of participatory local sustainability projects in seven Chinese villages[J].Journal of Environmental Management,2008,87(2):226-235.

[85] Chen B N.A study on village forest landscape in small island topography in Okinawa, Japan [J].Urban Forestry & Urban Greening,2010,9(2):139-148.

[86] Yu Y.Landscape transition of historic villages in Southwest China [J].Frontiers of Architectural Research, 2013,2(2):234-242.

[87] Dumreicher H.Chinese villages and their sustainable future:The European Union-China-Research

[88] Anon.Project "SUCCESS"[J].Journal of Environmental Management,2008,87(2):204-215.

[89] Peter C,Bosselmann E.The future of a Chinese water village.alternative design practices aimed to provide new life for traditional water villages in the Pearl River Delta[J].Journal of Urban Design, 2010,15(2):243-267.

附录

附录1：各地域类型区各样本范围 1966、1990、2016 年村落影像图

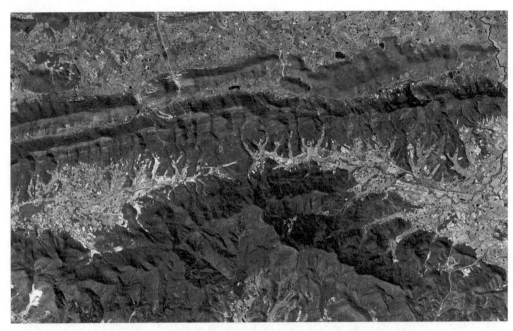

山地型 - 样本区域 A 影像图 1966

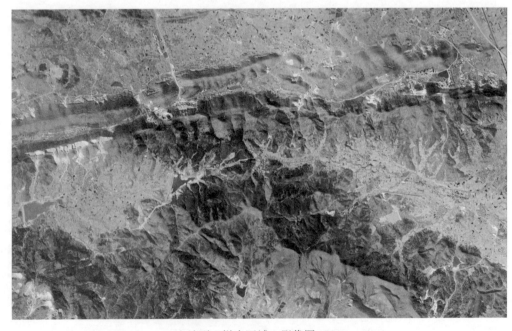

山地型 - 样本区域 A 影像图 1990

山地型-样本区域 A 影像图 2016

山地型-样本区域 B 影像图 1966

山地型－样本区域 B 影像图 1990

山地型－样本区域 B 影像图 2016

丘陵型－样本区域C影像图1966

丘陵型－样本区域C影像图1990

附 录

丘陵型-样本区域C影像图2016

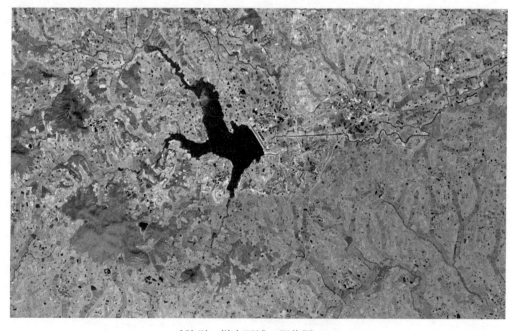

丘陵型-样本区域D影像图1966

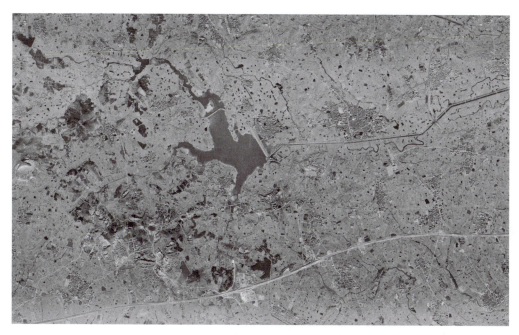

丘陵型-样本区域 D 影像图 1990

丘陵型-样本区域 D 影像图 2016

附 录

平原型-样本区域 E 影像图 1966

平原型-样本区域 E 影像图 1990

平原型-样本区域E影像图 2016

平原型-样本区域F影像图 1966

附 录

平原型-样本区域F影像图1990

平原型-样本区域F影像图2016

湖荡型 - 样本区域 G 影像图 1966

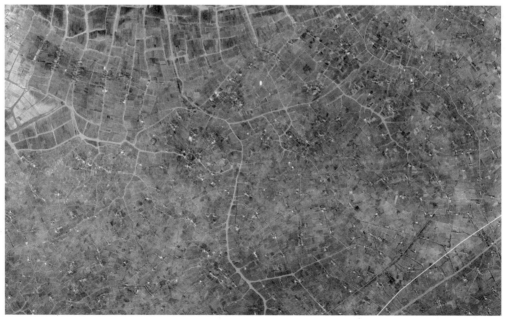

湖荡型 - 样本区域 G 影像图 1990

附 录

湖荡型-样本区域 G 影像图 2016

湖荡型-样本区域 H 影像图 1966

湖荡型-样本区域H影像图1990

湖荡型-样本区域H影像图2016

附 录

圩区型－样本区域Ⅰ影像图 1966

圩区型－样本区域Ⅰ影像图 1990

圩区型-样本区域Ⅰ影像图 2016

圩区型-样本区域J影像图 1966

圩区型－样本区域 J 影像图 1990

圩区型－样本区域 J 影像图 2016

附录 2：各地域类型区量化分析结果

表 1　斑块面积占比（%）统计表

	1966 年	1990 年	2016 年
山地型	1.86	4.79	4.78
丘陵型	3.52	8.90	9.27
平原型	5.95	10.47	9.37
湖荡型	6.99	11.97	14.79
圩区型	14.75	25.37	18.72

表 2　平均斑块面积（m^2）统计表

	1966 年	1990 年	2016 年
山地型	27635	75981	107861
丘陵型	27964	46973	59915
平原型	29067	33797	39249
湖荡型	30914	45789	79619
圩区型	38015	83870	56689

表 3　每平方千米斑块数量（个）统计表

	1966 年	1990 年	2016 年
山地型	0.67	0.63	0.44
丘陵型	1.26	1.89	1.55
平原型	2.05	3.10	2.39
湖荡型	2.26	2.61	1.86
圩区型	3.88	3.02	3.30

表 4　斑块面积标准差（m^2）统计表

	1966 年	1990 年	2016 年
山地型	19051	72457	150658
丘陵型	32283	55400	85166
平原型	28461	36912	46985
湖荡型	31953	44806	84431
圩区型	33635	108135	71869

表 5　面积加权的平均形状指数统计表

	1966 年	1990 年	2016 年
山地型	1.201	1.446	1.682
丘陵型	1.226	1.375	1.405
平原型	1.175	1.320	1.381
湖荡型	1.385	1.490	1.532
圩区型	1.894	2.792	2.481

表 6　面积加权平均斑块分维数统计表

	1966 年	1990 年	2016 年
山地型	1.119	1.127	1.134
丘陵型	1.119	1.125	1.125
平原型	1.116	1.124	1.126
湖荡型	1.128	1.132	1.131
圩区型	1.151	1.171	1.165

表 7　平均最近邻比率统计表

	年代	最近邻比率	分布模式
山地型	1966	0.810	聚类
	1990	0.799	聚类
	2016	0.784	聚类
丘陵型	1966	1.151	离散
	1990	1.107	离散
	2016	1.090	离散
平原型	1966	1.076	随机
	1990	1.078	随机
	2016	1.076	随机
湖荡型	1966	1.128	离散
	1990	1.143	离散
	2016	1.104	离散
圩区型	1966	1.070	随机
	1990	1.190	离散
	2016	1.132	离散

表 8　工业区数量统计表

	山地型	丘陵型	平原型	湖荡型	圩区型
1966	1.3	0.6	1.3	0.0	0.6
1990	9.4	8.1	8.1	15.6	14.4
2016	14.4	20.0	33.8	60.6	35.0

表 9　工业区数量与村落数量比统计表

	山地型	丘陵型	平原型	湖荡型	圩区型
1966	0.02	0.00	0.01	0.00	0.00
1990	0.15	0.04	0.03	0.06	0.05
2016	0.32	0.13	0.14	0.33	0.11

表 10　各海拔范围内土地面积占比统计表

	3 m 以下	3~8 m	8~20 m	20~60 m	60~120 m	120~200 m	大于 200 m
山地型	20.18%	7.52%	15.26%	23.48%	14.87%	11.26%	0.59%
丘陵型	0.03%	40.53%	14.13%	44.44%	0.86%	0.00%	0.00%
平原型	11.26%	80.18%	8.08%	0.48%	0.00%	0.00%	0.00%
湖荡型	10.14%	88.83%	1.03%	0.00%	0.00%	0.00%	0.00%
圩区型	14.77%	82.21%	3.02%	0.00%	0.00%	0.00%	0.00%
总体	11.24%	59.91%	8.30%	13.73%	3.12%	2.23%	0.12%

表 11　各海拔范围内村落数量占比统计表

	3 m 以下	3~8 m	8~20 m	20~60 m	60~120 m	120~200 m	大于 200 m
山地型	3.70%	18.52%	27.78%	40.74%	8.33%	0.93%	0.00%
丘陵型	0.00%	57.28%	13.59%	29.13%	0.00%	0.00%	0.00%
平原型	5.15%	89.09%	5.76%	0.00%	0.00%	0.00%	0.00%
湖荡型	0.82%	97.26%	1.92%	0.00%	0.00%	0.00%	0.00%
圩区型	14.29%	83.81%	1.90%	0.00%	0.00%	0.00%	0.00%
总体	6.96%	80.23%	5.86%	6.35%	0.55%	0.06%	0.00%

表 12 各海拔范围内单位面积村落数量统计表

	3 m 以下	3~8 m	8~20 m	20~60 m	60~120 m	120~200 m	大于 200 m
山地型	0.00	1.66	1.23	1.17	0.38	0.06	0.00
丘陵型	0.00	1.78	1.21	0.83	0.00	0.00	0.00
平原型	0.94	2.27	1.46	0.00	0.00	0.00	0.00
湖荡型	0.18	2.47	4.22	0.00	0.00	0.00	0.00
圩区型	3.75	3.96	2.45	0.00	0.00	0.00	0.00
总体	1.25	2.71	1.43	0.94	0.36	0.06	0.00

表 13 各坡度范围内土地面积占比统计表

	0~0.2	0.2~0.5	0.5~2	2~6.5	6.5~12	12~25	25 以上
山地型	2.35%	9.30%	21.92%	29.60%	19.20%	16.94%	0.69%
比例	3.58%	18.45%	67.31%	9.82%	0.61%	0.15%	0.08%
平原型	9.56%	46.31%	43.64%	0.48%	0.01%	0.00%	0.00%
湖荡型	10.32%	47.84%	41.30%	0.54%	0.00%	0.00%	0.00%
圩区型	7.08%	40.23%	52.02%	0.62%	0.02%	0.03%	0.00%
总体	6.58%	32.43%	45.34%	8.18%	3.93%	3.39%	0.15%

表 14 各坡度范围内村落数量占比统计表

坡度数量	0~0.2	0.2~0.5	0.5~2	2~6.5	6.5~12	12~25	25 以上
山地型	7.41%	9.26%	36.11%	39.81%	6.48%	0.93%	0.00%
丘陵型	36.41%	15.53%	43.69%	4.37%	0.00%	0.00%	0.00%
平原型	31.82%	42.73%	25.45%	0.00%	0.00%	0.00%	0.00%
湖荡型	55.62%	23.01%	21.37%	0.00%	0.00%	0.00%	0.00%
圩区型	41.11%	26.51%	32.38%	0.00%	0.00%	0.00%	0.00%
总体	39.66%	26.48%	30.20%	3.17%	0.43%	0.06%	0.00%

表 15 各坡度范围内单位面积村落数量统计表

	0~0.2 度	0.2~0.5 度	0.5~2 度	2~6.5 度	6.5~12 度	12~25 度	25 度以上
山地型	2.12	0.67	1.11	0.91	0.23	0.04	0.00
丘陵型	12.80	1.06	0.82	0.56	0.00	0.00	0.00
平原型	6.81	1.89	1.19	0.00	0.00	0.00	0.00
湖荡型	12.19	1.09	1.17	0.00	0.00	0.00	0.00
圩区型	22.54	2.56	2.42	0.00	0.00	0.00	0.00
总体	12.22	1.65	1.35	0.79	0.22	0.04	0.00

附录3：R^2

因变量	1994—2005年				
Y_1_村庄现状用地面积（hm²）	模型	R	R^2	调整R^2	标准估计的误差
	9	0.82	0.68	0.66	10120.72
Y_2_年末实有公共建筑面积（万m²）	模型	R	R^2	调整R^2	标准估计的误差
	5	0.96	0.92	0.90	61.87
Y_3_年末实有生产建筑面积（万m²）	模型	R	R^2	调整R^2	标准估计的误差
	5	0.96	0.91	0.90	266.61
Y_4_年末实有住房面积（万m²）	模型	R	R^2	调整R^2	标准估计的误差
	4	0.98	0.95	0.94	802.65
Y_5_村庄人均住房面积（m²）	模型	R	R^2	调整R^2	标准估计的误差
	5	0.92	0.84	0.82	3.33

因变量	2006—2015年				
Y_1_村庄现状用地面积（hm²）	模型	R	R^2	调整R^2	标准估计的误差
	8	0.97	0.95	0.95	3234.01
Y_2_年末实有公共建筑面积（万m²）	模型	R	R^2	调整R^2	标准估计的误差
	5	0.96	0.92	0.92	41.35
Y_3_年末实有生产建筑面积（万m²）	模型	R	R^2	调整R^2	标准估计的误差
	6	0.98	0.96	0.96	240.33
Y_4_年末实有住房面积（万m²）	模型	R	R^2	调整R^2	标准估计的误差
	7	0.99	0.98	0.98	409.38
Y_5_村庄人均住房面积（m²）	模型	R	R^2	调整R^2	标准估计的误差
	6	0.83	0.69	0.66	10053.01

附录4：方差分析的显著性值

因变量		1994—2005年				
Y_1_村庄现状用地面积（hm²）		模型	平方和	df	均方	F	Sig.
	9	回归	11950000000.00	4.00	2988000000.00	29.18	.000[i]
		残差	5634000000.00	55.00	102400000.00		
		总计	17590000000.00	59.00			
Y_2_年末实有公共建筑面积（万m²）		模型	平方和	df	均方	F	Sig.
	5	回归	2165040.77	8.00	270630.10	70.70	6.74E-25
		残差	195216.99	51.00	3827.78		
		总计	2360257.76	59.00			

(续表)

因变量		1994—2005年				
Y_3_年末实有生产建筑面积（万 m²）	模型	平方和	df	均方	F	Sig.
	回归	37702969.70	8.00	4712871.21	66.30	2.97E-24
	5 残差	3625032.57	51.00	71079.07		
	总计	41328002.27	59.00			
Y_4_年末实有住房面积（万 m²）	模型	平方和	df	均方	F	Sig.
	回归	643466851.13	9.00	71496316.79	110.98	6.96E-30
	4 残差	32212153.58	50.00	644243.07		
	总计	675679004.72	59.00			
Y_5_村庄人均住房面积（m²）	模型	平方和	df	均方	F	Sig.
	回归	3057.60	8.00	382.20	34.50	5.63E-18
	5 残差	565.07	51.00	11.08		
	总计	3622.68	59.00			

因变量		2006—2015年				
Y_1_村庄现状用地面积（hm²）	模型	平方和	df	均方	F	Sig.
	回归	2.74E+10	5.00E+00	5.49E+09	5.25E+02	4.46E-90
	8 残差	1.50E+09	1.43E+02	1.05E+07		
	总计	2.89E+10	1.48E+02			
Y_2_年末实有公共建筑面积（万 m²）	模型	平方和	df	均方	F	Sig.
	回归	2770811.54	8.00	346351.44	202.58	0.00
	5 残差	239359.97	140.00	1709.71		
	总计	3010171.51	148.00			
Y_3_年末实有生产建筑面积（万 m²）	模型	平方和	df	均方	F	Sig.
	回归	217530182.96	7.00	31075740.42	538.01	0.00
	6 残差	8144175.81	141.00	57760.11		
	总计	225674358.77	148.00			
Y_4_年末实有住房面积（万 m²）	模型	平方和	df	均方	F	Sig.
	回归	1.50E+09	6.00E+00	2.51E+08	1.50E+03	1.16E-125
	7 残差	2.38E+07	1.42E+02	1.68E+05		
	总计	1.53E+09	1.48E+02			
Y_5_村庄人均住房面积（m²）	模型	平方和	df	均方	F	Sig.
	回归	3821.69	7.00	545.96	9.64	0.00
	6 残差	7985.82	141.00	56.64		
	总计	11807.51	148.00			

附录5：回归系数显著性值

因变量	自变量	1994—2005年				
		非标准化系数		标准系数	t	Sig.
		B	标准误差	试用版		
Y_1_村庄现状用地面积（hm^2）	（常量）	35912.80	18947.55		1.90	0.06
	X_1_村庄人口（万人）	273.02	44.35	1.12	6.16	0.00
	X_3_人均国内生产总值（元）	0.55	0.15	0.35	3.74	0.00
	X_5_第二产业比重（%）	-741.67	325.55	-0.18	-2.28	0.03
	X_9_粮食产量（万t）	-152.18	66.33	-0.44	-2.29	0.03

因变量	自变量	1994—2005年				
		非标准化系数		标准系数	t	Sig.
		B	标准误差	试用版		
Y_2_年末实有公共建筑面积（万m^2）	（常量）	232.69	93.84		2.48	0.02
	X_1_村庄人口（万人）	3.50	0.49	1.23	7.18	0.00
	X_2_乡村从业人员（万人）	1.65	0.67	0.35	2.45	0.02
	X_3_人均国内生产总值（元）	0.01	0.00	0.28	2.64	0.01
	X_4_第一产业比重（%）	-16.65	5.24	-0.23	-3.18	0.00
	X_7_农林牧渔从业人员（万人）	-7.73	1.14	-0.48	-6.80	0.00
	X_9_粮食产量（万t）	-0.97	0.45	-0.24	-2.16	0.04
	X_{10}_村庄道路长度（km）	-0.02	0.01	-0.18	-2.81	0.01
	X_{11}_本年村庄建设投资（万元）	0.00	0.00	-0.42	-5.04	0.00

因变量	自变量	1994—2005年				
		非标准化系数		标准系数	t	Sig.
		B	标准误差	试用版		
Y_3_年末实有生产建筑面积（万m^2）	（常量）	-1989.52	896.49		-2.22	0.03
	X_1_村庄人口（万人）	13.06	2.12	1.10	6.17	0.00
	X_2_乡村从业人员（万人）	5.58	3.00	0.28	1.86	0.07
	X_3_人均国内生产总值（元）	0.02	0.01	0.33	2.94	0.00
	X_4_第一产业比重（%）	-54.03	24.27	-0.18	-2.23	0.03
	X_5_第二产业比重（%）	38.25	13.19	0.19	2.90	0.01
	X_7_农林牧渔从业人员（万人）	-25.60	5.60	-0.38	-4.57	0.00
	X_9_粮食产量（万t）	-6.74	1.97	-0.40	-3.41	0.00
	X_{11}_本年村庄建设投资（万元）	0.00	0.00	-0.31	-3.80	0.00

因变量	自变量	1994—2005年			t	Sig.
		非标准化系数		标准系数		
		B	标准误差	试用版		
Y_4_年末实有住房面积（万 m^2）	（常量）	-16098.85	3142.23		-5.12	0.00
	X_1_村庄人口（万人）	37.68	5.89	0.79	6.39	0.00
	X_3_人均国内生产总值（元）	0.21	0.04	0.70	5.81	0.00
	X_4_第一产业比重（%）	186.15	77.16	0.15	2.41	0.02
	X_5_第二产业比重（%）	180.78	52.72	0.23	3.43	0.00
	X_6_工业总产值（亿元）	-1.37	0.27	-0.50	-5.13	0.00
	X_7_农林牧渔从业人员（万人）	-58.21	19.61	-0.21	-2.97	0.00
	X_8_农林牧渔总产值（亿元）	18.23	8.18	0.20	2.23	0.03
	X_9_粮食产量（万t）	15.68	5.50	0.23	2.85	0.01
	X_{10}_村庄道路长度（km）	0.23	0.11	0.11	2.11	0.04

因变量	自变量	1994—2005年			t	Sig.
		非标准化系数		标准系数		
		B	标准误差	试用版		
Y_5_村庄人均住房面积（m^2）	（常量）	-23.21	10.82		-2.15	0.04
	X_2_乡村从业人员（万人）	0.06	0.03	0.35	2.19	0.03
	X_3_人均国内生产总值（元）	0.00	0.00	1.55	7.76	0.00
	X_4_第一产业比重（%）	0.91	0.30	0.32	3.03	0.00
	X_5_第二产业比重（%）	0.56	0.16	0.30	3.46	0.00
	X_6_工业总产值（亿元）	-0.01	0.00	-1.10	-6.51	0.00
	X_7_农林牧渔从业人员（万人）	-0.28	0.07	-0.44	-4.14	0.00
	X_9_粮食产量（万t）	0.06	0.02	0.39	2.85	0.01
	X_{10}_村庄道路长度（km）	0.00	0.00	0.25	3.06	0.00

因变量	自变量	2006—2015年			t	Sig.
		非标准化系数		标准系数		
		B	标准误差	试用版		
Y_1_村庄现状用地面积（hm^2）	（常量）	-256.94	462.27		-0.56	0.58
	X_1_村庄人口（万人）	233.35	15.28	0.92	15.27	0.00
	X_6_工业总产值（亿元）	0.32	0.10	0.13	3.07	0.00
	X_7_农林牧渔从业人员（万人）	524.78	85.81	0.40	6.12	0.00
	X_9_粮食产量（万t）	-102.05	20.95	-0.28	-4.87	0.00
	X_{10}_村庄道路长度（km）	-1.12	0.36	-0.19	-3.14	0.00

附 录

因变量	自变量	2006—2015 年			t	Sig.
		非标准化系数 B	标准误差	标准系数 试用版		
Y_2_年末实有公共建筑面积（万 m^2）	（常量）	-389.10	95.17		-4.09	0.00
	X_1_村庄人口（万人）	1.44	0.21	0.56	6.77	0.00
	X_3_人均国内生产总值（元）	0.00	0.00	0.16	3.64	0.00
	X_4_第一产业比重（%）	5.49	2.18	0.11	2.51	0.01
	X_5_第二产业比重（%）	5.03	1.42	0.16	3.54	0.00
	X_7_农林牧渔从业人员（万人）	4.01	0.93	0.30	4.32	0.00
	X_8_农林牧渔总产值（亿元）	0.34	0.16	0.19	2.12	0.04
	X_{10}_村庄道路长度（km）	-0.01	0.00	-0.18	-2.34	0.02
	X_{12}_本年公共设施投资（万元）	0.00	0.00	0.23	3.89	0.00

因变量	自变量	2006—2015 年			t	Sig.
		非标准化系数 B	标准误差	标准系数 试用版		
Y_3_年末实有生产建筑面积（万 m^2）	（常量）	117.05	34.97		3.35	0.00
	X_1_村庄人口（万人）	6.90	1.65	0.31	4.19	0.00
	X_2_乡村从业人员（万人）	7.43	1.96	0.32	3.80	0.00
	X_6_工业总产值（亿元）	0.13	0.01	0.60	8.95	0.00
	X_8_农林牧渔总产值（亿元）	-5.42	0.89	-0.36	-6.10	0.00
	X_9_粮食产量（万 t）	-11.07	1.70	-0.34	-6.52	0.00
	X_{11}_本年村庄建设投资（万元）	0.00	0.00	0.11	1.95	0.05
	X_{12}_本年公共设施投资（万元）	0.01	0.00	0.27	5.05	0.00

因变量	自变量	2006—2015 年			t	Sig.
		非标准化系数 B	标准误差	标准系数 试用版		
Y_4_年末实有住房面积（万 m^2）	（常量）	84.21	58.33		1.44	0.15
	X_1_村庄人口（万人）	43.02	2.84	0.74	15.15	0.00
	X_2_乡村从业人员（万人）	21.63	3.94	0.36	5.49	0.00
	X_7_农林牧渔从业人员（万人）	-82.29	9.80	-0.27	-8.40	0.00
	X_8_农林牧渔总产值（亿元）	-3.50	1.02	-0.09	-3.42	0.00
	X_{10}_村庄道路长度（km）	0.22	0.05	0.16	4.77	0.00
	X_{12}_本年公共设施投资（万元）	0.00	0.00	0.07	2.67	0.01

因变量	自变量	2006—2015年				
		非标准化系数		标准系数	t	Sig.
		B	标准误差	试用版		
Y_5_村庄人均住房面积（m²）	（常量）	55.18	1.09		50.42	0.00
	X_1_村庄人口（万人）	-0.19	0.05	-1.17	-3.50	0.00
	X_2_乡村从业人员（万人）	0.42	0.09	2.53	4.75	0.00
	X_7_农林牧渔从业人员（万人）	-1.82	0.30	-2.18	-5.98	0.00
	X_8_农林牧渔总产值（亿元）	-0.07	0.02	-0.64	-3.54	0.00
	X_9_粮食产量（万t）	0.18	0.06	0.75	2.90	0.00
	X_{10}_村庄道路长度（km）	0.00	0.00	0.90	4.05	0.00
	X_{11}_本年村庄建设投资（万元）	0.00	0.00	-0.35	-1.85	0.07

附录6：标准化残差直方图

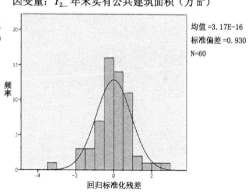

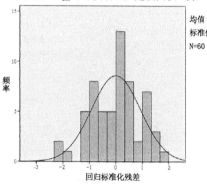

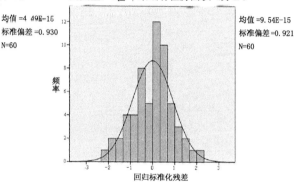

附 录

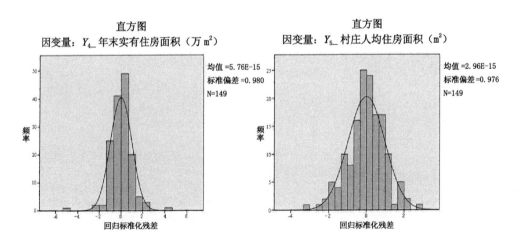

252

附录7：标准化残差的P-P图

回归标准化残差的标准P-P图
因变量：Y_1_ 村庄现状用地面积（hm^2）

回归标准化残差的标准P-P图
因变量：Y_2_ 年末实有公共建筑面积（万m^2）

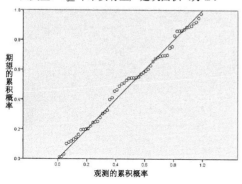

回归标准化残差的标准P-P图
因变量：Y_3_ 年末实有生产建筑面积（万m^2）

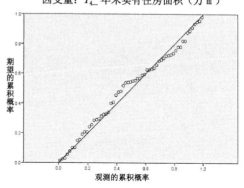

回归标准化残差的标准P-P图
因变量：Y_4_ 年末实有住房面积（万m^2）

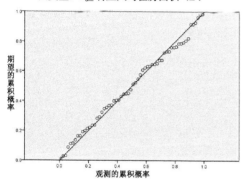

回归标准化残差的标准P-P图
因变量：Y_5_ 村庄人均住房面积（m^2）

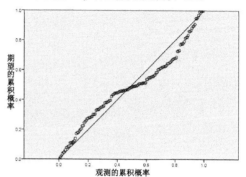

回归标准化残差的标准P-P图
因变量：Y_1_ 村庄现状用地面积（hm^2）

附　录

回归标准化残差的标准 P-P 图
因变量：Y_2_ 年末实有公共建筑面积（万 m^2）

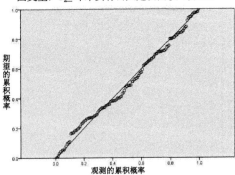

回归标准化残差的标准 P-P 图
因变量：Y_3_ 年末实有生产建筑面积（万 m^2）

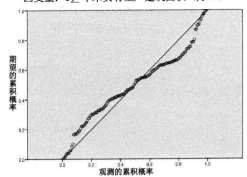

回归标准化残差的标准 P-P 图
因变量：Y_4_ 年末实有住房面积（万 m^2）

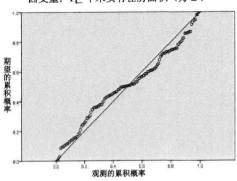

回归标准化残差的标准 P-P 图
因变量：Y_5_ 村庄人均住房面积（m^2）

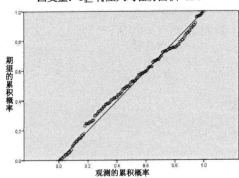

附录8：1994—2005年社会经济发展的历时性规律

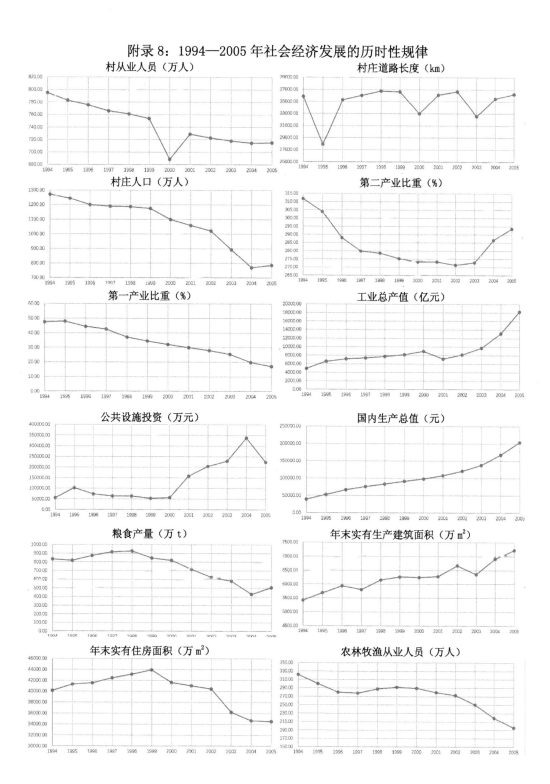

255

附 录

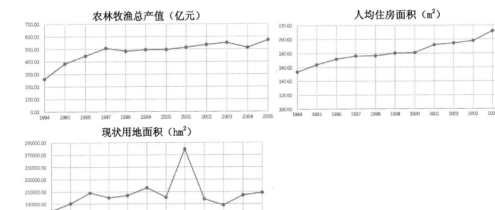

附录9：部分问卷统计

问卷数量	有效	总数	有效
01-南京市	196	200	98.0%
02-镇江市	166	168	98.8%
03-常州市	170	172	98.8%
04-苏州市	115	117	97.4%
05-无锡市	128	128	100.0%
合计	775	785	98.6%

住房是否满意	满意	不满意
01-南京市	65.0%	35.0%
02-镇江市	81.7%	18.3%
03-常州市	81.7%	18.3%
04-苏州市	66.8%	33.2%
05-无锡市	76.4%	23.6%
合计	74.3%	25.7%

有无购买新房打算	有	无
01-南京市	27.7%	72.3%
02-镇江市	47.0%	53.0%
03-常州市	68.3%	31.7%
04-苏州市	38.2%	61.8%
05-无锡市	43.3%	56.7%
合计	44.9%	55.1%

理想的建造方式统计	自己建造	政府代建	企业代建	买商品房
01-南京市	59.6%	6.8%	2.3%	31.3%
02-镇江市	58.2%	6.7%	0.0%	35.1%
合计	58.9%	6.8%	1.2%	22.3%

理想的住房形式统计	修缮老宅	独院平房	低层联排	洋房别墅	多层住宅	小高层	其他
01-南京市	23.0%	37.1%	5.1%	9.3%	7.4%	12.8%	5.3%
02-镇江市	7.2%	54.5%	3.7%	17.0%	10.1%	6.0%	2.5%
03-常州市	14.0%	48.9%	6.7%	21.3%	5.3%	3.9%	0.0%
04-苏州市	12.0%	57.3%	6.8%	17.7%	1.7%	4.5%	0.0%
05-无锡市	10.3%	43.8%	7.3%	20.3%	10.3%	7.8%	0.0%
合计	13.3%	48.3%	5.9%	17.1%	7.0%	7.0%	1.6%

公共设施缺乏统计	公园广场	卫生垃圾处理	图书馆	体育健身	商店超市	农贸市场	敬老院	物流快递	医疗设施	其他
01-南京市	8.3%	7.1%	17.3%	14.5%	12.9%	13.0%	9.9%	9.9%	0.0%	7.0%
02-镇江市	10.5%	7.2%	18.7%	13.0%	4.8%	10.3%	14.0%	9.5%	4.2%	8.3%
03-常州市	8.0%	1.9%	19.0%	8.9%	7.6%	11.3%	13.7%	5.6%	18.9%	5.3%
04-苏州市	10.3%	0.8%	17.0%	11.5%	10.7%	10.2%	12.0%	5.3%	7.7%	14.5%
05-无锡市	14.5%	1.0%	14.0%	9.3%	12.8%	7.5%	5.7%	4.7%	8.7%	21.8%
合计	10.3%	3.6%	17.2%	11.4%	9.8%	10.5%	11.1%	7.0%	7.9%	11.4%

附 录

乡村比城市好还是不好	①好	②不好	③各有利弊
01-南京市	78.6%	15.2%	6.2%
02-镇江市	72.5%	17.8%	9.7%
03-常州市	68.6%	9.0%	22.4%
04-苏州市	59.7%	17.8%	22.5%
05-无锡市	71.3%	10.7%	18.0%
合计	70.1%	14.1%	15.8%

乡村生活缺点	①河塘、水系污染	②卫生条件差	③休闲活动场所少	④上学、就医不便	⑤交通不便	⑥房屋破旧	⑦其他
ZJ-01-大西湾	22%	11%	11%	54%	0%	22%	0%
ZJ-02-丰城	12%	25%	0%	25%	25%	0%	13%
ZJ-03-五塘村	25%	42%	8%	25%	0%	0%	0%
ZJ-07-三城巷	22%	21%	29%	7%	0%	21%	0%
ZJ-08-振华村	18%	18%	28%	9%	0%	27%	0%

乡村生活优点	①环境好	②更习惯	③更有安全感	④人情味浓	⑤生活压力小	⑥空间宽敞	⑦建筑有特色	⑧其他
01-南京市	31.0%	18.1%	10.4%	13.0%	12.0%	11.3%	2.4%	1.9%
02-镇江市	28.2%	16.0%	6.0%	14.2%	11.7%	15.7%	3.2%	5.2%
03-常州市	32.1%	24.4%	4.9%	10.3%	13.4%	8.1%	0.7%	6.0%
04-苏州市	39.5%	16.7%	4.8%	8.0%	10.0%	14.5%	2.0%	4.5%
05-无锡市	34.7%	18.3%	3.8%	9.3%	9.7%	13.5%	0.3%	10.3%
合计	33.1%	18.7%	6.0%	11.0%	11.4%	12.6%	1.7%	5.6%

希望孩子将来所在地统计	农村	县城	城市	无所谓
01-南京市	14%	24%	37%	24%
02-镇江市	7%	10%	49%	34%
03-常州市	15%	6%	63%	26%
04-苏州市	9%	15%	50%	25%
05-无锡市	11%	3%	47%	39%
合计	11.3%	11.6%	49.3%	29.5%

致　谢

本书起源于笔者主持的国家自然科学基金和省自然科学基金项目研究。研究历时近四年，期间项目组成员进行了较为深入的国内外相关理论和实践经验学习，以及大量的实地调研、数据资料搜集、整理和分析。尤其课题研究期间正值江苏省开展"特色田园乡村"示范村建设，笔者有幸受邀成为首批示范村的主持设计师，得以将课题研究与社会实践紧密结合，并得到了社会的高度认可。

本书项目组成员执笔、分工如下：王彦辉（第一章，第二章，第三章，第五章第二、三节，第六章第二节，全书统稿、定稿），汪睿、屈录超、黄博文（第四章，第五章第一、四节，第六章第一节）。马程、杨泡葳、陈小坚、施鹏骅、史越、李直清、季晨子等参与了研究项目的前期调研和数据资料整理工作。另外，熊祥瑞、刘政和、邹鸣鸣、郭厉子、王家琳等参与了部分插图的整理、绘制工作。

项目研究得到了东南大学建筑研究所齐康院士的关心与指导。在案例调研阶段得到了苏南五市各级规划管理部门、村镇领导的密切配合。尤其感谢江苏省住房和城乡建设厅村镇建设处朱建芬调研员、江苏省测绘局陈洪良处长、江苏科图测绘技术有限公司周旭总经理的鼎力相助，以及东南大学出版社副社长戴丽女士、编辑杨凡女士为了确保本书能及时、高质量出版所付出的大量心血！

诗意栖居是人类永恒的命题。在人类聚居环境中，乡村是相对规模最小、最基本的聚落类型，然而，对其仍有很多领域需要我们持续、深入的研究。本书是在这方面做出的初步探索，不足之处在所难免，诚恳希望诸位有识之士给予批评指正！

王彦辉
2019 年 9 月于东南大学